LÍNGUA BRASILEIRA de SINAIS e TECNOLOGIAS DIGITAIS

L755	Língua brasileira de sinais e tecnologias digitais / Organizadores, Ygor Corrêa, Carina Rebello Cruz. – Porto Alegre : Penso, 2019. x, 188 p. : il.; 25 cm. ISBN 978-85-8429-167-0 1. Língua de sinais. I. Corrêa, Ygor. II. Cruz, Carina Rebello. CDU 376:81

Catalogação na publicação: Karin Lorien Menoncin - CRB-10/2147

Ygor Corrêa
Carina Rebello Cruz
Orgs.

LÍNGUA BRASILEIRA de SINAIS e TECNOLOGIAS DIGITAIS

2019

© Penso Editora Ltda., 2019

Gerente editorial: *Letícia Bispo de Lima*

Colaboraram nesta edição
Editora: *Mirian Raquel Fachinetto*
Capa: *Márcio Monticelli*
Foto da capa: *Márcio Monticelli*
Preparação de originais: *Heloísa Stefan*
Leitura final: *Luana Vieira Nicolaiewsky*
Editoração: *Kaéle Finalizando Ideia*

Reservados todos os direitos de publicação à
PENSO EDITORA LTDA., uma empresa do GRUPO A EDUCAÇÃO S.A.
Av. Jerônimo de Ornelas, 670 – Santana
90040-340 – Porto Alegre – RS
Fone: (51) 3027-7000 Fax: (51) 3027-7070

SÃO PAULO
Rua Doutor Cesário Mota Jr., 63 – Vila Buarque
01221-020 – São Paulo – SP
Fone: (11) 3221-9033

SAC 0800 703-3444 – www.grupoa.com.br

É proibida a duplicação ou reprodução deste volume, no todo ou em parte,
sob quaisquer formas ou por quaisquer meios (eletrônico, mecânico, gravação,
fotocópia, distribuição na Web e outros), sem permissão expressa da Editora.

IMPRESSO NO BRASIL
PRINTED IN BRAZIL

Autores

Ygor Corrêa
Professor. Mestre em Linguística Aplicada pela Universidade do Vale do Rio dos Sinos (Unisinos). Doutor em Informática na Educação pela Universidade Federal do Rio Grande do Sul (UFRGS). Pós-doutor em *Design*: Educação, Tecnologia e *Design* pelo Centro Universitário Ritter dos Reis (UniRitter).

Carina Rebello Cruz
Fonoaudióloga. Professora no Instituto de Letras da UFRGS. Mestre em Letras: Linguística Aplicada pela Pontifícia Universidade Católica do Rio Grande do Sul (PUCRS). Doutora em Letras: Linguística Aplicada pela UFRGS.

Angela Nediane dos Santos
Professora adjunta na Universidade Federal de Pelotas (UFPel). Especialista em Educação Especial pela Universidade Federal de Santa Maria (UFSM). Mestre em Educação pela UFSM. Doutora em Educação pela UFPel.

Carla da Silva Flor
Designer gráfico. Mestre e Doutora em Engenharia e Gestão do Conhecimento pela Universidade Federal de Santa Catarina (UFSC).

Cássia Geciauskas Sofiato
Pedagoga. Professora e pesquisadora na Faculdade de Educação da Universidade de São Paulo (USP). Especialista em Educação Especial pela Pontifícia Universidade Católica de Campinas (PUC-Campinas). Mestre e Doutora em Artes pela Universidade Estadual de Campinas (Unicamp).

Daniela S. Saito
Professora do ensino básico, técnico e tecnológico no Instituto Federal de Educação, Ciência e Tecnologia de Santa Catarina (IFSC), *Campus* Palhoça Bilíngue. Mestre em Ciência da Computação pela UFRGS. Doutora em Engenharia e Gestão do Conhecimento pela UFSC.

Edgar Roberto Kirchof
Professor no Programa de Pós-graduação em Educação da Universidade Luterana do Brasil (Ulbra). Mestre em Comunicação pela Unisinos. Doutor em Letras pela PUCRS. Pós-doutorado na Universität Kassel, Alemanha.

Eduardo Cardoso
Arquiteto e urbanista. Professor adjunto no Departamento de *Design* e Expressão Gráfica da Faculdade de Arquitetura da UFRGS. Especialista em Tecnologia Computacional Aplicada ao Projeto pela UFRGS. Mestre e Doutor em *Design* pela UFRGS.

Elisa Maria Pivetta
Professora no IFSC, *Campus* Palhoça Bilíngue. Doutora em Gestão e Engenharia do Conhecimento pela UFSC.

Gabriela Trindade Perry
Designer de interfaces educacionais. Mestre em Ergonomia pelo Programa de Pós-graduação em Engenharia de Produção da UFRGS. Doutora em Informática na Educação pelo Programa de Pós-graduação em Informática na Educação da UFRGS.

Janaína Pereira Claudio
Professora de Língua Brasileira de Sinais (Libras). Professora adjunta de Letras na Escola de Humanidades da PUCRS. Mestre em Educação pela UFRGS. Doutora em Ciências da Comunicação pela Unisinos.

Karina Ávila Pereira
Professora de Libras. Especialista em Psicopedagogia Clínica e Institucional pelo Instituto Educar Brasil. Mestre e Doutora em Educação pela UFPel.

Maria Nilza Oliveira Quixaba
Professora adjunta no Centro de Ciências Humanas do Departamento de Letras da Universidade Federal do Maranhão (UFMA). Especialista em Psicopedagogia pela Universidade Estadual do Maranhão (UEMA), em Educação Especial e Inclusiva pela Universidade Candido Mendes (UCAM), em Libras e Educação Infantil pelo Instituto Athena. Mestre em Educação pela UFMA. Doutora em Informática na Educação pela UFRGS.

Nelson Goettert
Professor no Curso de Letras, habilitação Tradutor e Intérprete de Libras-português/português-Libras da UFRGS. Mestre em Educação e Tecnologia pela Unisinos. Doutorando em Letras na UFRGS.

Renata Krusser
Designer. Professora de Multimídia e *Design* no IFSC, *Campus* Palhoça Bilíngue. Mestre em Engenharia e Gestão do Conhecimento pela UFSC. Doutora em Estudos da Tradução pela UFSC.

Ronice Müller de Quadros
Professora associada na UFSC e pesquisadora do CNPq. Mestre e Doutora em Linguística pela PUCRS. Pós-doutorado em Língua Brasileira de Sinais na University of Connecticut, Estados Unidos, e em Psicolinguística na Harvard University, Estados Unidos.

Tarcisio Vanzin
Arquiteto. Mestre e Doutor em Engenharia de Produção pela UFSC.

Tatiana Bolivar Lebedeff
Professora associada na UFPel. Especialista em Educação a Distância pela Universidade Federal do Paraná (UFPR). Mestre em Educação pela Universidade do Estado do Rio de Janeiro (UERJ). Doutora em Psicologia do Desenvolvimento pela UFRGS.

Tatiane Folchini dos Reis
Professora no IFSC, *Campus* Palhoça Bilíngue. Especialista em Educação de Surdos pela Ulbra. Mestranda em Educação na Ulbra.

Apresentação

A língua brasileira de sinais (Libras), historicamente, tem sido relegada a áreas muito restritas. No entanto, na última década, assistimos a uma mudança vertiginosa no que diz respeito ao seu reconhecimento social. Mais e mais pessoas estão interessadas em aprendê-la e usá-la, expandindo assim o escopo de sua utilização em diferentes áreas, bem como incorporando os avanços tecnológicos. As conquistas são tão significativas que demandam várias formas de acesso à Libras nos mais diversos âmbitos da sociedade. Entre elas destacam-se a contratação de intérpretes de Libras na educação inclusiva e nas universidades, assim como a criação de glossários especializados. Além disso, é importante considerar a necessidade urgente de criação de sinais nas diferentes áreas das ciências, assim como a criação de agentes animados tridimensionais que possam captar sinais da Libras.

No livro *Língua brasileira de sinais e tecnologias digitais*, organizado por Ygor Corrêa e Carina Rebello Cruz, como o próprio título anuncia, o foco está na tecnologia relacionada à Libras. A escolha da expressão *tecnologias digitais* aponta para uma perspectiva que compreende os surdos dentro do contexto tecnológico contemporâneo relacionado à Libras. Isso evidencia que a tecnologia ganhou grande espaço junto à difusão da Libras e na forma como os surdos utilizam tais avanços para adquirir informação e conhecimento em Libras.

Entender que, em essência, o uso das tecnologias digitais é cultural implica reconhecê-las como fator que desencadeia novos comportamentos em relação à Libras e aos seus usuários. Ao mesmo tempo em que contribui para facilitar a comunicação entre os indivíduos, altera também as formas como as pessoas se relacionam, criando, assim, novas condutas de sociabilidade.

O que os autores desta obra querem ressaltar é o uso da tecnologia em Libras nas diversas áreas de pesquisa, nos ambientes virtuais de aprendizagem, nos glossários, nas redes sociais, nas comunicações digitais e nas traduções, entre outros. Todos aqueles que pensam a educação bilíngue de surdos como processo cultural sabem bem da importância de tudo isso. Assim, os registros sobre a organização da Libras, as estratégias de ensino a distância e as minuciosas discussões desenvolvidas pelos autores sobre os aspectos que envolvem as pessoas surdas garantem que esta obra enriquecerá a bibliografia nacional na área de estudo de Libras e estudo da educação bilíngue de surdos.

A todos, boa leitura e... nos vemos na rede!

Marianne Rossi Stumpf
Professora associada na Universidade Federal de Santa Catarina (UFSC) e pesquisadora do CNPq. Doutora em Informática na Educação pela Universidade Federal do Rio Grande do Sul (UFRGS). Pós-doutorado em Linguística Aplicada pela Universidade Católica Portuguesa, Lisboa, Portugal.

Ronice Müller de Quadros
Professora associada na UFSC e pesquisadora do CNPq. Mestre e Doutora em Linguística pela Pontifícia Universidade Católica do Rio Grande do Sul (PUCRS). Pós-doutorado em Língua Brasileira de Sinais na University of Connecticut, Estados Unidos, e em Psicolinguística na Harvard University, Estados Unidos.

Prefácio

Os avanços tecnológicos em meios de comunicação como internet, computadores, celulares, *tablets,* entre outros, têm trazido importantes mudanças para a sociedade e para o dia a dia de seus usuários. Nesta era da informação instantânea, o uso de mídias e de redes sociais possibilita interações imediatas, mesmo a longas distâncias, compartilhamento rápido de informações, assim como registros escritos, sinalizados e/ou falados de usuários de línguas de sinais e/ou de línguas orais. O uso de tecnologias digitais para a comunicação está presente, portanto, no dia a dia de usuários surdos e ouvintes que se utilizam da língua brasileira de sinais (Libras) e têm contribuído para interação entre usuários, desenvolvimento de recursos digitais, pesquisas sobre a Libras e o seu uso, assim como para sua difusão e seu registro.

Em um contexto tecnológico, as pesquisas sobre Libras avançam rapidamente junto com as novas tecnologias digitais, por isso convidamos pesquisadores surdos e ouvintes para compartilhar suas mais recentes investigações sobre Libras no contexto tecnológico e sobre os reflexos de tais tecnologias digitais na vida de surdos usuários de Libras. Dessa forma, esta obra foi escrita por pesquisadores de diferentes áreas do conhecimento, como educação de surdos, linguística, informática na educação e *design*, dentre outras, com o objetivo de evidenciar a inter(trans)disciplinaridade existente no diálogo entre elas, quando voltadas à Libras. Para tanto, a obra está organizada em 11 capítulos. O primeiro capítulo, escrito por Ronice Müller de Quadros, aborda o uso da tecnologia para o estabelecimento de documentação de língua de sinais, uma ação importante para a pesquisa, mas também para a sua

preservação. O segundo capítulo, escrito por Carla da Silva Flor e Tarcisio Vanzin, apresenta um estudo que certamente contribui para a construção de ambientes virtuais de ensino e aprendizagem acessíveis para surdos. No terceiro capítulo, Maria Nilza Oliveira Quixaba, Eduardo Cardoso e Gabriela Trindade Perry apresentam 33 diretrizes do projeto de recursos educacionais digitais voltados para a educação bilíngue de surdos, que auxiliarão principalmente os *designers*. No quarto capítulo, Renata Krusser aborda o uso da tecnologia e do *design* para facilitar a leitura em Libras, revelando os desafios do *design* em publicações na língua de sinais, mas também mostrando alguns caminhos para melhorar a usabilidade desses materiais. O quinto capítulo, escrito por Daniela S. Saito e Elisa Maria Pivetta, apresenta o *Framework Términus*, um estudo etnográfico que tem as comunidades de práticas virtuais como contexto para o desenvolvimento de neologismos terminológicos de forma colaborativa. No sexto capítulo, Cássia Geciauskas Sofiato apresenta o glossário virtual de língua brasileira de sinais, analisando-o sobretudo em relação ao *site* e ao conteúdo disponibilizado. No sétimo capítulo, apresentamos contribuições de pesquisas científicas brasileiras sobre uma ferramenta muito recente: os aplicativos de tradução automática português-Libras. O oitavo capítulo, escrito por Nelson Goettert, revela como os computadores transformaram a vida dos surdos ao possibilitar o uso de diferentes recursos que ampliam o contato com a língua portuguesa e a utilização da língua de sinais. No nono capítulo, Tatiane Folchini dos Reis e Edgar Roberto Kirchof realizam uma análise dos surdos como sujeitos bilíngues nas redes sociais, mostrando como a comunidade de surdos representa sua relação com o uso da língua portuguesa no WhatsApp e no Facebook. No décimo capítulo, Janaína Pereira Claudio propõe uma reflexão sobre como se constituem as práticas acerca do uso das mídias e da rede social Facebook pelos sujeitos comunicantes surdos. O décimo-primeiro capítulo, escrito por Angela Nediane dos Santos, Karina Ávila Pereira e Tatiana Bolivar Lebedeff, apresenta o projeto SpreadTheSign no Brasil, a contribuição brasileira para um dicionário internacional de línguas de sinais disponibilizado *on-line*.

Acreditamos que o grande conhecimento e as valiosas experiências compartilhadas por esse grupo de pesquisadores possam interessar a alunos, professores e pesquisadores de áreas como educação, linguística, informática na educação e *design*, bem como a todos que têm interesse em conhecer mais sobre Libras e tecnologias digitais, assim como aqueles que atuam ou que pretendem atuar na área de Libras.

Boa leitura!

Carina Rebello Cruz e Ygor Corrêa
Organizadores

Sumário

1. Tecnologia para o estabelecimento de documentação de língua de sinais 1
   Ronice Müller de Quadros

2. Construção de ambientes virtuais de ensino e aprendizagem acessíveis para surdos: recomendações de projeto e avaliação de usabilidade 27
   Carla da Silva Flor e Tarcisio Vanzin

3. Auxiliando *designers* de recursos educacionais digitais bilíngues: uma proposta de 33 diretrizes de projeto 43
   Maria Nilza Oliveira Quixaba, Eduardo Cardoso e Gabriela Trindade Perry

4. Tecnologia e *design* para facilitar a leitura em língua brasileira de sinais 57
   Renata Krusser

5. *Framework Términus*: comunidades de prática virtuais como apoio ao desenvolvimento de neologismos terminológicos em língua de sinais 79
   Daniela S. Saito e Elisa Maria Pivetta

6. Glossário virtual de língua brasileira de sinais: constituição e usabilidade 95
   Cássia Geciauskas Sofiato

7. Aplicativos de tradução automática português-Libras: o que revelam as pesquisas científicas brasileiras? 107
   Ygor Corrêa e Carina Rebello Cruz

8. As tecnologias como ferramentas auxiliares na comunicação em língua portuguesa para usuários de língua brasileira de sinais 125
   Nelson Goettert

9. Uma análise dos surdos como sujeitos bilíngues nas redes sociais 143
   Tatiane Folchini dos Reis e Edgar Roberto Kirchof

10. A construção comunicativa digital dos sujeitos comunicantes surdos: estratégias metodológicas 157
    Janaína Pereira Claudio

11. Novas tecnologias e suas contribuições para o registro e a divulgação das línguas de sinais: uma discussão sobre o projeto SpreadTheSign no Brasil 175
    Angela Nediane dos Santos, Karina Ávila Pereira e Tatiana Bolivar Lebedeff

1

Tecnologia para o estabelecimento de documentação de língua de sinais

Ronice Müller de Quadros

A documentação de línguas para a constituição dos *corpora* se desenvolveu muito com os avanços tecnológicos. Segundo McCarthy e Okeeffe (2010), a invenção do escâner representou um grande avanço na linguística de *corpus* na década de 1990. Depois disso, na virada do milênio, os textos passaram a ser digitais de forma ilimitada, consolidando a linguística de *corpus*. A possibilidade de ter à disposição dados linguísticos em grandes quantidades viabiliza a identificação de padrões que não eram vistos anteriormente. Conforme os autores indicam, o problema do linguista mudou de acessar grandes quantidades de dados para elaborar metodologias confiáveis que descrevam e deem conta das evidências linguísticas.

No caso das línguas de sinais, está se avançando na mesma direção. Com a possibilidade de acessar vídeos digitalmente, os dados nessas línguas tornam-se cada vez mais acessíveis e também em quantidades muito maiores do que antes. Além disso, os avanços tecnológicos permitem anotar vídeos usando *softwares* que os integram a sistemas de anotação que localizam os dados de modo muito preciso. Por exemplo, estamos usando o sistema de anotação Eudico (Eudico Language Annotator – Elan[1]), tecnologia esta que tem revolucionado os estudos linguísticos das línguas de sinais.

Nos últimos anos, os *corpora* de línguas de sinais tornaram-se uma realidade. No caso do Brasil, estão sendo usadas várias ferramentas que possibilitam arquivar os dados na língua brasileira de sinais (Libras), disponibilizá-los para a comunidade interessada e anotar os dados usando sistemas que viabilizam a busca de sinais para constituir o Corpus de Libras (QUADROS, 2016). Os dados estão sendo coletados por meio de vídeos em diferentes perspectivas, e são armazenados, transcritos, anotados e disponibilizados no repositório da Universidade Federal de Santa Catarina (UFSC) e na página do Corpus de Libras,[2] um recurso de acesso aberto. Isso somente é possível devido aos avanços tecnológicos associados ao desenvolvimento voltado para a constituição de um *corpus* especializado que utiliza uma língua visuoespacial, em nosso caso, a Libras.

A TECNOLOGIA NA DOCUMENTAÇÃO DE LÍNGUAS

A documentação das línguas começou a ser realizada com base na observação do uso da linguagem humana, depois passou a incluir dados empíricos e, posteriormente, dados intuitivos, considerando diferentes perspectivas teóricas. No entanto, à medida que a ciência foi avançando, outros materiais começaram a ser integrados em diferentes

---

[1] Disponível em: <https://tla.mpi.nl/tools/tla-tools/elan>.

[2] Disponível em: <www.corpuslibras.ufsc.br>.

corpora de línguas com o objetivo de constituírem documentos a serem usados para diversos fins. A tecnologia teve um papel fundamental nesse processo. Um dos grandes marcos foi a possibilidade de arquivar dados de forma computadorizada.

O primeiro *corpus* computadorizado envolveu a compilação de palavras do inglês de textos literários (CORPUS BROWN, BROWN UNIVERSITY, apud McCARTHY; O'KEEFFE, 2010). Segundo McCarthy e O'Keefee, entre 1963 e 1965, foram compiladas 166.000 palavras do inglês falado (University of Edinburgh). A quantidade passou a ter um papel importante para indicar a representatividade de um *corpus* viabilizada pelo avanço tecnológico.

Outro marco importante, conforme já citado, foi a invenção do escâner em 1990. Textos disponíveis apenas na versão impressa começaram a ser digitalizados e passaram a integrar diferentes tipos de *corpora* de línguas.

Na virada do milênio, os textos passaram a ser digitais de forma ilimitada, revolucionando a documentação de línguas. Os dados disponíveis em quantidades de alta magnitude possibilitaram identificar padrões que não eram vistos antes. A possibilidade de acessar dados linguísticos de diferentes línguas de modo simultâneo e realizar comparações a partir de dados disponíveis publicamente tornou-se uma realidade que teve impacto nas formas das teorias linguísticas.

A tecnologia, portanto, possibilitou a documentação de línguas compondo diferentes *corpora*. O próprio Google, por si só, constitui um *megacorpus* de línguas e passou a ser usado como uma ferramenta bastante eficiente de tradução interlingual instantânea, apesar de ainda apresentar limitações. As redes sociais também podem servir de fonte de documentação de línguas. As livrarias virtuais, as bibliotecas virtuais e as publicações independentes crescem a cada instante, de maneira exponencial.

O impacto da revolução tecnológica na documentação de línguas ainda não foi devidamente avaliado, mas nós, pesquisadores, percebemos os seus efeitos no dia a dia da produção de pesquisas. A tecnologia apresenta ferramentas valiosas para a análise linguística a partir de dados disponíveis em grande quantidade em diferentes línguas e modalidades (línguas faladas, línguas escritas, línguas de sinais e outros sistemas semióticos).

Portanto, como consequência deste novo panorama, o problema do linguista mudou: em vez de acessar grandes quantidades de dados, agora ele precisa elaborar metodologias confiáveis que descrevam e deem conta das evidências linguísticas (McCARTHY; O'KEEFEE, 2010). Os problemas metodológicos impostos estão relacionados com a identificação dos padrões de uso e análise de fatores contextuais que exigem a investigação das ocorrências no contexto em que acontecem. Para conclusões mais contundentes, faz-se necessária, assim, a análise de grande quantidade de dados de diferentes usuários da língua para se concluir sobre o uso de uma determinada forma. Então a tecnologia começa a ser empregada para facilitar tais análises.

Os *softwares* desenvolvidos para a aplicação em análises linguísticas constituem-se em ferramentas importantes que já se encontram disponíveis em diversas versões, com diferentes funções. Por exemplo, sistemas de anotação têm sido desenvolvidos para facilitar o registro de dados de uso das línguas, bem como para facilitar a busca de padrões com a possibilidade de análise contextual. Outro exemplo envolve a sofisticação dos sistemas de busca de *corpora* de línguas disponíveis na internet. Seguem alguns exemplos disponíveis com diferentes línguas:

- **Corpus do Inglês Americano Contemporâneo** (The Corpus of Contemporary American English [COCA]): http://corpus.byu.edu/coca
- **Corpus Nacional Americano** (*American National Corpus* [ANC]): www.anc.org
- **Corpus Nacional Britânico** (*British National Corpus* [BNC]): www.natcorp.ox.ac.uk; corpus.byu.edu/bnc

- **Corpus Nacional Italiano** (*Corpus di Italiano* Scritto):
corpora.dslo.unibo.it
- **Corpus Nacional Alemão Cosmas II** (*Korpus der deutschen Sprache*):
www.ids-mannheim.de/cosmas2
- **Banco de Dados Lexical do Francês** (*Lexical Database of French* [FRANTEXT]):
artfl-project.uchicago.edu
- **Corpus Lancaster do Mandarim Chinês** (*Lancaster Corpus of Mandarin Chinese* [LCMC]):
www.lancaster.ac.uk/fass/projects/corpus/LCMC
- **Corpus Nacional Ucraniano** (Корпус сучасної української мови):
www.mova.info/corpus.aspx
- **Corpus Nacional do Polonês** (*Narodowy Korpus Języka Polskiego* [NKJP]):
nkjp.pl
- **Corpus Nacional Tcheco** (*Český národní korpus* [ČNK]):
ucnk.ff.cuni.cz
- **Corpus Nacional Eslovaco** (*Slovenský národný korpus*):
korpus.juls.savba.sk
- **Corpus Nacional Russo** (Национальный корпус русского языка [НКРЯ]):
www.ruscorpora.ru

Nesses exemplos de *corpora*, o foco é compor um conjunto de textos (escritos e/ou orais) que podem ser descritos de forma precisa como um corpo finito de elementos que é acessado via máquina (computador), representando uma variedade de uma determinada língua. A proposta de um *corpus* é, portanto, organizar um sistema de busca eficiente para a localização de amostras de ocorrências que permitam análises de fenômenos linguísticos específicos. Assim, um *corpus* não é o conjunto de textos em si, mas, sim, a organização que permitirá a localização de elementos específicos que sejam o foco de análise de um linguista. Os metadados, as anotações, as entradas preestabelecidas é que farão dele um conjunto de textos, um *corpus* que possa ser acessado via sistemas de busca.

A representatividade de um *corpus* depende dos objetivos desse *corpus*. Às vezes, um pequeno conjunto de ocorrências pode ser uma amostra representativa, pois evidencia um fenômeno bastante recorrente em uma língua.

Já a extração de dados de um *corpus* depende da organização dos dados com símbolos e padronização de anotações que permitirá a sua localização de forma rápida e listável. A anotação em si exige que os metadados sejam estabelecidos (p. ex., por autor, data, lematização, marcações morfológicas e sintáticas, etc.).

Exemplo do português:*

Token	*tags*	*lemma*
é	verbo auxiliar	ser
comprei	verbo	comprar
amigos	substantivo	amigo
ontem	advérbio	ontem

Token (palavra) é uma unidade individual de análise em todas as suas ocorrências; *lemma* é uma palavra considerada a forma de citação de várias formas flexionadas; *tags* são anotações linguísticas que podem utilizar códigos convencionalizados para indicar aspectos gramaticais específicos.

Há vários tipos de *corpora*: aqueles organizados por língua, por tipos de texto, por gênero textual, por tipos de dados, por tipos de anotação, pelo tamanho, pelo acesso. No caso dos *corpora* que estão estabelecidos pela língua, há aqueles monolíngues ou multilíngues (o mesmo texto com diferentes línguas, ou mesclados, contendo alternância de línguas, alinhados ou não alinhados). Quanto aos tipos de texto, podem conter textos escritos, textos orais (em sinais ou falados) e multimodais (envolvendo diferentes modalidades, como imagens, textos escritos, textos orais, vídeos, efeitos imagéticos).

Os gêneros, por sua vez, podem incluir ficção, dialetos, conversações, textos diacrônicos, línguas de falantes/sinalizantes de segunda língua, língua franca, língua de herança. Já os tipos de dados podem incluir fragmentos de textos e textos completos. Os sistemas de anotação podem envolver metadados, anotações fonéticas, prosódicas, morfológicas, sintáticas, semânticas, sociolinguísticas e assim por diante. Também podem incluir fatores extralinguísticos, como produções gestuais, emoções, ruídos visuais, ruídos sonoros, etc.

Quanto ao tamanho da amostra, o *corpus* pode ser nacional, local, ilustrativo e, até mesmo, controlado; ou seja, é possível ter uma amostra pontual coletada sob certas condições, até uma amostra de registros arquivados em bibliotecas digitais de textos escritos com diferentes gêneros textuais. Com relação ao acesso, este pode ser aberto e irrestrito (*open access*), exigir algum tipo de licença, exigir cadastramento dos interessados ou, ainda, pode ser restrito.

Outro aspecto importante é determinar sobre o que é o *corpus*. Segundo Tognini-Bonelli (2010), um *corpus* contendo amostras de uma língua difere de um texto por si só. O autor estabeleceu um contraste entre *corpus* e texto conforme apresentado no **QUADRO 1.1**.

Essas diferenças mostradas no **QUADRO 1.1** esclarecem quais são as funções de um *corpus*. A proposta é ter amostras da língua para fins técnicos, enquanto a leitura tem funções atreladas ao ato de ler. Um linguista vai se debruçar sobre os dados de uma determinada ocorrência dentro de um *corpus* para compreender um fenômeno linguístico, enquanto um leitor se debruçará sobre um texto simplesmente para ler algo, um texto de diferentes gêneros.

Assim sendo, um *corpus* vai envolver um conjunto que poderá ser acessado pelo pesquisador de forma computadorizada, organizado previamente pelo propósito da pesquisa, para identificar estatisticamente um fenômeno específico em um conjunto previamente disponível em um determinado *corpus*, ou, ainda, o próprio *corpus* determinará qual será a pesquisa (p. ex., o pesquisador usará probabilística para identificar fenômenos em um conjunto de dados que constituem um *corpus* e então procederá com as análises). Neste último caso, o *corpus* determina o objetivo da pesquisa. A dimensão atual dos *corpora* existentes de diferentes línguas só é possível por causa do desenvolvimento tecnológico.

A TECNOLOGIA NA DOCUMENTAÇÃO DE LÍNGUAS DE SINAIS

Corpora de línguas de sinais

Leite e Quadros (2014) apresentam a documentação das línguas de sinais como uma ação importante para a sua preservação. No contexto das línguas de sinais, assim como de várias outras línguas, tem sido constatado que tais línguas sempre estiveram em risco por diferentes fatores, como o genocídio linguístico (a proibição das línguas de sinais no século passado), a marginalização das comunidades surdas, a exclusão dos processos de escolarização,

QUADRO 1.1 ▶ DIFERENÇA ENTRE *CORPUS* E TEXTO	
Corpus	Texto
Leitura fragmentada	Leitura completa
Leitura vertical	Leitura horizontal
Leitura por padrões formais	Leitura pelo conteúdo
Leitura de eventos recorrentes	Leitura de um único evento
Leitura de uma amostra de uma prática social	Leitura enquanto ato individual
Identificação de ocorrências da língua	Instâncias do uso
Não necessariamente um ato comunicativo coerente	Necessariamente um evento comunicativo

a dominância das línguas majoritárias nos meios de comunicação e assim por diante.

Nonaka (2004) explora a vitalidade das línguas de sinais no mundo e identifica três tipos de situações sociolinguísticas: (1) as línguas de sinais nacionais; (2) as línguas de sinais nativas; e (3) as línguas de sinais originais. As línguas de sinais nacionais também podem ser línguas nativas ou mesclas de diferentes línguas de sinais, ou ainda mesclas das línguas de sinais com influência das línguas nacionais faladas. Há também comunidades de surdos ou comunidades em pequenos vilarejos que usam uma língua de sinais nativa; por exemplo, no caso do Brasil, já foram identificadas 13 línguas de sinais consideradas línguas de sinais nativas (QUADROS; SILVA, 2017). Destas, somente a Libras é considerada uma língua nacional, ou seja, é utilizada em todos os estados brasileiros, sobretudo nas grandes cidades. A **TABELA 1.1**, publicada por Quadros e Silva (p. 142-143), em fase de elaboração por Silva (no prelo), mostra a lista das línguas mapeadas até o momento.

As línguas de sinais brasileiras apresentam risco de vitalidade em diferentes níveis, considerando os fatores da Organização Educacional, Científica e Cultural das Nações Unidas (Unesco) (2003) que determinam os níveis de vitalidade de uma língua: (1) fator populacional (número absoluto de falantes e número proporcional de falantes em relação à população nacional); (2) fatores sociais (transmissão da língua das gerações mais velhas para as mais novas, atitude social em relação à língua); (3) fator pragmático (contextos de uso da língua, língua da mídia e língua da escola); e (4) fatores políticos (políticas públicas voltadas à língua).

Segundo Leite e Quadros (2014), as línguas de sinais nativas brasileiras estão em crescente risco de extinção, com diferenças entre a língua nacional, a Libras e as demais línguas de sinais. O pequeno número de sinalizantes em relação aos falantes da língua majoritária, o português, é um dos problemas mais sérios observados. Além disso, o contato com a Libras leva à substituição da língua nativa local, em vez da consolidação de um bilinguismo unimodal (duas línguas de sinais). Os contextos de uso dessas línguas são apenas informais (normalmente em casa e entre os vizinhos), e as políticas linguísticas apresentam ações concretas apenas em relação à Libras, a língua considerada nacional.

Outro problema identificado por Leite e Quadros que coloca todas as línguas de sinais em risco, inclusive a Libras, é a contínua aquisição tardia, o constante contato com falantes pouco ou nada proficientes na língua e a permanência de estereótipos e visões equivocadas da sociedade sobre a língua de sinais e a surdez. O resultado disso é que a Libras está constantemente sendo reinventada pelos seus usuários.

Por outro lado, as políticas linguísticas favorecem a manutenção da Libras no país. Em 2002, foi assinada a Lei nº 10.436, chamada popularmente de Lei de Libras, que reconhece a Libras como língua de sinais das comunidades surdas brasileiras. Em 2005, foi assinado o Decreto nº 5.626 que regulamenta a Lei de Libras. Nesse decreto, há ações concretas que favorecem a valorização da Libras e resultam em mudanças nas atitudes linguísticas frente a ela. Ações como a criação dos Cursos de Letras-Libras para formar professores de Libras e tradutores e intérpretes de Libras e língua portuguesa elevam o *status* dessa língua no país. A determinação da implementação da educação bilíngue é uma ação que consta no planejamento estabelecido no decreto, assim como no Plano Nacional de Educação (2014), além de ter efeitos importantes para o reconhecimento da Libras. A documentação da Libras também entra no planejamento linguístico, o que favorece ações de consolidação do reconhecimento e valorização dessa língua, bem como oferece subsídios para a educação de surdos e o ensino de Libras no país. Todavia, apesar de todas essas ações, mantém-se o risco de vitalidade da Libras em função da aquisição tardia, especialmente nos tempos atuais, em que médicos solicitam a não exposição à Libras em

TABELA 1.1 ▶ LÍNGUAS DE SINAIS DO BRASIL

Classificação da língua de sinais segundo Quadros e Leite (2014)	Classificação da comunidade surda segundo Quadros e Silva (2017)	Autor (ano)	Nome da língua de sinais	Localização
Língua de sinais nacional	Centros urbanos	Ferreira-Brito (1984)	Libras	Todo o território brasileiro
Língua de sinais original	Aldeias	Kakamasu (1968) e Ferreira-Brito (1984)	Língua de Sinais Urubu-Kaapor	Índios Urubu-Kaapor (Maranhão – Brasil)
		Azevedo (2015)	Língua de Sinais Sateré-Waré	Índios Sateré-Waré (Parintis, Manaus – Brasil)
		Giroletti (2008)	Língua de Sinais Kaingang	Índios Kaingang (Xanxerê, Santa Catarina – Brasil)
		Vilhalva (2012) Sumaio (2014)	Língua de Sinais Terena	Índios Terena (Mato Grosso do Sul – Brasil)
		Coelho (2011) Vilhalva (2012) Lima (2013)	Língua de Sinais Guarani-Kaiowá	Índios Guarani-Kaiowá (Mato Grosso do Sul – Brasil)
		Damasceno (2017)	Língua de Sinais Pataxó	Índios Pataxó (Aldeia Coroa Vermelha, Bahia – Brasil)
Língua de sinais nativa	Comunidades isoladas	Pereira (2013)	Cena	Várzea Queimada (Jaicós, Piauí – Brasil)
		Cerqueira e Teixeira (2016)	Acenos	Cruzeiro do Sul (Acre – Brasil)
		Carliez, Formigosa e Cruz (2016)	Língua de Sinais da Fortalezinha	Pará – Brasil
		Martinod (2013) Formigosa (2015) Fusellier (2016)	Língua de Sinais de Ilha do Marajó	Ilha do Marajó (Ilha de Soure, Pará – Brasil)
		Carliez, Formigosa e Cruz (2016)	Língua de Sinais de Porto de Galinhas	Porto de Galinhas (Pernambuco – Brasil)
		Temóteo (2008)	Língua de sinais de Caiçara	Sítio Caiçara (Várzea Alegre, Ceará – Brasil)

Fonte: Silva (No prelo).

detrimento da língua portuguesa, uma ação de política monolíngue.

As demais línguas de sinais brasileiras estão sendo documentadas por meio de pesquisas de mestrado e doutorado. Este é um primeiro passo para a documentação das línguas brasileiras. O mapeamento delas as coloca entre as línguas que passam a integrar o patrimônio das línguas brasileiras, por meio da lei que determina o Inventário Nacional da Diversidade Linguística, do Ministério da Cultura. Ao serem mapeadas, tais línguas podem ser inventariadas e integrar ações de preservação e de valorização linguística. É importante destacar que, independentemente do estatuto dessas línguas de sinais, todas devem ser reconhecidas como legítimas, estudadas e promovidas como um bem cultural brasileiro. A documentação, que pode ser feita também por meio do estabelecimento de *corpora* de línguas de sinais, é fundamental para a preservação e o reconhecimento dessas línguas.

No caso específico da Libras, a documentação já integra o Corpus de Libras, que conta com vários registros da Libras, incluindo o Inventário Nacional de Libras, no contexto do Inventário Nacional da Diversidade Linguística (QUADROS, 2016).[3]

Os *corpora* de línguas de sinais têm sido estabelecidos em diferentes países. Entre eles, destacam-se os seguintes:

- **Corpus de Libras:**
  www.corpuslibras.ufsc.br
- **Corpus da Língua de Sinais Australiana:**
  http://www.auslan.org.au/about/corpus/

---

[3]O Corpus de Libras está sendo constituído por vários projetos; entre eles, destacam-se os que contam com o financiamento de diferentes órgãos de fomento: Inventário de Libras da Grande Florianópolis (CNPQ, Processos 303725/2013-3 e 471355/2013-5), Inventário Nacional de Libras (IPHAN, Ministério da Cultura, 2016-2018), Inventário de Libras de Alagoas (CNPQ, Processos 440337/2017-8 e 460589/2014-8), Inventário de Libras do Ceará (CNPQ, Processo 440337/2017-8), Documentação da Libras (CNPQ, Processo 440337/2017-8) e Gramática da Libras (CNPQ, Processo 304179/201 5).

- **Corpus da Língua de Sinais Britânica:**
  http://www.bslcorpusproject.org/
- **Corpus da Língua de Sinais Alemã:**
  www.sign-lang.uni-hamburg.de/dgs-korpus/index.php/welcome.html
- **Corpus da Língua de Sinais Holandesa:**
  http://www.ru.nl/corpusngtuk/
- **Corpus da Língua de Sinais Polonesa:**
  http://www.plm.uw.edu.pl/en/node/241
- **Corpus da Língua de Sinais Japonesa:**
  http://research.nii.ac.jp/jsl-corpus/public/en/index.html

Todos esses *corpora* de línguas de sinais apresentam vídeos com produções coletadas por meio de projetos específicos para a constituição da documentação. A metodologia usada nos diferentes *corpora* já publicados se inspirou na documentação da língua de sinais australiana que, posteriormente, foi aperfeiçoada na língua de sinais britânica e na língua de sinais alemã. Apesar das especificidades de cada *corpus* das línguas de sinais, a linha metodológica básica é comum a todos eles. Destaca-se o fato de as tecnologias viabilizarem todos esses *corpora*, pois, com o advento da criação das filmagens e dos computadores, tornou-se possível registrar as línguas de sinais por meio de vídeos para serem organizadas e disponibilizadas publicamente na internet.

A seguir é apresentada em detalhes a constituição do Corpus de Libras.

O Corpus de Libras

O Corpus de Libras (QUADROS, 2016; QUADROS et al., no prelo) pode incluir diferentes registros da Libras. Os projetos atuais incluem o Inventário de Libras da Grande Florianópolis, o Inventário Nacional de Libras por meio dos registros realizados com surdos de referência (lideranças surdas de diferentes estados brasileiros), poemas e contos em Libras produzidos por ex-alunos do Curso Letras-Libras (turmas de 2006 e 2008) e Exame Prolibras. Os dados disponíveis podem ser acessados livremente no *site* anteriormente citado.

No caso específico do Inventário de Libras, o conjunto de diretrizes para o registro e arquivamento de dados e metadados relativos ao uso da Libras foi estabelecido de 2013 a 2018. Esse processo envolveu seis frentes de trabalho:

- Definição dos participantes e condução da coleta de dados.
- Elaboração dos instrumentos de coleta de dados.
- Coleta de dados por meio de registros em vídeo.
- Arquivamento dos vídeos, organização dos dados e metadados.
- Transcrição dos dados.
- Disponibilização dos dados.

A seguir é apresentado o detalhamento dessas diretrizes estabelecidas.

Identificação dos participantes e condução da coleta de dados

Os dados do Inventário de Libras de Santa Catarina, Região Metropolitana de Florianópolis, compreendem diferentes usos da Libras de 36 participantes surdos (três grupos divididos por idade e gênero). A identificação desses surdos foi feita por dois surdos locais, Deonísio Schmitt e Juliana Tasca Lohn, ambos professores da UFSC, residentes da Grande Florianópolis.

Os pesquisadores iniciaram a identificação desses participantes nas escolas com uma concentração maior de surdos, visitaram amigos surdos, associações de surdos e pontos de encontro de surdos (locais de encontro com horários fixos em diferentes localizações na cidade). Na Associação de Surdos da Grande Florianópolis, a pesquisadora responsável se apresentou para conversar sobre o projeto e sobre a sua importância para os seus dirigentes, no sentido de contar com o apoio da instituição para a identificação dos surdos, especialmente do grupo a partir dos 50 anos.

É importante mencionar que Deonísio e Juliana se enquadram no perfil dos pesquisadores colaboradores surdos previstos no Inventário Nacional de Libras, ou seja, são surdos nascidos na região e convivem com a comunidade surda local por, no mínimo, 10 anos; são pessoas extrovertidas e articuladas, além de ter experiência acadêmica em nível de graduação e pós-graduação; têm conhecimento tecnológico básico para as finalidades do projeto e facilidade de acesso diário a computador e internet.

Para fazer parte da pesquisa, os participantes precisavam preencher alguns critérios, como ter nascido no estado em que residem, ou residir nesse estado por pelo menos 10 anos; e ter adquirido a Libras em idade pré-escolar (até 7 anos de idade), ou ter no mínimo um tempo superior a sete anos de exposição à língua, ou ter proficiência notória na comunidade. Além disso, as duplas de participantes deveriam ser formadas por pessoas íntimas entre si (amigos ou parentes), de preferência do mesmo gênero e faixa etária, sendo importante que, dentre as 18 duplas entrevistadas, os pesquisadores locais buscassem selecionar duplas com perfis variados, considerando critérios como:

- Surdos representando aproximadamente três diferentes gerações, incluindo jovens (até 29 anos), adultos (entre 30 e 49 anos) e idosos (a partir de 50 anos).
- Surdos homens e mulheres.
- Surdos com diferentes graus de escolarização (ensino fundamental, ensino médio e ensino superior completo).

Os surdos identificados participaram das atividades em duplas, com amigos ou conhecidos da mesma faixa etária, conforme organização prévia, ou seja, três grupos de três faixas etárias diferentes:

- **Grupo 1 –** Três duplas de homens e três duplas de mulheres entre 16 e 29 anos de idade.
- **Grupo 2 –** Três duplas de homens e três duplas de mulheres entre 30 e 49 anos de idade.
- **Grupo 3 –** Três duplas de homens e três duplas de mulheres acima de 50 anos de idade.

As entrevistas e a coleta do vocabulário foram conduzidas por dois surdos da região metropolitana da Grande Florianópolis com cada participante da pesquisa, individualmente. As demais atividades foram realizadas entre os participantes em duplas sob a condução dos dois surdos locais.

Na coleta de dados, cada dupla interagia por cerca de três horas com atividades propostas pelos pesquisadores assistentes. Essas atividades foram organizadas para a visualização de cada participante em um computador individual. Dependendo do material usado, somente um dos participantes visualizava as tarefas. Antes de iniciar a coleta de dados, foi apresentado o termo de consentimento em vídeo[4] e por escrito.

A seguir são apresentados os instrumentos da coleta de dados.

Instrumentos de coleta de dados

Os instrumentos que integraram a coleta de dados, bem como o seu formato, envolveram uma entrevista, conversa livre, conversas temáticas, narrativas com base em histórias em sequência, narrativas com base em clipes de filmes não falados e levantamento de vocabulário. Cada instrumento foi definido em detalhes para ser apresentado aos participantes da pesquisa. Segue uma síntese dos instrumentos:

Entrevista

O entrevistador realizava as entrevistas de forma descontraída (20 a 30 minutos com cada participante). Foram entrevistas semiestruturadas e semiabertas, em que o pesquisador elicitava do informante relatos pessoais. As entrevistas foram desenvolvidas de modo a garantir o registro de expressões culturais verbais, amostras de palavras e elementos gramaticais, vocabulário específico à realidade cultural de cada região, empréstimos, frases ilustrativas de elementos da gramática, demonstração de variedades dialetais e elementos que singularizam a língua tipologicamente dentro da região.

O roteiro da entrevista incluía um relato sobre sua história de vida; o sinal que tem e como esse sinal foi dado à pessoa; idade; relação familiar com surdos e ouvintes; aquisição da língua de sinais; contato com pessoas surdas; contato com ouvintes; relação com as línguas (sinais, falada e escrita); experiência educacional; escolarização; experiência profissional; inserção na associação de surdos; e fatos marcantes. Esses dados foram extraídos e apresentados em forma de planilhas para compor os metadados de cada participante.

Conversas

As duplas eram deixadas a sós no estúdio para conversar, de forma livre ou sobre um tema do cotidiano a ser oferecido pelo pesquisador como estratégia de estímulo. Depois as duplas eram orientadas a conversar observando o tema proposto por meio de fichas em que constava um título com uma figura. Os temas incluíam questões atuais e questões com envolvimento direto na vida dos surdos. Cabe salientar que, para a replicação do projeto, os temas devem ser atualizados de acordo com a realidade local.

Na conversa livre, as duplas conversavam livremente em torno de 10 minutos. Na conversa temática, eram apresentados temas para nortear as conversas (**FIGURA 1.1**), como trânsito em Florianópolis, manifestação pública em Florianópolis, Copa do Mundo de 2014, escolas de surdos e escolas de ouvintes (inclusão), tecnologias e implante coclear, associação de surdos. As duplas tinham em torno de 10 minutos para conversar sobre cada tema.

Narrativas com base em histórias em sequência

Cada participante tinha contato com uma história em sequência, sendo orientado a visualizar a história e depois narrá-la para o seu parceiro. O parceiro não visualizava a história contada pelo narrador. Foram

---

[4]O vídeo em Libras do termo de consentimento está disponível em: <https://www.youtube.com/watch?v=7WZpsP-znbk>.

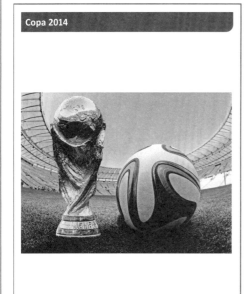

FIGURA 1.1 ▶ EXEMPLOS DE FICHAS UTILIZADAS DURANTE A CONVERSA TEMÁTICA.

selecionadas duas histórias (**FIGURA 1.2**): a história do sapo *Onde está você?*, adaptada de Mercer Maya para a realização desta coleta (história clássica para coleta de narrativas em diferentes línguas), e a história do Piteco, *A roupa que eu quero*, de Maurício de Souza. Ambas as histórias em sequência foram apresentadas em formato de vídeo. Os participantes assistiam a uma das histórias para contar ao outro. Eles poderiam assistir mais de uma vez, caso precisassem.

Narrativas com base em clipes de vídeos não falados

Cada participante assistia a dois vídeos para contar as respectivas histórias ao seu parceiro. O participante 1 assistia aos clipes de um vídeo de Charles Chaplin e *Tom e Jerry*. O participante 2 assistia aos clipes da *História da Pera* e do *Mr. Bean*.

Os clipes envolviam vídeos de, no máximo, três minutos. Depois de assisti-los, a pessoa contava a história para o outro em Libras. O participante podia assistir aos clipes mais de uma vez, se desejasse.

Vocabulário

O vocabulário foi organizado por conjuntos de figuras a partir de um mesmo *frame* semântico. A versão atual consiste em conjuntos de figuras para incluir a lista de Swadesh e números de 1 a 20. Os surdos locais apresentavam a figura a cada participante individualmente e solicitavam a ele qual seria o respectivo sinal para identificá-la. Esses conjuntos são mostrados na **FIGURA 1.3**.

Esses conjuntos apresentam mais itens a serem elicitados por meio de imagens. A lista de Swadesh é composta de um conjunto de itens comumente usados entre as línguas, com o objetivo de verificar as palavras empregadas na língua para cada um desses conceitos. Há variação conceitual por questões culturais que exigem adaptação dos itens lexicais listados. Para a Libras, foi realizada a adaptação e foram utilizadas imagens para evocar as palavras usadas, mas nem sempre a imagem foi suficiente. A entrevistadora surda procurava alternativas para verificar se de fato o item não se apresentava ou se, devido a limitações da imagem, não era evocado. Muitas vezes, nesta conversa informal, o item-alvo acabava sendo produzido pelo participante.

Coleta de dados por meio de registros em vídeo

A coleta de dados da Grande Florianópolis foi concluída em dezembro de 2015. Foram entrevistadas 36 duplas de surdos, seis em cada grupo de acordo com a faixa etária e o gênero. A coleta foi feita seguindo o roteiro dos instrumentos da coleta de dados. Os vídeos totalizaram 2.340 perspectivas, com 10 a 30 minutos cada, totalizando em torno de 780 horas de produções.

A sala também foi adequada para a coleta de dados. Foi necessária a pintura das paredes e do piso a fim de que os vídeos apresentassem mais qualidade para visualização dos participantes. Havia quatro câmeras de vídeo captando diferentes perspectivas de cada dupla. O resultado dessas perspectivas é mostrado na **FIGURA 1.4**.

FIGURA 1.2 ▶ HISTÓRIAS EM SEQUÊNCIA.

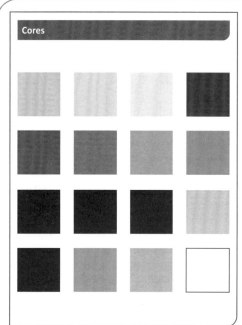

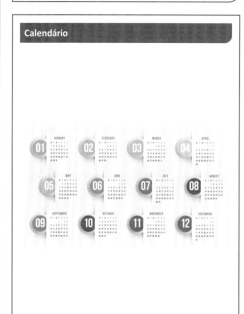

(Continua)

FIGURA 1.3 ▸ CARTELAS ORGANIZADAS DE ACORDO COM CATEGORIAS SEMÂNTICAS.

Nota: Por questões relacionadas a direitos autorais, as cartelas foram refeitas para a edição desta obra com imagens semelhantes às utilizadas na pesquisa e estão disponíveis para *download* (em cores) no *site* da Editora (loja.grupoa.com.br – buscar pelo título do livro).

(Continuação)

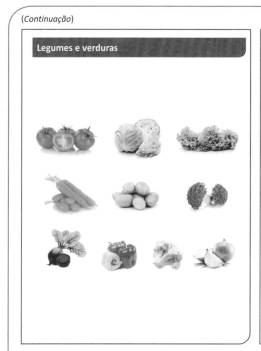

(Continua)

FIGURA 1.3 ▶ CARTELAS ORGANIZADAS DE ACORDO COM CATEGORIAS SEMÂNTICAS.

14 CORRÊA & CRUZ (Orgs.)

(*Continuação*)

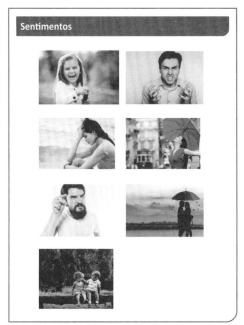

(*Continua*)

FIGURA 1.3 ▶ CARTELAS ORGANIZADAS DE ACORDO COM CATEGORIAS SEMÂNTICAS.

FIGURA 1.3 ▶ CARTELAS ORGANIZADAS DE ACORDO COM CATEGORIAS SEMÂNTICAS.

FIGURA 1.3 ▶ CARTELAS ORGANIZADAS DE ACORDO COM CATEGORIAS SEMÂNTICAS.

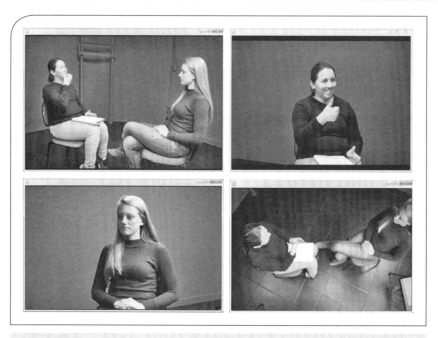

FIGURA 1.4 ▶ AS QUATRO PERSPECTIVAS CAPTADAS PELAS QUATRO CÂMERAS NA COLETA DE DADOS.

Os vídeos foram salvos seguindo um padrão para a sua localização:

> Sigla da cidade – Grupo – Dupla – Título da atividade – Vídeo
>
> Por exemplo: FLN_G1_D1_ConversaLivre_Vídeo1

Cada vídeo salvo foi encaminhado ao acervo no servidor e à produção para o acesso aos transcritores, revisores e tradutores.

Arquivamento dos vídeos, organização dos dados e metadados

Todos os dados coletados foram armazenados em, no mínimo, três versões: uma em servidor específico do Corpus de Libras; uma em disco rígido (HD, do inglês *hard disk*) externo sob guarda do coordenador do projeto; e uma em HD de *backup* do Núcleo de Pesquisa do Corpus de Libras. O arquivamento dos vídeos está sendo feito no repositório da UFSC e no servidor do Núcleo de Pesquisas em Aquisição da Língua de Sinais (NALS), do Centro de Comunicação, Departamento de Libras. Foi realizado um estudo no formato de organização dos dados dentro do servidor para o arquivamento dos dados. Um Tutorial de Arquivamento dos Dados e Conversão de Vídeos do Corpus de Libras foi desenvolvido para ser consultado sempre que necessário e também servir de referência para a replicação da coleta de dados em outras cidades brasileiras, com tutorial disponível no *site* do Corpus de Libras, no espaço interativo.

Os dados estão organizados em planilhas por grupo e por dupla. Na dupla indicada, foram acessados todos os vídeos associados a ela por meio de uma segunda planilha. A lista compreende os vídeos da tomada 1, 2, 3 e 4 para cada atividade desenvolvida. O grupo definiu que cada vídeo deveria ser nomeado indicando a cidade, o grupo, a dupla, a atividade e a tomada do vídeo:

> NOME DO ARQUIVO: cidade_grupoX_duplaX_títulos_tema_videoX
>
> FLN_G1_D1_1entrevista_VIDEO1
>
> FLN_G1_D1_1entrevista_VIDEO2
>
> FLN_G1_D1_1entrevista_VIDEO3
>
> FLN_G1_D1_1entrevista_VIDEO4

Quando, além do título, também há um tema, este é especificado logo após o título:

> FLN_G1_D1_1Conversação_Associação-Surdos_Vídeo1
>
> FLN_G1_D1_1Conversação_Copa2014_Vídeo1

Estes são os nomes dos arquivos dos dados de Florianópolis (FLN), do Grupo 1 (G1), da dupla 1 (D1), da atividade da primeira entrevista que foi realizada com um dos participantes da dupla 1 (1entrevista), tomadas 1, 2, 3 e 4 (VIDEO1, VIDEO2, VIDEO3 e VIDEO4). Esses arquivos estão associados com os vídeos (.mp4) e com os arquivos do Elan (.eaf). Todas as atividades estão associadas com quatro arquivos de vídeo e um arquivo .eaf, que compreende a transcrição dos dois participantes e a tradução dos enunciados para a língua portuguesa (**FIGURAS 1.5 A 1.7**).

Todos os arquivos das tomadas 1, 2, 3 e 4 foram sincronizados utilizando-se o Programa Adobe Premiere Pro CC e Adobe Media Encoder CS5 (**FIGURA 1.8**). Para facilitar a sincronização das quatro tomadas de vídeos, um dos pesquisadores assistentes inicializava as câmeras e batia palmas para dar início a cada atividade. Os vídeos foram baixados no programa que possibilita a visualização do ruído da palma que permite o alinhamento, mesmo sendo o pesquisador surdo, pois a informação do ruído se apresenta na forma visual.

FIGURA 1.5 ▶ PLANILHA DOS GRUPOS 1, 2 E 3 ASSOCIADOS COM AS DUPLAS DE 1 A 6.

	A	B	C	D	E	F	G
		DUPLA 1	DUPLA 2	DUPLA 3	DUPLA 4	DUPLA 5	DUPLA 6
GRUPO 1 (até 29 anos)		grupo1/dupla1	grupo1/dupla2	grupo1/dupla3	grupo1/dupla4	grupo1/dupla5	grupo1/dupla6
GRUPO 2 (30 até 49 anos)		grupo2/dupla1	grupo2/dupla2	grupo2/dupla3	grupo2/dupla4	grupo2/dupla5	grupo2/dupla6
GRUPO 3 (acima 50 anos)		grupo3/dupla1	grupo3/dupla2	grupo3/dupla3	grupo3/dupla4	grupo3/dupla5	grupo3/dupla6

FIGURA 1.6 ▶ PLANILHA COM A LISTA DO GRUPO POR DUPLA ASSOCIADA AOS ARQUIVOS DE VÍDEO.

A COLETA DE DADOS EM ENTREVISTA: 28/08/2014		NOME PARTICIPANTE	TRANSCRIÇÕES	TRANSCRIÇÃ
GRUPO 1 - DUPLA 1	VÍDEOS			
ADOR P/ MEGA e DATA COLETA DE DADOS E	cidade_dupla1_entrevista_video	NOME PARTICIPANTE	VÍDEO TRANSCRITO	TRANSCRIÇÃ
PRONTO (04/09/2014)	FLN_G1_D1_1entrevista_VIDEO1.MP4	JULIANA E NICOLY	FLN_G1_D1_1entrevista_VIDEO1.EAF	edinata
PRONTO (08/09/2014)	FLN_G1_D1_1entrevista_VIDEO2.MP4	JULIANA	FLN_G1_D1_1entrevista_VIDEO2.EAF	edinata
PRONTO (08/09/2014)	FLN_G1_D1_1entrevista_VIDEO3.MP4	NICOLY	FLN_G1_D1_1entrevista_VIDEO3.EAF	edinata
PRONTO (04/09/2014)	FLN_G1_D1_1entrevista_VIDEO4.MP4	JULIANA E NICOLY	FLN_G1_D1_1entrevista_VIDEO4.EAF	edinata
PRONTO (08/09/2014)	FLN_G1_D1_2entrevista_VIDEO1.MP4	JULIANA E KARINE	FLN_G1_D1_2entrevista_VIDEO1.EAF	Marquioto
PRONTO (08/09/2014)	FLN_G1_D1_2entrevista_VIDEO2.MP4	JULIANA	FLN_G1_D1_2entrevista_VIDEO2.EAF	Marquioto
PRONTO (08/09/2014)	FLN_G1_D1_2entrevista_VIDEO3.MP4	KARINE	FLN_G1_D1_2entrevista_VIDEO3.EAF	Marquioto
PRONTO (08/09/2014)	FLN_G1_D1_2entrevista_VIDEO4.MP4	JULIANA E KARINE	FLN_G1_D1_2entrevista_VIDEO4.EAF	Marquioto

FIGURA 1.7 ▶ PLANILHA COM A LISTA DO GRUPO POR DUPLA ASSOCIADA AOS ARQUIVOS .EAF INDICANDO A TRANSCRIÇÃO, TRADUÇÃO E REVISÃO REALIZADAS.

NOME PARTICIPANTE	TRANSCRIÇÕES	TRANSCRIÇÃO	COLETA DE DADOS EM EAF	RADUÇÃO pronto (jea	REVISÃO
NOME PARTICIPANTE	VÍDEO TRANSCRITO	TRANSCRIÇÃO		TRADUÇÃO	REVISÃO
JULIANA E NICOLY	FLN_G1_D1_1entrevista_VIDEO1.EAF	edinata			
JULIANA	FLN_G1_D1_1entrevista_VIDEO2.EAF	edinata			
NICOLY	FLN_G1_D1_1entrevista_VIDEO3.EAF	edinata			
JULIANA E NICOLY	FLN_G1_D1_1entrevista_VIDEO4.EAF	edinata			
JULIANA E KARINE	FLN_G1_D1_2entrevista_VIDEO1.EAF	Marquioto		pronto	
JULIANA	FLN_G1_D1_2entrevista_VIDEO2.EAF	Marquioto		pronto	
KARINE	FLN_G1_D1_2entrevista_VIDEO3.EAF	Marquioto		pronto	

Transcrição dos dados

A transcrição dos dados é feita pelo sistema de anotação Elan (**FIGURA 1.9**), uma ferramenta de anotação multimídia desenvolvida pelo Instituto de Psicolinguística Max Planck. O *software* permite a criação, edição, visualização e busca de anotações por meio de dados de vídeo e áudio, bem como a criação de "trilhas" para registro e análises específicas nas duas modalidades de línguas. Foram criadas trilhas para a transcrição conforme segue:

1Sinais D – Trilha dos sinais produzidos com a mão direita do sinalizante 1

1Sinais E – Trilha dos sinais produzidos com a mão esquerda do sinalizante 1

1Comentários transcritor – Comentários sobre a transcrição do sinalizante 1

1Tradução PB – Tradução da trilha para a língua portuguesa do sinalizante 1

1Comentários tradutor – Comentários sobre a tradução do sinalizante 1

LÍNGUA BRASILEIRA DE SINAIS E TECNOLOGIAS DIGITAIS 19

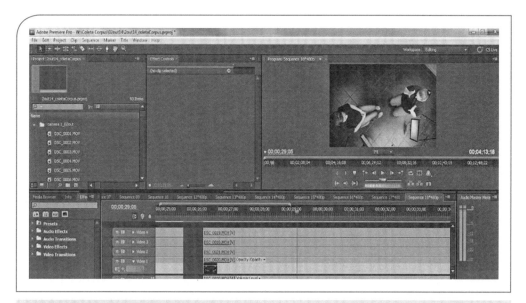

FIGURA 1.8 ▶ TELA DO PROGRAMA PARA EDIÇÃO E SINCRONIZAÇÃO DOS VÍDEOS DAS QUATRO TOMADAS.

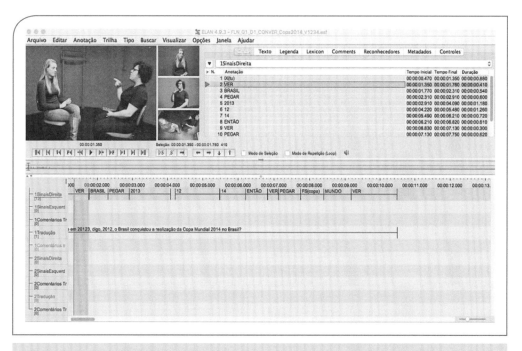

FIGURA 1.9 ▶ TELA DO ELAN COM AS TRILHAS CRIADAS PARA O CORPUS DE LIBRAS.

> 2Sinais D – Trilha dos sinais produzidos com a mão direita do sinalizante 2
>
> 2Sinais E – Trilha dos sinais produzidos com a mão esquerda do sinalizante 2
>
> 2Comentários transcritor – Comentários sobre a transcrição do sinalizante 2
>
> 2Tradução PB – Tradução da trilha para a língua portuguesa do sinalizante 2
>
> 2Comentários tradutor – Comentários sobre a tradução do sinalizante 2

A transcrição é um processo que demanda um grande investimento de tempo e dedicação, em particular nas pesquisas com línguas de sinais, que não possuem um sistema de escrita convencional e plenamente adaptado ao computador. Uma estimativa geral relatada em projetos de pesquisa com línguas de sinais é de uma hora de trabalho de transcrição para cada minuto de gravação.[5]

As transcrições tiveram como foco o desenvolvimento de convenções e critérios a partir de amostras dos dados que possam caracterizar elementos do inventário de língua de sinais. Todas as transcrições passaram também por um processo de revisão, que conta com um pesquisador encarregado de revisar a transcrição original em busca de inconsistências com relação às convenções de anotação desenvolvidas no projeto.

Também foi iniciado o processo de validação. Para isso, membros do projeto com experiência em transcrição fazem uma segunda transcrição em amostras estatisticamente significativas dos dados coletados, com o objetivo de comparação com as transcrições originais. Esse processo precisa ser realizado periodicamente a fim de avaliar o andamento da transcrição e introduzir ajustes quando necessário, em especial pelo fato de contar com bolsistas de iniciação científica cuja participação é rotativa. Todas as convenções de transcrição do projeto estão sendo disponibilizadas permanentemente a todos os pesquisadores no espaço do projeto no *site* do Corpus de Libras.

As trilhas foram definidas a partir do que deveria constituir uma transcrição básica para ser disponibilizada aos usuários (pesquisadores, professores e demais interessados). As transcrições são feitas sinal por sinal para cada participante e contam com a tradução dos enunciados. Foi desenvolvido um Manual do Transcritor para este projeto, que é consultado sistematicamente pelos transcritores. Além desse manual, os transcritores utilizam o identificador de sinais,[6] que é alimentado de forma sistemática por novos sinais identificados no Corpus de Libras, desenvolvido pelo Projeto de Pesquisa Identificadores de Sinais, financiado pelo Conselho Nacional de Desenvolvimento Científico e Tecnológico (CNPQ) (Processos 304102/2010-5 e 471478/2010-5). Esse sistema está disponível de forma aberta e gratuita para todos os interessados em utilizá-lo e alimentá-lo como fonte de pesquisa. Também foram produzidos tutoriais[7] para o uso do Elan em Libras, pois os transcritores são todos fluentes em Libras, vários deles surdos.

Os transcritores recorrem ao identificador de sinais (ID) para buscar os identificadores (nomes) dos sinais. Ao utilizar os identificadores de sinais nas transcrições, tem-se condições de torná-las mais eficientes graças aos sistemas de busca existentes no programa Elan. O identificador de sinais é, portanto, uma ferramenta que disponibiliza os nomes dados aos sinais para as glosas (nomes) utilizadas nos sistemas de transcrição, bem como a respectiva escrita deste sinal usando a escrita de sinais (**FIGURA 1.10**). Atualmente, o ID apresenta em torno de 2.500 sinais que foram levantados ao longo de reuniões periódicas realizadas

---

[5]Disponível em: <http://www.sign-lang.uni-hamburg.de/intersign/workshop4/baker/baker.html>. Acesso em: 30/06/2012.

[6]Disponível em: <www.idsinais.libras.ufsc.br>.

[7]Esses tutoriais estão disponíveis para a comunidade interessada em: <http://corpuslibras.ufsc.br/espacointerativo/perguntas/view/11>.

FIGURA 1.10 ▸ TELA DO IDENTIFICADOR DE SINAIS.
Fonte: IDSinais (2018, documento *on-line*).

com a equipe de pesquisa do NALS e pelo grupo de pesquisa do Corpus de Libras. O grupo se reúne e debate sobre os sinais que surgem nos vídeos que estão sendo descritos e "batiza" os sinais que ainda não foram batizados. Os sinais batizados com um ID são imediatamente incorporados ao sistema de identificadores de sinais. O identificador de sinais é sistematicamente alimentado pelos transcritores, à medida que se deparam com sinais que ainda não foram identificados. O grupo conta também com um bolsista do Instituto do Patrimônio Histórico e Artístico Nacional (IPHAN) para filmar e disponibilizar os sinais levantados pelos transcritores.

Como todos os dados são transcritos utilizando o programa Elan, que alinha o tempo de cada entrada na transcrição com a localização exata no vídeo, o uso de identificadores de sinais facilita muito as transcrições de línguas de sinais. Tradicionalmente, os pesquisadores de línguas de sinais usam glosas. Contudo, não há consistência no emprego dessas glosas, que variam de acordo com o contexto de sinalização. Ao se utilizar um sistema computadorizado, o sistema de busca de fenômenos linguísticos está se tornando muito mais eficiente diante de nomes dados aos sinais de maneira mais consistente. Portanto, o identificador de sinais representa uma forma de dar consistência às glosas usadas para cada sinal, facilitando, assim, as investigações do Inventário de Libras, bem como de outras pesquisas com a Libras.

Após a transcrição ser finalizada, o revisor avalia as anotações e as encaminha para o tradutor. Os transcritores são sinalizantes de Libras, preferencialmente surdos, falantes nativos ou quase-nativos da língua. Entende-

-se como falantes nativos ou quase-nativos aqueles que cresceram com a língua de sinais em contato com outros surdos adultos, não necessariamente do meio familiar, pois a grande maioria dos surdos são filhos de pais ouvintes, não sinalizantes ou aprendizes da língua de sinais como segunda língua. Os transcritores participam do projeto como pesquisadores de iniciação científica com financiamento do CNPQ ou pelo sistema de iniciação científica voluntária da UFSC.

Disponibilização dos dados

A difusão da Libras envolve a socialização de todas as ações que envolvem esta língua no país. A UFSC criou o Portal de Libras,[8] que está incorporando várias fontes de informação sobre a Libras, entre elas os glossários e o Corpus de Libras, incluindo todos os materiais compreendidos no Inventário Nacional de Libras.

A socialização é fundamental, pois, além de garantir a difusão da Libras, dá visibilidade e é um instrumento de políticas linguísticas de *status*, *corpus*, aquisição e atitude. Ou seja, além de realizar o registro da Libras por meio de sua documentação, está se valorizando essa língua, disseminando-a e tornando-a mais empoderada. Além disso, a socialização permitirá o acesso a diferentes formas de registro para fins de aquisição, isto é, o ensino da Libras como primeira língua (L1) para surdos e como segunda língua (L2) para ouvintes.

Todos esses materiais acabam tendo um impacto na relação das pessoas com a língua, implicando uma mudança de atitudes para com ela, um dos objetivos mais específicos do Inventário Nacional de Libras. Dentro do Portal de Libras (**FIGURA 1.11**), há acesso, pelo menu, à página do Corpus de Libras (**FIGURA 1.12**) que está em desenvolvimento. Os manuais elaborados no escopo deste projeto e os dados coletados e transcritos estão sendo incluídos na área do Corpus de Libras. Os ajustes estão sendo feitos à medida que os dados do Inventário da Região Metropolitana da Grande Florianópolis são implementados e disponibilizados. Como são recursos que envolvem tecnologia, sempre estão sendo atualizados.

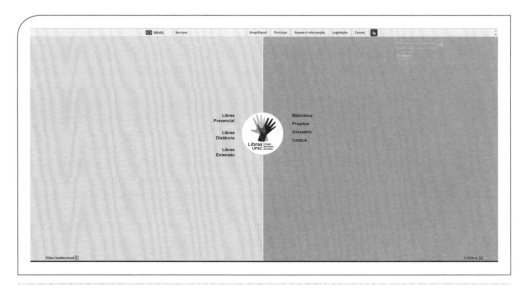

FIGURA 1.11 TELA DE ENTRADA DO PORTAL DE LIBRAS.
Fonte: Libras (2018, documento *on-line*).

---

[8]Disponível em: <www.libras.ufsc.br>.

FIGURA 1.12 ▶ TELA DE ENTRADA DO CORPUS DE LIBRAS NO PORTAL DE LIBRAS.

A partir do Inventário de Libras da Grande Florianópolis, o objetivo é passar todas as instruções para outros estados brasileiros para a realização da identificação dos participantes surdos da pesquisa, a coleta de dados, filmagens, organização dos dados, metadados, transcrição e publicação. É preciso assegurar que os dados sejam coletados e organizados da mesma forma para garantir a possibilidade de compará-los entre si. A metodologia desenvolvida na constituição do Corpus de Libras do Inventário da Grande Florianópolis passa a ser uma referência para a constituição de um *corpus* de Libras que possa ser comparado entre os estados do país, indicando, possivelmente, diferenças e variações da Libras.

Independentemente desse fim, os procedimentos criados no escopo deste Inventário de Libras podem servir de referência para a constituição de outros projetos que envolvam a coleta de dados de línguas de sinais não diretamente relacionados com o Inventário de Libras de cada cidade.

O Inventário Nacional de Libras inclui a proposta de uma metodologia que permita a comparabilidade entre os dados coletados no Brasil, mas também outras formas de registro da Libras. O objetivo é que as diferentes formas de registro da Libras se tornem uma fonte de busca permanente dessa língua.

CONSIDERAÇÕES FINAIS: PERSPECTIVAS PARA O FUTURO

As tecnologias nos desafiam a alçar novos rumos na composição dos *corpora* de línguas. As perspectivas são sempre inovadoras e muito criativas. Em relação às línguas de sinais, o fato de se estar lidando com imagens que incluem movimentos, uso do corpo e uso do espaço na composição de textos torna o processo ainda mais interessante e nos força positivamente a buscar alternativas tecnológicas para resolver problemas que se apresentam.

O identificador de sinais será transposto para o Banco de Sinais (*SignBank – Language Archive*) de 2018-2021 (projeto que conta com financiamento do CNPQ, Edital Ciências Humanas). Essa decisão foi tomada porque o sistema já está ultrapassado do ponto de vista tecnológico e porque o Banco de Sinais pode ser associado ao Elan para buscas de termos, tanto para a transcrição dos sinais como para a tradução para o português e o inglês. Este processo também está inserido na proposta de integrar os estudos das línguas de sinais internacionalmente. Nesta próxima etapa, vamos compor o Banco de Sinais com a tradução dos itens para o português e o inglês. E, então, em uma etapa seguinte, os *corpora* das línguas de sinais brasileiras serão integradas ao *Language Archive* visando à internacionalização das nossas pesquisas.

Entretanto, neste processo de transposição, serão perdidas algumas ferramentas desenvolvidas no identificador de sinais que se mostraram um avanço importante nas pesquisas com as línguas de sinais. Por exemplo, o uso de um sistema de busca de sinais com base em conjuntos de configurações de mãos e locações de sinais foi muito importante, mas se mostrou ineficiente. Esse sistema de busca é importante e não está previsto no Banco de Sinais, mas, apesar de sua ineficiência, ele é relevante. Verificamos que sua ineficiência está relacionada com a forma com que se apresenta, que torna o acesso moroso e inviável ao usuário, considerando as tarefas que o pesquisador realiza e o tempo despendido para fazer uma busca.

Então, tem-se o desafio tecnológico de pensar em manter um sistema de busca que seja associado ao Banco de Sinais (e não mais ao identificador de sinais) como ferramenta de acesso aos sinais. Parece que a ferramenta teria de envolver o reconhecimento de sinais. Para isso, é preciso desenvolver tecnologias de reconhecimento de imagens em movimento para a identificação das palavras na forma dos sinais. Isso é complexo do ponto de vista tecnológico e linguístico, pois as formas dos sinais apresentam variações individuais e a captação de imagens precisará categorizar os conjuntos de movimentos para classificá-los como possíveis sinais, apresentando alternativas de identificadores de sinais a serem listados como opção para a transcrição e tradução.

Outro avanço tecnológico importante é a possibilidade de "linkar" sinais em vídeos. Na atualidade, o destaque de um sinal em um vídeo ou de um trecho de um texto em sinais em um vídeo é feito de maneira indireta, sem estar identificado diretamente no texto em sinais. Essa é uma ferramenta para vários fins que precisa ser desenvolvida. A possibilidade de ter um destaque no próprio vídeo de um sinal que representa uma palavra é interessante para a produção de *hyperlinks* para diferentes fins técnicos e pedagógicos.

Em relação aos *corpora* de línguas de sinais, ainda são enfrentadas algumas dificuldades quanto ao armazenamento e à disponibilização de vídeos de longa duração. Isso parece mais simples de resolver com os avanços atuais na tecnologia, mas ainda é problemático diante da quantidade de textos em vídeos que são comportadas a cada dia.

Enfim, há vários desafios que estão sendo enfrentados na medida em que se passa a ter tecnologia disponível e recursos financeiros para investimentos nestes campos do desenvolvimento de pesquisa com as línguas de sinais, assim como nas suas diferentes aplicações para o ensino, para o lazer e para o bem-estar dos surdos na sociedade.

REFERÊNCIAS

AZEVEDO, M. J. S. *Mapeamento e contribuições linguísticas do professor surdo aos índios surdos da etnia Sateré-Mawé na microrregião de Parintins*. 2015. 115 f. Dissertação (Mestrado)–Universidade do Estado do Amazonas, Manaus, 2015. Disponível em: <http://www.pos.uea.edu.br/data/area/dissertacao/download/23-13.pdf>. Acesso em: 28 maio de 2017.

BRASIL. Decreto nº 5.626, de 22 de dezembro de 2005. Regulamenta a Lei no 10.436, de 24 de abril de 2002, e o art. 18 da Lei nº 10.098, de 19 de dezembro de 2000. *Diário Oficial da União*. Brasília, 23 dez. 2005. Disponível em: <http://www.jusbrasil.com.br/legislacao/96150/decreto-5626-05>. Acesso em: 28 maio 2017.

BRASIL. Lei 10.436, de 24 de abril de 2002. Dispõe sobre a Língua Brasileira de Sinais – Libras e dá outras providências. *Diário Oficial da União*, Brasília, 25 abr. 2002. Disponível em: <http://www.planalto.gov.br/ccivil_03/leis/2002/l10436.htm>. Acesso em: 28 maio 2017.

CARLIEZ, M. L. S. S.; FORMIGOSA, E.; CRUZ, E. B. Accessibilité et égalité des chances aux micro-communautés es sourds brésiliens: vers la reconnaissance des langues des signes pratiquées par les sourds de Soure (Île de Marajó) et Fortalezinha-PA et Porto de Galinhas-PE. *Revista Moara*, n. 45, p. 128-143, 2016.

CERQUEIRA, I. F.; TEIXEIRA, E. R. T. Iconicidade e realidade: um olhar sobre a produção de sinais dos surdos do município de Cruzeiro do Sul/AC. *Anthesis: Revista de Letras e Educação da Amazônia Sul-Ocidental*, v. 5, n. 8, 2016. Disponível em: <http://revistas.ufac.br/revista/index.php/anthesis/article/download/496/256>. Acesso em: maio de 2017.

COELHO, L. L. *A constituição do sujeito surdo na cultura Guarani-Kaiowá*: os processos próprios de interação e comunicação na família e na escola. 2011. 125 f. Dissertação (Mestrado)-Universidade Federal da Grande Dourados, Dourados, 2011.

DAMASCENO, L. M.S. *Surdos Pataxó*: inventário das Línguas de Sinais em território etnoeducacional. 2017. Dissertação (Mestrado)-Universidade Federal da Bahia, Bahia, 2017.

FERREIRA-BRITO, L. similarities and differences in two sign languages. *Sign Language Studies*, n. 42, p. 45-46, 1984.

FORMIGOSA, E. *Étude de la variation linguistique de la ls au Brésil dans l'enseignement de la Libras*. Paris: 8, 2015.

FUSELLIER, I. Collecte des langues des signes des dourds de Soure (Île de Marajó): un parcours méthodologuique (2008/2013), les enjeux sociaux et politiques de la non reconnaissance des langues des signes emergentes pratiquées par ces sourds. *Revista Moara*, n. 45, p. 144-160, 2016.

GIROLETTI, M. F. P. *Cultura Surda e Educação Escolar Kaingang*. 2008. 221 f. Dissertação (Mestrado)-Universidade Federal de Santa Catarina, Florianópolis, 2008.

IDSINAIS. Florianópolis: UFSC - NALS, c2018. Disponível em: <http://www.idsinais.libras.ufsc.br/>. Acesso em: 31 jul. 2018.

KAKUMASU, J. Urubu Sign Language. *International Journal of American Linguistics*, n. 34, p. 275-281, 1968.

LIBRAS UFSC. Florianópolis: UFSC, c2018. Disponível em: <http://libras.com.br/>. Acesso em: 31 jul. 2018.

LIMA, J. M. S. *A criança indígena surda na cultura Guarani-Kaiowá*: um estudo sobre as formas de comunicação e inclusão na família e na escola. 2013. Dissertação (Mestrado)-Universidade Federal da Grande Dourados, Dourados, 2013.

MAYER, M. *Frog, where are you*? New York: Dial Books. 2003.

MARTINOD, E. *Les LS pratiquées par des sourds isolés de Marajó*. 2013. Dissertação (Mestrado)-Université Vincennes Saint Denis, Paris 8, 2013.

McCARTHY, M.; O'KEEFFE, A. Historical perspective: what are corpora and how have they evolved? In: OKEEFFE, A.; McCARTHY, M. *The Routledge handbook of corpus linguistics*. New York: Routledge, 2010. p. 3-14.

NONAKA, A. Sign language the forgotten endangered languages: lessons on the importance of remembering. *Language in Society*, n. 33, p. 737-767, 2004.

PEREIRA, E. L. *Fazendo cena na cidade dos mudos*: surdez, práticas sociais e uso da língua em uma localidade no sertão do Piauí. 2013. 380 f. Tese (Doutorado em Antropologia Social)-Universidade Federal de Santa Catarina, Florianópolis, 2013.

QUADROS, R. M.; LEITE, T. A. Línguas de sinais do Brasil: reflexões sobre o seu estatuto de risco e a importância da documentação. In: QUADROS, R. M.; STUMPF, M. R.; LEITE, T. A. *Estudos da Língua Brasileira de Sinais II*. Florianópolis: Insular, 2013. p. 15-28.

QUADROS, R. M. Documentação da Libras. In: SEMINÁRIO IBERO-AMERICANO DE DIVERSIDADE LINGUÍSTICA, 2014, Foz do Iguaçu. Brasília: IPHAN - Ministério da Cultura, 2016. v. 1. p. 157-174.

QUADROS, R. M. et al. Brazilian sign language documentation. In: QUADROS, R. M. (Org.). *Brazilian sign language studies*. Ishara Press. De Gruyter Mouton. (No prelo).

QUADROS, R. M.; SILVA, D. S. As comunidades surdas brasileiras. In: ZAMBRANO, R. C.; PEDROSA, C. E. F. (Org.). *Comunidades sordas en América Latina*: comunidades Surdas na América Latina. Florianópolis: Bookess, 2017.

ROSA, F. S.; LEBEDEFF, T. B.; MONTE, M. S. R. Memórias Linguísticas e registros dos verbos do sistema de sinais caseiros de duas crianças surdas de Jacaré dos Homens. In: COELHO, O; KLEIN, M. *Cartografias da surdez*: Comunidades, línguas, práticas e pedagogia. Porto: Livpsic, 2013. p. 99-112.

SILVA, D. S. *A língua de sinais de vilarejos brasileiros*: os casos da língua de sinais Caiçara e a língua de sinais Cena. Tese (Doutorado)-Programa de Pós-Graduação em Linguística. Universidade Federal de Santa Catarina, Florianópolis. (No prelo)

SUMAIO, P. A. *Sinalizando com os Terena*: um estudo do uso da LIBRAS e de sinais nativos por indígenas surdos. 2014. 123 f. Dissertação (Mestrado em Linguística e Língua Portuguesa)–Faculdade de Ciências e Letras, Universidade Estadual Paulista Júlio de Mesquita Filho, São Paulo, 2014.

TEMÓTEO, J. G. *Diversidade linguisticocultural da língua de sinais do Ceará*: um estudo lexicológico das variações da Libras na comunidade de surdos do Sítio Caiçara. João Pessoa: Universidade Federal da Paraíba, 2008.

TOGNINI-BONELLI, E. Theoretical overview of the evolution of corpus linguistics. In: OKEEFFE, A.; McCARTHY. *Routledge handbook of corpus linguistics*. New York: Routledge, 2010. p. 14-27.

VILHALVA, S. *Índios surdos*: mapeamento das línguas de sinais do Mato Grosso do Sul. Petrópolis: Arara Azul, 2012.

2

Construção de ambientes virtuais de ensino e aprendizagem acessíveis para surdos: recomendações de projeto e avaliação de usabilidade

Carla da Silva Flor | *Tarcisio Vanzin*

Ambientes virtuais de ensino e aprendizagem (AVEAs) são um conjunto de ferramentas digitais que favorecem o compartilhamento de informações para o gerenciamento da aprendizagem. Com a evolução dos sistemas de transmissão de dados pela internet, a transferência de vídeos tem se tornado cada vez mais fácil e rápida, o que corrobora o uso da língua de sinais nos AVEAs. De fato, estudos sobre o uso da língua de sinais em *sites* têm mostrado que eles facilitam a navegação de surdos na internet, uma vez que, quando os vídeos estão presentes, os surdos ficam menos desorientados (visitam menos páginas em busca da informação pretendida) do que quando estão navegando apenas por meio de *hyperlinks* textuais (FAJARDO; ABASCAL; CAÑAS, 2008; FAJARDO; VIGO; SALMERÓN, 2009; FAJARDO; PARRA; CAÑAS, 2010).

Além disso, como a navegação em AVEAs costuma ser organizada por meio de categorias e subcategorias, com o auxílio dos vídeos os surdos podem usar diretamente os códigos em língua de sinais em vez dos códigos verbais para acessar o conhecimento categórico armazenado na memória de longo prazo (FAJARDO; PARRA; CAÑAS, 2010).

Apesar das vantagens relacionadas à utilização dos vídeos em língua de sinais em AVEAs, muitas vezes eles são usados somente para traduzir o conteúdo principal da página, enquanto os sistemas de navegação permanecem com informações textuais. No entanto, o sucesso em uma busca por um conteúdo específico no AVEA depende da maneira como os usuários surdos irão interpretar e selecionar um determinado *hyperlink*. Dessa forma, os textos dos *hyperlinks* funcionam como pistas proximais, ou seja, pistas que estão próximas do usuário e que permitem que ele avalie qual é o conteúdo disponível na página a ser acessada. Como o surdo usa a língua de sinais, esse texto dos *hyperlinks* também deve ser traduzido para a língua de sinais; caso contrário, o seu desempenho de navegação pode ficar prejudicado.

Com o objetivo de criar recomendações que auxiliem no projeto de AVEAs acessíveis para surdos, sobretudo no que diz respeito à criação de pistas proximais em língua de sinais, foram realizadas entrevistas com intérpretes, testes de usabilidade e entrevistas com surdos. Após a triangulação dos dados obtidos, gerou-se uma listagem de recomendações que foram avaliadas por especialistas com o método Delphi. Por fim, as recomendações foram reformuladas de acordo com as sugestões dos especialistas e seus resultados encontram-se publicados no final deste capítulo. Inicialmente, são apresentados os problemas enfrentados pelos surdos quando navegam em AVEAs que se baseiam apenas em pistas textuais e, em seguida, são detalhadas as etapas dos métodos que permitiram a criação dessas recomendações.

O PROBLEMA DAS PISTAS TEXTUAIS PARA SURDOS

Os AVEAs que se baseiam apenas nas informações textuais para guiar os usuários em tarefas de navegação não são muito eficientes para surdos, uma vez que cerca de 80% da população surda mundial apresenta dificuldades na compreensão da escrita (DEBEVC; KOSEC; HOLZINGER, 2010; 2011). Entre as dificuldades que afetam a navegação em AVEAs, podem-se citar as palavras que funcionam como distraidoras, as categorias textuais e as ambiguidades lexicais.

Palavras distraidoras são aquelas que causam confusão porque se assemelham na forma (ortográfica), no significado (semântica) ou no sinal (quirêmica). Palavras como *computador* e *competidor*, *descritor* e *escritor* podem ser consideradas distraidoras ortográficas porque têm grafia semelhante, enquanto *uva* e *jabuticaba*, *faca* e *garfo*, *mala* e *cesta* podem ser consideradas distraidoras semânticas porque pertencem a uma mesma categoria de palavras. Já *faca* e *chocolate*, por outro lado, não se assemelham nem na forma ortográfica das palavras em português, nem no significado, mas, por apresentarem os respectivos sinais na língua brasileira de sinais (Libras) produzidos com a mesma configuração das mãos (dominante e de apoio), podem ser consideradas distraidoras quirêmicas (CAPOVILLA et al., 2006; MAZZA, 2007).

Em relação às categorias verbais, diversos experimentos (FAJARDO; ABASCAL; CAÑAS, 2008; FAJARDO et al., 2008; FAJARDO; PARRA; CAÑAS, 2010) têm mostrado que os surdos apresentam mais dificuldades em organizar itens em categorias textuais do que os ouvintes. Como os AVEAs são organizados geralmente em categorias, esse é um complicador que afeta a navegação. Os estudos também mostraram que, por conta dessa dificuldade, muitos surdos acabam usando estratégias de navegação diferentes das utilizadas pelos ouvintes, como o escaneamento visual da página.

No que diz respeito às ambiguidades lexicais, ocorre que muitas palavras em português são polissêmicas, ou seja, possuem mesma forma e grafia, mas apresentam significados distintos, porém relacionados; ou são homônimas, isto é, também possuem mesma forma e grafia com significados distintos, embora não relacionados (ROSA; BIDARRA, 2012). O problema de leitura dessas palavras por surdos é que, ao traduzir internamente para Libras, nem sempre há um sinal correspondente para aquele significado específico da palavra, e então o surdo pode acabar interpretando erroneamente como outro sinal.

MÉTODO

Tendo em vista as dificuldades encontradas pelos usuários surdos em relação às pistas textuais, buscou-se criar recomendações para auxiliar no projeto de AVEAs acessíveis para esse público, concentrando-se na criação de pistas em língua de sinais. Para realizar o estudo, foram empregados diferentes métodos, iniciando-se com uma entrevista com tradutores/intérpretes de Libras/português, cujo objetivo foi investigar como deveriam ser as pistas em língua de sinais. A escolha do público intérprete se deu em função da sua proximidade com ambas as línguas, o que poderia favorecer o intercâmbio e a distinção das diferenças linguísticas.

A partir da entrevista com intérpretes, foram elaborados pressupostos aplicados a dois *sites* diferentes para posterior teste de usabilidade e entrevista com o público surdo. Após a triangulação dos resultados, elaboraram-se as recomendações que foram avaliadas por especialistas pelo método Delphi. A sequência e o detalhamento dos métodos podem ser vistos a seguir.

Entrevistas com intérpretes

As entrevistas foram realizadas com 11 tradutores/intérpretes de Libras/português que possuíam entre um ano e meio e 20 anos de experiência. A maioria já havia produzido conteúdo para *web* em Libras, com exceção de apenas um dos entrevistados.

O método completo das entrevistas com os intérpretes foi publicado em Flor e Vanzin (2017). Entre os resultados, destacam-se:

- O uso, em *sites*, de uma linguagem direta (referencial ou denotativa) ou expressiva (com a utilização de pronomes pessoais).
- Cautela no uso de regionalismos.
- O uso de equivalência para evitar ambiguidades causadas por termos polissêmicos, homonímicos e metafóricos.
- A combinação de sinais para traduzir palavras polissêmicas em português, exceto em estruturas hierárquicas (a hierarquia fornece o contexto).
- A inclusão de pistas curtas e pontuais para facilitar a navegação.

- A aproximação do público surdo com a utilização de linguagem informal.
- O uso de equivalentes para traduzir metáforas ou o uso da metáfora seguida de sua explicação.

Testes de usabilidade e entrevistas com surdos

Planejamento e pressupostos

A partir das entrevistas com intérpretes e de revisões de literatura, foram elaborados alguns pressupostos que embasaram a criação dos *sites* a serem testados. Devido a divergências nas respostas entre os intérpretes entrevistados, alguns pressupostos foram divididos em duas vertentes, como pode ser visto no **QUADRO 2.1**.

QUADRO 2.1 ▶ PRESSUPOSTOS RELACIONADOS ÀS PISTAS EM LÍNGUA DE SINAIS

a. Usar traduções para a língua de sinais diminui as ambiguidades e os equívocos com palavras distraidoras.

b. Em relação à navegação:
  i. Usar linguagem mais direta, como referencial ou denotativa, aumenta a objetividade e diminui a densidade informacional. De acordo com os critérios ergonômicos, quando a densidade informacional é muito alta, o desempenho do usuário diminui (BASTIEN; SCAPIN, 1993).
  ii. Usar linguagem com marcação de pronomes e que explique a finalidade da página, como, por exemplo, dizer que nela se podem encontrar informações ou que se podem comprar itens, aproxima a linguagem do surdo e torna o objetivo do *hyperlink* mais claro. Podem-se também utilizar como exemplos os itens que serão encontrados no submenu.

c. Aproximar a tradução da linguagem dos surdos, buscando equivalentes ou explicações em Libras para termos ambíguos, polissêmicos, homonímicos, em vez de traduções literais, aumenta a compreensão do surdo.

d. Organizar a informação em categorias e subcategorias é suficiente para diluir as polissemias ou homonímias.

e. Adicionar sinal de categoria, sujeito ou fazer uma expansão quando o sinal em Libras for homônimo ou polissêmico, e não houver contexto que torne o significado claro (como a hierarquia), ajuda a diminuir a ambiguidade.

f. Adicionar uma explicação (expansão, classificadores) a termos pouco conhecidos, como termos novos da área da informática, contribui para a compreensão do surdo.

g. Em relação às metáforas:
  i. Explicar o significado das metáforas em vez de traduzi-las literalmente aumenta a compreensão do surdo.
  ii. Utilizar a metáfora buscando explicar o seu significado.

h. Evitar regionalismos também diminui ambiguidades e cria uma linguagem padrão inteligível pela maioria.

i. Usar linguagem mais pessoal/informal.

Fonte: Flor (2016).

Para testar tais pressupostos, foram elaboradas duas versões de *sites* em língua de sinais. Aqueles pressupostos que tinham a vertente (i) foram testados pela Versão 1 (V1), e aqueles pressupostos que tinham a vertente (ii) foram testados pela Versão 2 (V2). A **FIGURA 2.1** apresenta o *layout* de ambas as versões criadas.

Após a definição do *layout* das duas versões de *sites*, o próximo passo foi determinar como esses pressupostos seriam aplicados. Para V1, empregou-se o pressuposto $b(i)$, ou seja, os vídeos em língua de sinais para os menus foram compostos por uma linguagem direta, como referencial ou denotativa, exceto em casos especiais previstos nos pressupostos c, f e g. Assim, traduziram-se termos como *cursos, esportes, loja virtual*, etc. somente pelo sinal correspondente em Libras. Já para V2, empregou-se o pressuposto $b(ii)$, que previa uma tradução mais pessoal, com marcação de pronomes, descrição da finalidade da página e exemplos. Dessa forma, para *cursos*, por exemplo, o vídeo em Libras de V2 ficou da seguinte forma: "*aqui você pode obter informações sobre cursos. Por exemplo, educação física, gastronomia, saúde, química*".

No que se refere ao pressuposto c, utilizou-se um equivalente ou uma explicação para Libras em V1 e V2. Por exemplo, para diferenciar os termos *química* e *laboratório*, que possuem o mesmo sinal em Libras, empregou-se uma explicação para *laboratório*, como "*lugar de aula prática, oficina*"; já em relação à *química*, este termo estaria ligado à categoria *cursos* na estrutura do menu, portanto não precisaria da explicação (pressuposto d). O termo *acessar*, que é comumente usado na internet,

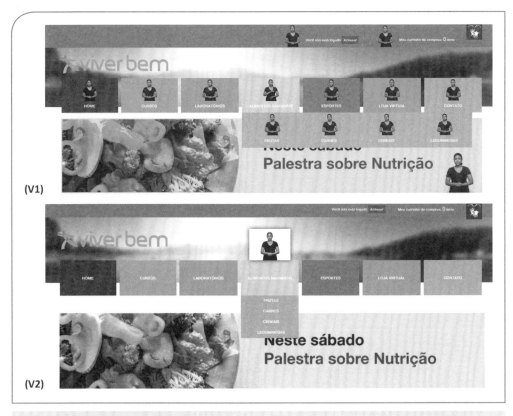

FIGURA 2.1 ▶ *LAYOUTS* DAS INTERFACES DE V1 (<http://lamid.egc.ufsc.br/site-libras-v1>) E V2 (<http://lamid.egc.ufsc.br/site-libras-v2/>).

é traduzido no Novo Deit-Libras como "ato de ingressar; entrada, ingresso", referindo-se a locais físicos. Portanto, foi traduzido como "*abra e amplie*" (**FIGURA 2.2A**). *Contato* foi traduzido como "*entre em contato* (sinal contato) *se tiver alguma dúvida ou sugestão*", uma vez que alguns intérpretes divergiram em relação ao uso do sinal de *contato* para contato virtual. Além desses, *promoção da acessibilidade* foi traduzido pelo equivalente "*incentivo da acessibilidade*", *galeria de fotos* como "*fotografias*" (**FIGURA 2.2B**) e *descritor* como "*assunto*". Para palavras da área da informática, foi acrescentada uma explicação (pressuposto *f*). Por exemplo, *download* foi traduzido como "*baixar para o computador*" (**FIGURA 2.2C**) e *wallpaper*, como "*fundo de tela*".

Em relação às metáforas, *home* (casa) foi traduzida como "*página principal*" (V1) e "*página inicial*" (V2) (**FIGURA 2.3**); para *meu carrinho de compras*, em V1 foi adotado o pressuposto *g(i)*, explicando o significado da metáfora sem utilizar o carrinho, e em V2 foi adotado o pressuposto *g(ii)*, utilizando o carrinho e explicando a metáfora. Dessa forma, em V1, *meu carrinho de compras* ficou "*quantidade de itens que você gostaria de comprar no futuro*", e em V2, "*esse é o seu carrinho de compras* (sinal de carrinho). *Você pode guardar os itens que você gostaria de comprar no futuro*". Em nenhuma das duas versões, no entanto, foi inserido o ícone (imagem) do *carrinho de compras*.

Tarefas

Após a criação dos *sites* para teste, estabeleceu-se uma lista de tarefas que os participantes surdos deveriam realizar para que se pudessem avaliar os pressupostos a serem testados. Basicamente, as tarefas consistiam em perguntas cujas respostas deveriam ser buscadas nos *sites* e copiadas para um formulário eletrônico – que foi fornecido no momento da aplicação do teste – ou em ações como enviar um *e-mail* pelo formulário de contato disposto no *site*. Todas as tarefas foram traduzidas para Libras.

Participantes

As duas versões de *sites* em língua de sinais foram testadas por 21 participantes surdos, de idades entre 16 e 46 anos, com escolaridade mínima de ensino fundamental completo (a maioria cursava o ensino médio ou a graduação). Todos haviam ficado surdos até os 3 anos de idade, com uma prevalência maior de participantes surdos congênitos. Pelo menos 70% dos participantes afirmaram sentir dificuldades com a língua portuguesa.

Testes empíricos de usabilidade

Os 21 participantes foram divididos em pequenos grupos para a aplicação dos testes de usabilidade. Cada participante teve acesso a somente uma versão do *site*, de maneira que

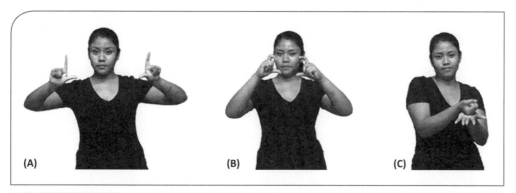

FIGURA 2.2 ▶ *FRAMES* DOS VÍDEOS: **(A)** ABRA E AMPLIE; **(B)** FOTOGRAFIAS; E **(C)** BAIXAR PARA O COMPUTADOR.
Fonte: Flor (2016).

FIGURA 2.3 ▸ *FRAME* DO VÍDEO DA PÁGINA INICIAL.
Fonte: Flor (2016).

11 participantes testaram V1 e 10 testaram V2. Os testes foram gravados com o auxílio de câmeras de vídeo e *softwares* gravadores de tela.

Após receberem as instruções necessárias, cada participante navegou no *site* e buscou as informações pertinentes. As análises foram realizadas com base no caminho percorrido para encontrar a informação. Considerou-se a curva de aprendizagem após certa familiaridade com o *site*, de maneira que todos os vídeos visualizados pelos participantes desde o início do teste até o momento da resposta de determinada tarefa foram considerados para efeito da análise.

Além disso, foram desconsideradas as respostas dos participantes que optaram por não buscar a resposta para responder à pergunta ou que não a compreenderam, preenchendo-a com informações pessoais ou aleatórias. Portanto, foram consideradas válidas as respostas dos participantes que responderam com informações contidas no *site* ou que não preencheram a resposta em razão de não a haverem encontrado, tendo, pelo menos, tentado. O índice de acertos, de acordo com cada tarefa, pode ser visto na **TABELA 2.1**.

Apesar de as respostas válidas dos participantes não apresentarem grandes diferenças no índice de acertos para a maioria das tarefas, percebeu-se que a visualização dos vídeos em língua de sinais do menu pareceu auxiliar mais diretamente os participantes de V1 do que de V2, uma vez que apenas 50% dos participantes de V2 possivelmente assistiram aos vídeos na Tarefa 1, por exemplo. Uma possível explicação é que os vídeos do menu de V2 eram mais explicativos e longos, isto é, adotavam o pressuposto $b(ii)$, do que os de V1, tornando-se entediantes.

Em relação à Tarefa 2, três participantes de V1 (27,27%) e um de V2 (11,11%) possivelmente confundiram o termo *sexta-feira* da tarefa com o termo *peixe*, disponível na página, uma vez que ambos possuem o mesmo sinal em Libras (palavras distraidoras quirêmicas). O fato pôde ser percebido porque os participantes hesitavam em clicar em um ou outro termo. Dos quatro que aparentemente confundiram o termo, apenas um deles visualizou o vídeo em língua de sinais e acabou acertando a tarefa, o que pode ter sido facilitado pelo acréscimo da categoria *alimento* ao sinal de *peixes* no vídeo (pressuposto e).

Na Tarefa 4, três participantes de V1 (30% das respostas válidas) e quatro participantes de V2 (40%) passaram o *mouse* sobre o item do menu *alimentos saudáveis* possivelmente procurando o termo *saúde*, uma vez que *saúde* e *saudáveis* compartilham do mesmo sinal em Libras. Pelo menos três participantes de cada versão chegaram a visualizar o vídeo do menu *alimentos saudáveis*, o que pode ter contribuído para perceberem que estavam no caminho errado.

Em relação à Tarefa 5, todos os participantes (com base nas respostas válidas) dos dois grupos chegaram na página *contato*. Supôs-se, inicialmente, que a tradução do termo *contato* para Libras poderia causar ambiguidades, pois na entrevista com os intérpretes alguns deles consideraram que o sinal é mais indicado quando há contato físico e outros disseram que ele pode ser usado no sentido de contato via internet. No entanto, durante o teste, alguns usuários clicaram rapidamente ao perceberem o sinal de *contato*, sem assistir ao restante do vídeo.

TABELA 2.1 ▶ RELAÇÃO DE TAREFAS E OS RESPECTIVOS ÍNDICES DE ACERTOS DE ACORDO COM AS VERSÕES DOS *SITES* TESTADOS

Tarefas	Índice de acertos (considerando somente as respostas válidas)	
	V1	V2
1. Pesquise quais são as propriedades nutricionais da laranja.	> 90%	> 90%
2. Qual é a aula ministrada na sexta-feira no curso de gastronomia?	45,45%	88,88%
3. Qual a capacidade máxima de pessoas em cada laboratório?	81,81%	80%
4. Quais os cursos disponíveis na área de saúde?	60%	60%
5. Qual é o endereço de *e-mail* para você falar com o responsável pelo *site*?	80%	100%
6. Envie uma mensagem para o responsável pelo formulário eletrônico.	100%	75%
7. Qual é a mensagem que aparece ao fazer *login* na sua conta?	75%	57,14%
8. O que é necessário para se tornar um competidor esportivo?	20%	33,33%
9. Quem escreveu o livro Saúde de A a Z?	80%	70%
10. Clique em *Adicionar ao carrinho* para comprar futuramente o livro *Saúde de A a Z*.	77,77%	83,33%
11. Qual é o projeto de pesquisa responsável por promover a acessibilidade do site?	36,36%	62,5%
12. Quais artigos esportivos masculinos estão à venda?	80%	77,77%
13. Clique em *Adicionar ao carrinho* para comprar futuramente a prancha de surfe.	62,5%	50%
14. Quais vitaminas têm a fruta manga?	90%	80%
15. Qual é o valor total do seu carrinho de compras?	*	*
16. Sobre o que é a palestra anunciada no *banner* na página inicial do *site*?	40%	44,44%
17. Baixe uma foto a respeito de surfe na galeria de fotos.	87,5%	80%

*Os acertos da Tarefa 15 não foram contabilizados em razão de um problema técnico que prejudicou a contagem no grupo V1.

Apenas dois participantes tiveram dificuldades em encontrar a página *contato*.

As Tarefas 6 e 17 tiveram um baixo índice de respondentes entre os participantes de V1 e V2, uma vez que eles acabavam "pulando" aquelas que não precisavam preencher na página de tarefas.

Aparentemente, os participantes de V1 tiveram um desempenho maior na Tarefa 7 do que os de V2 (75% contra 57,14% de acertos, respectivamente), porém percebeu-se que dois usuários de V2 podem ter se equivocado ao copiar o texto e colar na tarefa correspondente. A visualização dos vídeos em língua de sinais foi praticamente paralela aos acertos em V1. Já em V2, essa relação não ficou tão clara, pois alguns participantes visualizaram o vídeo e não responderam de forma correta (os mesmos que aparentemente se equivocaram) e outros acertaram e não visualizaram o vídeo (dependeram mais do texto).

O índice de acertos para a Tarefa 8 foi baixo em ambas as versões (20% em V1, 33,33% em V2). Dos que acertaram a questão, dois participantes (1 de V1 e 1 de V2) oscilavam entre clicar em *competidor* ou em *computador* (distraidor ortográfico), porém após assistirem aos vídeos em língua de sinais optaram pela opção correta (pressuposto *a*).

Os participantes das duas versões obtiveram um bom desempenho na Tarefa 9, embora alguns tenham manifestado certa confusão em relação aos termos *autor* e *descritor* – possivelmente pela semelhança entre *descritor* e *escritor*, que é sinônimo de *autor* –, pois cinco participantes de V1 (50% das respostas válidas) e dois de V2 (20%) passaram o *mouse* ou clicaram sobre *descritor*. No entanto, em V1, o percentual de visualização dos vídeos de conteúdo foi menor do que em V2 (os vídeos dos conteúdos de V1 concentravam blocos maiores de informações, ao contrário dos menus, que eram mais curtos do que os de V2). Neste último, pelo menos 40% dos usuários visualizaram os vídeos, coincidindo com o número de acertos para a tarefa (pressuposto *a*).

Muitos participantes tiveram dificuldade para compreender as perguntas das Tarefas 10, 13 e 15. Mesmo adicionando-se uma explicação à metáfora do carrinho de compras, os participantes ficaram confusos, contrariando o pressuposto *g(ii)*.

Na Tarefa 11, um participante de V1 parece ter confundido e clicado no termo *clique e veja itens em promoção* em vez de *promoção da acessibilidade*, apesar de ter visualizado o vídeo em Libras ao passar o *mouse* sobre o botão.

Na Tarefa 12, nenhum participante confundiu os termos *home* e *homens* que estavam em categorias diferentes (pressuposto *d*). Como já haviam visualizado os vídeos de *home* no menu para esta questão, na Tarefa 17 também não tiveram problema em chegar até a página *home*, embora alguns participantes não tenham respondido a tarefa corretamente, pois não perceberam o conteúdo do *banner*.

Como alguns participantes de V1 e V2 já haviam visualizado o vídeo referente a *abacate* ao responderem a primeira tarefa, nenhum deles parece ter ficado em dúvida em relação às palavras distraidoras semânticas *manga* e *abacate* ao responderem a Tarefa 14, motivo pelo qual o desempenho para ambos os grupos foi alto.

Entrevistas com o público surdo

Após navegarem pelos *sites* e realizarem as tarefas sugeridas, cada participante surdo foi convidado a compartilhar suas experiências em uma entrevista feita individualmente com a colaboração de um intérprete. As entrevistas foram gravadas em vídeos e depois transcritas para o português. A análise foi realizada pelo método do discurso do sujeito coletivo (DSC), que permite selecionar expressões-chave e ideias centrais para a criação de um discurso-síntese em primeira pessoa do singular (GONDIM; FISCHER, 2009).

Embora os surdos tenham relatado certa dificuldade na execução das tarefas, a maioria dos participantes de ambos os grupos expressou que os vídeos em Libras ajudaram a responder às questões, como evidenciam os trechos dos discursos-síntese de V1 e de V2:

> "A Libras foi essencial pra mim, pra eu poder entender todos aqueles textos, como as entrelinhas queriam explicar aquilo. Eu me senti mais seguro..." (V1)
>
> "Quando eu via a Libras ficava mais fácil para procurar e fazer a tarefa, se não tivesse isso, seria bem difícil pra mim. Eu fui conseguindo, ali, aos poucos, encontrar as respostas. Às vezes eu não entendia o português, o contexto, aí então eu voltava e assistia de novo o vídeo. Ficou bem mais fácil." (V2)

Mesmo para aqueles que eram mais experientes com o português, os vídeos em língua de sinais colaboraram para a compreensão da tarefa ao se depararem com algum termo desconhecido, como mostra este outro trecho do discurso de V1:

> "Às vezes eu tinha dúvida daquela palavra, aí quando eu ia ver o vídeo em Libras ficava mais fácil. Tinha ali a palavra 'propriedade' e eu não consegui entender o prefixo e o sufixo daquele termo, que eu não era acostumado a usar aquela palavra e possivelmente poderia ter vários significados, então eu vi ali no contexto daquela frase e eu conseguia entender, mas eu olhava o vídeo em língua de sinais e eu percebia que na sinalização dela, que estava claro, eu consegui responder o que estava sendo dito ali de acordo com o tema."

Conforme previa o pressuposto *a*, a língua de sinais diminuiu as ambiguidades encontradas no *site*, evitando problemas de polissemia, como pode ser visto neste fragmento do discurso-síntese de V1:

> "Às vezes, como você disse, uma palavra, eu pensava que era um significado, mas quando eu via o vídeo, significava outra coisa né, então, isso me ajudou a compreender melhor. Porque às vezes aquela palavra, realmente, tem vários significados..."

Alguns participantes relataram pouca familiaridade com alguns sinais, já que, como evidenciado nas entrevistas com tradutores/intérpretes, uma mesma palavra pode apresentar sinais diferentes de acordo com cada estado, pois *"se o surdo é de São Paulo, então ele vê aquela sinalização, ele pode dizer que não entendeu"*. Isso ocorre porque *"tem muitos sinais para uma palavra. Por exemplo: verde [sinal], ou verde [sinal], tem esse verde [sinal] aqui também. Então, às vezes eu não conheço o sinal mais utilizado aqui. Às vezes eu não sei a palavra, tanto quanto o sinal"*

(fragmentos retirados do discurso-síntese de V1). Com efeito, muitas vezes torna-se difícil evitar o regionalismo porque nem todos os sinais em Libras são dicionarizados ou iguais para todos os estados.

Outro ponto mencionado pelos participantes foi sobre o uso da datilologia, que é uma espécie de soletração manual da palavra em língua portuguesa. A soletração manual é usada quando não há sinais em Libras para expressar determinada palavra, mas o seu uso em AVEAs perde o sentido, uma vez que o próprio ambiente virtual já está em língua portuguesa. Logo, se o usuário surdo utiliza a língua de sinais para entender o português, é preferível que o intérprete use a datilologia apenas para especificar qual é a palavra disposta no AVEA, mas utilize também classificadores para explicar o termo, a menos, é claro, que se trate de nomes próprios ou siglas. Termos novos que surgem com o desenvolvimento da tecnologia, por exemplo, precisam ser detalhados por meio de classificadores.

Sobre o uso de metáforas, os participantes confirmaram as análises das observações dos testes de usabilidade. A tradução literal para o sinal de *carrinho de compras*, mesmo acompanhada da explicação, não funcionou, como deixa evidente este trecho do discurso-síntese de V2:

> "Eu sabia que "carrinho" era "carrinho de compras", mas é possível que para outro surdo essa questão de carrinho fosse um outro contexto, então eu entendi o contexto que era de compras de loja e... mas para outro surdo é possível que ele não entendesse, né?! Porque na verdade o sinal que foi utilizado para mim ficou um pouco fora do contexto."

Triangulação de métodos

Após a aplicação das entrevistas com intérpretes, dos testes de usabilidade e das entrevistas com surdos, o passo seguinte foi realizar o cruzamento dessas informações para verificar quais pressupostos poderiam ser confirmados.

A seguir é disposto cada pressuposto e a análise que permitiu confirmá-lo ou não:

a. **Usar traduções para a língua de sinais diminui as ambiguidades e os equívocos com palavras distraidoras.**
Confirmou-se esse pressuposto cruzando-se os dados obtidos nas entrevistas com os intérpretes, observação dos testes empíricos de usabilidade, sobretudo as Tarefas 2, 4, 8, 9 e 14 e entrevistas com surdos. Nos testes de usabilidade, os participantes que supostamente ficaram em dúvida em clicar em alguns termos, mas que assistiram aos vídeos em Libras, responderam as tarefas de maneira correta, enquanto os participantes que também tiveram dúvida, mas não assistiram aos vídeos, erraram a questão. Logo, confirmando o que havia sido dito pelos intérpretes, quando o texto é transformado para a língua de sinais, as ambiguidades desaparecem e, de fato, os próprios participantes atestaram que utilizaram os vídeos quando tinham dúvida sobre uma palavra de significado diferente daquele ao qual ele estava habituado.

b. **Em relação à navegação:**

   i. Usar linguagem mais direta, como referencial ou denotativa, aumenta a objetividade e diminui a densidade informacional.

   ii. Usar linguagem com marcação de pronomes e que explique a finalidade da página, como, por exemplo, dizer que nela se podem encontrar informações ou que se podem comprar itens, aproxima a linguagem do surdo e torna o objetivo do *hyperlink* mais claro. Podem-se também utilizar como exemplos os itens que serão encontrados no submenu.

   Confirmou-se apenas o pressuposto $b(i)$, uma vez que o pressuposto $b(ii)$ não obteve bom desempenho. Percebeu-se tanto nos testes de usabilidade quanto nas entrevistas com surdos que os participantes de V2 não tiveram paciência para assistir aos vídeos muito longos do menu.

Ademais, observou-se que os exemplos tornaram a categoria ainda mais confusa. Grande parte dos participantes de V1, ao contrário, assistiram aos vídeos do menu, já que os vídeos dessa versão eram mais rápidos e objetivos.

c. **Aproximar a tradução da linguagem dos surdos, buscando equivalentes ou explicações em Libras para termos ambíguos, polissêmicos, homonímicos, em vez de traduções literais, aumenta a compreensão do surdo.**
Esse pressuposto foi confirmado por meio das Tarefas 7 e 11 do teste de usabilidade. Todavia, tanto os intérpretes quanto os surdos relataram que estes costumam buscar uma palavra para cada sinal em Libras; portanto, os equivalentes devem ser utilizados com certo cuidado.

d. **Organizar a informação em categorias e subcategorias é suficiente para diluir as polissemias ou homonímias.**
Esse pressuposto foi confirmado tanto pelas entrevistas com tradutores/intérpretes de Libras quanto pelos testes empíricos de usabilidade, especialmente pelas Tarefas 1, 3, 4 e 12, uma vez que a estrutura hierárquica do menu foi suficiente para diluir as polissemias.

e. **Adicionar sinal de categoria, de sujeito ou fazer uma expansão quando o sinal em Libras for homônimo ou polissêmico, e não houver contexto que torne o significado claro (como a hierarquia), ajuda a diminuir a ambiguidade.**
De acordo com critérios de ergonomia, se a densidade da informação for muito baixa, o desempenho do usuário pode diminuir (BASTIEN; SCAPIN, 1993). O mesmo ocorre com termos ambíguos que não possuem informações suficientes para esclarecê-los. Para completar a informação, os tradutores/intérpretes aconselharam adicionar uma categoria ou sujeito ao sinal nas situações em que o contexto não deixa claro. De fato, esse conselho foi confirmado ao observar-se na Tarefa 2 que, dos participantes que su-

postamente confundiram os termos *peixe* e *sexta-feira*, apenas o que visualizou o vídeo conseguiu responder a questão de modo correto. No vídeo, para ambas as versões, o sinal de *peixe* foi acrescido do sinal da categoria *alimentos*.

f. **Adicionar uma explicação (expansão, classificadores) a termos pouco conhecidos, como termos novos da área da informática, contribui para a compreensão do surdo.**
Critérios aplicados à ergonomia afirmam que os termos que são pouco expressivos aos usuários podem levá-los a escolher uma opção errada (BASTIEN; SCAPIN, 1993). Esse fato foi confirmado pela Tarefa 17 e pelas entrevistas com surdos. No teste de usabilidade, percebeu-se que o número de acertos para cada versão de *site* testado foi proporcional ao número de visualizações dos vídeos equivalentes em Libras para o *link fazer download do wallpaper*. Nas entrevistas, os participantes confirmaram esse pressuposto quando sugeriram o uso de classificadores para termos novos que surgem com o desenvolvimento da tecnologia.

g. **Em relação às metáforas:**
   i. Explicar o significado das metáforas em vez de traduzi-las literalmente aumenta a compreensão do surdo.
   ii. É possível utilizar a metáfora buscando explicar o seu significado.
Confirmou-se apenas o pressuposto $g(i)$, uma vez que $g(ii)$ não teve bom desempenho. Observou-se nos testes empíricos de usabilidade, especialmente nas Tarefas 10, 13 e 15, que os participantes surdos tiveram dificuldade para compreender a metáfora do *carrinho de compras*, mesmo com a informação adicional para tentar explicá-la. Esse fato foi comprovado também nas entrevistas, uma vez que eles mencionaram que o termo ficou fora de contexto.

h. **Evitar regionalismos também diminui ambiguidades e cria uma linguagem padrão inteligível por uma maioria.**
Alguns autores (BRASIL, 2009; MARTINS, 2013) já haviam mencionado esse pressuposto, mas ele foi novamente confirmado tanto nas entrevistas com intérpretes quanto com surdos. Ambos explicaram a dificuldade em se utilizar uma linguagem padrão em Libras, visto que os sinais são diferentes em diversos estados.

i. **Usar linguagem mais pessoal/informal.**
Contrariando o que foi recomendado pelos tradutores/intérpretes de Libras, esse pressuposto não se confirmou. Nas entrevistas com surdos, os participantes relacionaram a linguagem formal à clareza das traduções. Todavia, eles também frisaram a importância do equilíbrio e da flexibilidade, já que alguns projetos podem exigir o uso de uma linguagem mais informal.

Método Delphi

Após a confirmação dos pressupostos recém-citados, o passo seguinte foi transformá-los em recomendações. No entanto, antes de disponibilizá-las para o público em geral foi necessário validar o texto com especialistas. O método escolhido para a validação foi o método Delphi, que consiste em uma consulta realizada por meio de questionários a um grupo de especialistas, em sucessivas rodadas, até que se obtenha a convergência das respostas em direção a um consenso (WRIGHT; GIOVINAZZO, 2000).

Fazem parte das etapas necessárias para a realização do Delphi a pesquisa detalhada sobre o tema, a formulação do questionário preliminar, a execução de um pré-teste, a seleção dos especialistas e, por último, as sucessivas rodadas. O questionário contém questões do tipo "concordo" ou "não concordo", juntamente com questões abertas que permitem ao especialista discorrer sobre o assunto. Após uma primeira rodada, os dados são tabulados e analisados. Se houver necessidade, o questionário é revisado e novas questões podem ser incluídas. O novo questionário é, então, reenviado aos especialistas. Em nenhum momento a identidade dos respondentes é revelada para evitar avaliação tendenciosa em função da participação de especialistas de renome (BLEICHER, 2015; WRIGHT; GIOVINAZZO, 2000).

Não há um número fixo de rodadas para o método Delphi. Originalmente, pelo menos duas rodadas eram necessárias para caracterizar o estudo (WRIGHT; GIOVINAZZO, 2000). No estudo realizado por Sossa e colaboradores (2015), entretanto, há casos de aplicação do método com apenas uma rodada, embora a predominância, na maioria dos trabalhos, seja da aplicação de duas a três rodadas.

Planejamento e pré-teste

Um questionário foi elaborado contendo cada recomendação e as alternativas *Aplicável*, *Aplicável com pequenos ajustes*, *Aplicável com importantes alterações*, *Não aplicável* e *Não sei*. Abaixo de cada questão, além das alternativas, foi inserido um campo para o especialista escrever a justificativa de sua resposta ou sugerir modificações.

Definido o questionário, o passo seguinte foi fazer um pré-teste com três avaliadores. Após a análise dos comentários do pré-teste, foram realizados ajustes e reformulação no texto das recomendações, inserção de notas, exemplo e imagens e inclusão de recomendação. A etapa que se sucedeu ao pré-teste foi a escolha dos especialistas participantes da pesquisa.

Seleção dos especialistas

A etapa de seleção dos especialistas é uma das mais importantes do método Delphi, já que ela tem grande impacto na qualidade dos resultados para a pesquisa. Especialistas podem ser pessoas que detêm o domínio do conhecimento científico e a experiência sobre o tema de estudo, ou pessoas que são diretamente afetadas, ou seja, envolvidas com a área de estudo de maneira concreta (ALMERARA; MORO, 2014). Assim, participaram do método Delphi 32 especialistas nas áreas de surdez e/ou interação humano-computador (IHC), sendo que, destes, 20 eram ouvintes (especialistas com experiência e domínio científico) e 12 eram surdos (especialistas afetados e com experiência e domínio científico).

Primeira rodada

Após o retorno dos 32 especialistas participantes da primeira rodada do método Delphi, os dados foram tabulados (**TABELA 2.2**) e analisados conforme os comentários deixados pelos avaliadores. Embora as recomendações tenham recebido alto índice de aprovação (acima de 80%), algumas delas receberam sugestões que poderiam enriquecê-las ainda mais. Dessa forma, os comentários dessas recomendações foram levados em consideração e elas foram alteradas e reenviadas para os especialistas para uma nova rodada de questionários.

Segunda rodada

Após a revisão das recomendações, foi elaborado um novo questionário contendo somente as recomendações alteradas, com as mesmas especificações do primeiro questionário. Dos 32 participantes da primeira rodada, 24 (75%) aceitaram participar da segunda. Uma abstenção de 20 a 30% na segunda rodada pode ser considerada normal (WRIGHT; GIOVINAZZO, 2000).

Conforme a **TABELA 2.3**, das três recomendações reavaliadas, todas obtiveram mais de 85% de respostas *Aplicável* e, dessa forma, considerou-se o consenso dos especialistas. Com esse resultado, pôde-se, enfim, finalizar as rodadas e publicar as recomendações.

RESULTADOS

Após a aplicação das duas rodadas do método Delphi para a avaliação das recomendações, obteve-se um conjunto de recomendações que têm como diretriz a utilização da língua de sinais para a navegação em AVEAs. Cada uma dessas recomendações está descrita no

TABELA 2.2 ▶ RESULTADOS DA PRIMEIRA RODADA DE APLICAÇÃO DO MÉTODO DELPHI

Recomendação	Aplicável	Aplicável com pequenos ajustes	Aplicável com importantes alterações	Não aplicável	Não sei	Total aplicável/ respostas válidas*
1.1	78%	9,4%	6,3%	3,1%	3,1%	80,6%
1.2	78,1%	6,3%	3,1%	3,1%	9,4%	86,2%
1.3	87,5%	12,5%	0%	0%	0%	87,5%
1.4	78,1%	12,5%	3,1%	0%	6,3%	83,3%
1.5	81,3%	9,4%	6,3%	3,1%	0%	81,3%
1.6	84,4%	12,5%	3,1%	0%	0%	84,4%
1.6.1	84,4%	9,4%	6,3%	0%	0%	84,4%

▭ Validada   ▭ Alterada – Melhoria

*Refere-se ao total de pessoas que responderam à questão, menos as que responderam "Não sei".
Fonte: Flor (2016).

TABELA 2.3 ▶ RESULTADOS DA SEGUNDA RODADA DE APLICAÇÃO DO MÉTODO DELPHI

Recomendação	Aplicável	Aplicável com pequenos ajustes	Aplicável com importantes alterações	Não aplicável	Não sei	Total aplicável/ respostas válidas*
1.1	91,7%	4,2%	4,2%	0%	0%	91,7%
1.3	87,5%	0%	12,5%	0%	0%	87,5%
1.5	87,5%	0%	12,5%	0%	0%	87,5%

▭ Validada   ▭ Alterada – Melhoria

*Refere-se ao total de pessoas que responderam à questão, menos as que responderam "Não sei".
Fonte: Flor (2016).

QUADRO 2.2 e, ao final, é inserido um glossário que deve acompanhar as recomendações.

CONSIDERAÇÕES FINAIS

AVEAs utilizam tecnologias de informação e comunicação que podem mediar facilmente a interpretação a distância da língua de sinais, contribuindo para a formação, o acesso à informação e a difusão da cultura para surdos. Uma das vantagens dos AVEAs é que eles podem reunir, em um mesmo ambiente virtual, surdos que se encontram dispersos geograficamente e que não teriam condições de participar de um curso presencial.

Para tornar um AVEA acessível aos surdos, no entanto, é necessário que não apenas os conteúdos estejam traduzidos para a língua de sinais, mas também todo o ambiente, incluindo os elementos de navegação, como os menus e rodapés, uma vez que

QUADRO 2.2 ▶ RECOMENDAÇÕES PARA O PROJETO DE AVEAs ACESSÍVEIS EM LÍNGUA DE SINAIS

Diretriz 1: Utilize traduções para a língua de sinais como pistas proximais de navegação[1] a fim de diminuir as ambiguidades[2] e os equívocos com palavras distraidoras.[3]

Nota: As traduções devem estar disponíveis para todo o conteúdo do *site*, não apenas para as situações listadas neste documento.

1.1 Adicione explicações ou utilize equivalente em Libras para palavras e sinais ambíguos (polissêmicos[4] e homonímicos[5]) e distraidores,[3] em vez de traduções literais, a fim de promover uma tradução cultural.

Exemplo: A **FIGURA Q2.2.1** representa uma seção de rodapé de um *site*, onde está disposto o logotipo do projeto de pesquisa responsável por promover a acessibilidade do *site*. Há o termo *promoção* e logo abaixo o logotipo do projeto. Ao se passar o *mouse* sobre o termo *promoção*, abre o vídeo em língua de sinais. No vídeo de tradução à esquerda, a intérprete sinaliza *promoção*, porém o sinal usado tem o significado de *desconto*. O mais adequado seria utilizar um equivalente, como o sinal realizado no vídeo à direita, que significa *incentivo*.

FIGURA Q2.2.1 ▶ EXEMPLO DA RECOMENDAÇÃO 1.1.

1.2 Adicione a informação de qual categoria ou sujeito o sinal está relacionado ou faça uma explicação quando o sinal em língua de sinais for homônimo ou polissêmico e não houver contexto que torne o significado claro (como a hierarquia), para ajudar a diminuir a ambiguidade.

Exemplo: A **FIGURA Q2.2.2** representa o recorte de uma parte do conteúdo do *site* de um curso de gastronomia. Nele há *hyperlinks* para os horários das aulas conforme os dias da semana e também *hyperlinks* de receitas para determinados tipos de carnes. Assim, as palavras *peixes* e *sexta-feira* encontram-se na mesma página. Apesar de tais palavras não terem relação entre si, elas compartilham o mesmo sinal em Libras. Há estudos que comprovam que esse tipo de situação pode gerar confusão em surdos (MARTINS, 2013). Para evitar essa confusão, a intérprete associou ao sinal a sua categoria, sinalizando, então, *alimentos peixes*.

FIGURA Q2.2.2 ▶ EXEMPLO DA RECOMENDAÇÃO 1.2.

(Continua)

LÍNGUA BRASILEIRA DE SINAIS E TECNOLOGIAS DIGITAIS **41**

QUADRO 2.2 ▶ RECOMENDAÇÕES PARA O PROJETO DE AVEAs ACESSÍVEIS EM LÍNGUA DE SINAIS
(*Continuação*)

1.3 Adicione uma explicação ou classificadores[6] a termos pouco conhecidos, como termos novos da área da informática, a fim de contribuir para a compreensão do surdo.

Nota: Uma explicação detalhada do termo pode estar disponível em um glossário disposto no próprio *site*.

1.4 Faça uma tradução do significado em vez de uma tradução literal em casos de metáforas.

Nota: Uma explicação detalhada sobre a significação da metáfora dentro da cultura ouvinte pode estar disponível em um glossário disponível no próprio *site*.

Exemplo: Traduza a função da metáfora *carrinho de compras* em vez de utilizar o sinal de carrinho.

1.5 Evite fazer uso de regionalismos, buscando utilizar sinais que constem em bases de referências como dicionários. Caso o regionalismo seja inevitável, use a localização de acesso para reconhecer o sinal mais utilizado naquela região ou apresente uma breve explicação, junto com algumas das variações do sinal nas demais regiões.

Nota: A localização de acesso do usuário pode ser determinada automaticamente por uma Application Programming Interface (API) chamada Geolocation.* A partir desses dados, o sistema deve executar o vídeo programado para aquela localização. Se for utilizada a explicação, uma descrição mais detalhada do sinal pode estar contida em um glossário disponível no próprio *site*.

1.6 Evite utilizar somente a datilologia (soletração manual) para traduzir algum termo em português sem sinal equivalente em língua de sinais. Em vez disso, acrescente uma explicação ou use classificadores.[6]

Nota: O *site* já está disponível em texto; portanto, o uso da datilologia só faz sentido para o usuário surdo relacionar a explicação à palavra em português, exceto em casos de nomes próprios ou siglas.

1.6.1 Quando o projeto do site permitir, proponha um neologismo (termo novo) em língua de sinais para palavras em português sem sinal equivalente, desde que elaborado a partir de uma discussão prévia com um grupo de surdos e acompanhado de uma breve explicação.

Nota: A apresentação do neologismo no *site* pode fomentar a aceitação e disseminação deste sinal. A discussão prévia, entretanto, pode ocorrer em nível nacional caso seja criada uma plataforma nacional de criação de sinais.

---

[1]Pistas proximais de informação são rótulos de *hyperlinks*, ícones ou figuras relacionadas a *hyperlinks* que permitem ao usuário associar semanticamente com o alvo.
[2]Ambiguidades ocorrem quando uma palavra ou um sinal possuem mais de um significado. Pode ocorrer ambiguidade em traduções do português para Libras, ou vice-versa, quando uma mesma palavra corresponde a diferentes sinais em Libras ou um mesmo sinal corresponde a diferentes palavras em português.
[3]Palavras distraidoras são palavras que se assemelham quanto à ortografia ou ao significado em português ou possuem o mesmo sinal em língua de sinais.
[4]Termo polissêmico é um termo com diferentes significados, porém cada significado guarda alguma semelhança.
[5]Termo homonímico é um termo com diferentes significados que não estão relacionados entre si.
[6]Classificadores são morfemas, ou seja, unidades mínimas capazes de expressar significado, normalmente utilizados para classificar ou descrever um sinal.

*Disponível em: <http://www.w3schools.com/html/html5_geolocation.asp>.
Fonte: Flor (2016).

---

são os *hyperlinks* contidos nesses elementos que funcionarão como pistas proximais para o alcance do conteúdo distante.

As recomendações criadas tratam dos aspectos semânticos das pistas proximais em língua de sinais, trazendo como principal contribuição a facilitação para o público surdo em prever o conteúdo que estão prestes a acessar. Percebeu-se, com esta pesquisa, que quando os surdos são guiados pelas pistas proximais em língua de sinais, eles costumam ser mais persistentes na busca, procurando mais firmemente o conteúdo desejado. Portanto, como resultados, percebeu-se também uma motivação maior para o uso dos *sites* com a adição da língua de sinais. Nas entrevistas, os surdos relataram o quanto essa presença fez a diferença no aprendizado com o uso dos *sites*:

> "Se não tivesse esse *site*, então eu não poderia ter entendido, não teria tido a possibilidade de aprender, de ter essa experiência. Eu acho que futuramente vamos ter *sites* desse jeito".

Em relação às limitações do estudo, como a pesquisa foi desenvolvida no Brasil, a língua de referência utilizada foi a Libras. Porém, novos desdobramentos da pesquisa poderiam ampliar o estudo, buscando investigar a aplicabilidade das recomendações para as línguas de sinais de outros países.

REFERÊNCIAS

ALMENARA, J. C.; MORO, A. I. Empleo del método Delphi y su empleo en la investigación en comunicación y educación. *Revista Electrónica de Tecnología Educativa*, n. 48, p. 1-16, 2014.

BASTIEN, C.; SCAPIN, D. *Critérios ergonômicos para a avaliação de interfaces homem-computador*. 1993. Disponível em: <http://www.labiutil.inf.ufsc.br/CriteriosErgonomicos/Abertura.html>. Acesso em: 2 ago. 2016.

BLEICHER, S. *Processos flexíveis para a produção de materiais didáticos para a educação a distância*: recomendações pautadas na perspectiva interdisciplinar. 2015. 384 f. Tese (Doutorado em Engenharia e Gestão do Conhecimento) – Centro Tecnológico, Universidade Federal de Santa Catarina, Florianópolis, 2015.

BRASIL. Ministério da Justiça. Secretaria Nacional de Justiça. *A classificação indicativa na língua brasileira de sinais*. Brasília: SNJ, 2009. 36 p.

CAPOVILLA, F. C., et al. Quando surdos nomeiam figuras: processos quirêmicos, semânticos e ortográficos. *Perspectiva*, v. 24, n. esp., p. 153-175, 2006.

DEBEVC, M.; KOSEC, P.; HOLZINGER, A. E-learning accessibility for the deaf and hard of hearing: practical examples and experiences. In: LEITNER, G; HITZ, M.; HOLZINGER, A. (Org.). *HCI in work and learning, life and leisure*. Berlin: Springer-Verlag Berlin Heidelberg, 2010. v. 6389. p. 203-213.

DEBEVC, M.; KOSEC, P.; HOLZINGER, A. Improving multimodal web accessibility for deaf people: sign language interpreter module. *Multimedia Tools and Applications*, v. 54, p. 181-199, 2011.

FAJARDO, I. et al. Hyperlink format, categorization abilities and memory span as contributors to deaf users hypertext access. *Journal of Deaf Studies and Deaf Education*, v. 13, n. 2, p. 241-256, 2008.

FAJARDO, I.; ABASCAL, J.; CAÑAS, J. J. Bridging the digital divide for deaf signer users. In: EUROPEAN CONFERENCE ON COGNITIVE ERGONOMICS: THE ERGONOMICS OF COOL INTERACTION, 15. 2008, Funchal. *Proceedings...* New York: ACM, 2008. p. 1-6.

FAJARDO, I.; PARRA, E.; CAÑAS, J. J. Do sign language videos improve web navigation for deaf signer users? *Journal of Deaf Studies and Deaf Education*, v. 15, n. 3, p. 242-262, 2010.

FAJARDO, I; VIGO, M.; SALMERÓN, L. Technology for supporting web information search and learning in sign language. *Interacting with computers*, v. 21, n. 4, 2009, p. 243-256.

FLOR, C. S. *Recomendações para a criação de pistas proximais de navegação em websites voltadas para surdos pré-linguísticos*. 2016. 336 f. Tese (Doutorado em Engenharia e Gestão do Conhecimento) – Universidade Federal de Santa Catarina, Florianópolis, 2016.

FLOR, C. S.; VANZIN, T. Linguagem e arquitetura da informação em websites para surdos. In: CONGRESSO INTERNACIONAL DE AMBIENTES HIPERMÍDIA PARA APRENDIZAGEM, 2017, Florianópolis. *Anais...* Florianópolis, 2017.

GONDIM, S. M. G.; FICHER, T. O discurso, a análise de discurso e a metodologia do discurso do sujeito coletivo na gestão intercultural. *Cadernos Gestão Social*, v. 2, n. 1, p. 9-26, 2009.

MARTINS, T. A. *Um estudo descritivo sobre as manifestações de ambiguidade lexical em libras*. 2013. 159 f. Dissertação (Mestrado em Letras) – Universidade Estadual do Oeste do Paraná, Cascavel, 2013.

MAZZA, C. R. Z. *Análise do processamento cognitivo de leitura do surdo com o teste de nomeação de sinais por escolha de palavras nas versões 1.3 e 2.3 com 5.365 estudantes surdos de 1^a a 13ª série de 14 estados brasileiros*. 2007. 190 f. Dissertação (Mestrado em Psicologia) – Universidade de São Paulo, São Paulo, 2007.

ROSA, K. A. V.; BIDARRA, J. Português *versus* libras: os problemas de tradução e interpretação. In: ENCONTRO DO CELSUL, 10., 2012, Cascavel. *Anais...* Cascavel: UNIOESTE, 2012. p. 1-12.

SOSSA, J. W. Z. et al. El método Delphi modificado: un acercamiento desde la metodología de sistemas suaves. *Espacios*, v. 36, n. 17, p. 1-11, 2015.

WRIGHT, J. T. C.; GIOVINAZZO, R. Delphi: uma ferramenta de apoio ao planejamento prospectivo. *Caderno de Pesquisas em Administração*, v. 1, n. 12, 2000.

3

Auxiliando *designers* de recursos educacionais digitais bilíngues: uma proposta de 33 diretrizes de projeto

Maria Nilza Oliveira Quixaba | Eduardo Cardoso | Gabriela Trindade Perry

O objetivo do trabalho descrito neste capítulo é o de apresentar diretrizes de projeto de recursos educacionais digitais, voltados para a educação bilíngue de surdos, como forma de auxiliar *designers*. A justificativa é que muitos *designers* não estão acostumados a projetos que envolvam tecnologias assistivas ou acessibilidade, mesmo que de maneira geral; não estão familiarizados com as necessidades do público surdo; não percebem que a língua brasileira de sinais (Libras) e o português são dois idiomas distintos; e não compreendem a necessidade da educação bilíngue de surdos. Ainda que estas possam ser características da população em geral (no Brasil e no mundo), argumenta-se que, no caso dos *designers*, é preciso oferecer ferramentas que permitam uma rápida aculturação neste universo de modo que possam projetar recursos educacionais universais e inclusivos.

Com o alcance mundial do movimento de educação para todos, veio à tona o mosaico de diversidade que compõe o ambiente educacional. Nele, localizam-se os estudantes surdos, sendo que sua presença aqui gera a necessidade da criação de políticas e ações que possam favorecer sua permanência e desenvolvimento produtivo nesses espaços. As tecnologias de informação e comunicação (TIC) e os sistemas aumentativos e alternativos de comunicação (SAAC) podem ser fortes aliados para o apoio à educação bilíngue de estudantes surdos, seja diretamente, por meio de aulas apoiadas por

jogos, aplicativos, livros eletrônicos, vídeos, *sites*, redes sociais e outros, ou indiretamente, por meio do suporte à formação de professores para o melhor uso desses recursos.

Segundo o documento *Política Nacional de Educação Especial na Perspectiva da Educação Inclusiva*, de janeiro de 2008:

> A inclusão escolar tem início na educação infantil, onde se desenvolvem as bases necessárias para a construção do conhecimento e seu desenvolvimento global. Nessa etapa, o lúdico, o acesso às formas diferenciadas de comunicação, a riqueza de estímulos nos aspectos físicos, emocionais, cognitivos, psicomotores e sociais e a convivência com as diferenças favorecem as relações interpessoais, o respeito e a valorização da criança. (BRASIL, 2008, documento *on-line*)

A Lei Brasileira de Inclusão (LBI – Lei nº 13.146/2015), novo marco sobre as questões envolvendo a igualdade, define comunicação como:

> Forma de interação dos cidadãos que abrange, entre outras opções, as línguas, inclusive a língua brasileira de sinais (Libras), a visualização de textos, o Braille, o sistema de sinalização ou de comunicação tátil, os caracteres ampliados, os dispositivos multimídia, assim como a linguagem simples, escrita e oral, os sistemas auditivos e os meios de voz digitalizados e os modos, meios

e formatos aumentativos e alternativos de comunicação, incluindo as tecnologias da informação e das comunicações. (BRASIL, 2015, documento *on-line*)

Para Bergström (2009), a base de toda comunicação é o fato de um emissor ter algo a dizer (mensagem) a um receptor. O objetivo do emissor é exercer influência pela emoção, motivação ou informação, e a mensagem é adaptada a esse propósito. Para que isso ocorra, deve-se estabelecer um canal entre o emissor e receptor: o código e o meio.

Assim, a comunicação é o compartilhamento de desejos e pensamentos, e a forma de se comunicar mais utilizada pelo homem é a fala. Entretanto, existe um número considerável de pessoas que não conseguem se comunicar pela fala. Nessa perspectiva, para promover a inclusão, é importante que se incentive o desenvolvimento de recursos de comunicação para todos, com pessoas mais empáticas e uma sociedade mais aberta para a diversidade (CAMPOS; COSTA, 2013).

Inclusão, segundo Carneiro (2011), é o movimento da sociedade voltado para garantir a igualdade de oportunidades para todas as pessoas, para que elas tenham a chance de fazer suas próprias escolhas e, consequentemente, construir sua própria identidade pessoal e social.

No âmbito escolar, incluir significa reunir esforços com o objetivo de atender a todos. Para isso, é necessário muitas vezes reconsiderar e reestruturar currículos e dispor de recursos para que todos tenham igualdade de oportunidades. Essa realidade ainda é recente no Brasil e encontra-se em constante construção. Para tanto, é preciso envolver todos os atores desse processo: pais, professores, escola e governo. É importante ressaltar que inclusão escolar é muito mais do que o direito de frequentar a escola. Incluir é gerar oportunidades significativas de aprendizagem para o máximo desenvolvimento do aluno, considerando suas peculiaridades e potencialidades.

Nessa perspectiva e salientando a relevância desse tema, dados do Censo 2010 realizado pelo Instituto Brasileiro de Geografia e Estatística (IBGE), indicam o registro de mais de 9 milhões de pessoas que declararam possuir deficiência auditiva e cerca de 2,2 milhões de pessoas com deficiência auditiva severa.

A tradução para Libras, língua de sinais oficial do Brasil reconhecida pela Lei nº 10.436 desde 2002, desempenha uma função essencial enquanto recurso de acessibilidade e política para a efetiva inclusão em diferentes esferas. Declarações, normas e leis propõem esse empoderamento, como a Convenção Internacional sobre os Direitos das Pessoas com Deficiência, da Organização das Nações Unidas (ONU), o artigo 6º da Declaração Universal da Organização Educacional, Científica e Cultural das Nações Unidas (Unesco) sobre a Diversidade Cultural e, mais recentemente, a Lei Brasileira de Inclusão (Lei nº 13.146/15), que entrou em vigência em janeiro de 2016. Da mesma maneira, outros documentos fornecem importantes orientações sobre a produção de recursos acessíveis, tal como o Guia Orientador para Acessibilidade de Produções Audiovisuais do Ministério da Cultura (MinC) (NAVES et al., 2016). A partir dessas referências, é possível oferecer às pessoas surdas tradução e interpretação para Libras em diversos âmbitos, nos quais, sem ela, a comunicação ficaria comprometida ou se tornaria impossível (CARDOSO; NOGUEIRA; ZARDO, 2017).

A necessidade de se pensar meios que possam contribuir para a consolidação da educação bilíngue de estudantes surdos é eminente. Sabe-se que a aquisição da língua de sinais é um elemento importante para o ensino de estudantes surdos, porém não é o único. Ações efetivas estão sendo demandadas, especialmente quanto à formação de professores para a educação inclusiva de surdos, com vistas a tornar acessível o currículo em atendimento às singularidades desses estudantes que requerem uma educação bilíngue, em Libras e português (OLIVEIRA; DINIZ; OLIVEIRA, 2014; COSTA, 2012; FERNANDES, 2012; MACHADO, 2011).

É preciso entender que os surdos não são diferentes apenas em relação à audição, mas em sua forma visual de interação e comunicação, simbolizada pela língua de sinais (FERNANDES, 2012). Porém, a problemática da inclusão educacional de surdos não se resume no saber ou não saber a língua de sinais. O estudo relatado neste capítulo se lança para além do reducionismo de se pensar que ter conhecimento em uma língua garantirá o ensino de qualidade. Cabe aqui destacar que não se desconsidera a relevância da língua de sinais como veículo de comunicação para o acesso às competências cognitivas. O que se defende é que a problemática da inclusão do surdo está além de fluência em uma língua, seja ela de sinais (Libras) ou oral (português).

Discutem-se aqui os resultados da pesquisa de doutoramento de Nilza Maria Oliveira Quixaba, apresentada ao Programa de Pós-Graduação em Informática na Educação (PGIE), da Universidade Federal do Rio Grande do Sul (UFRGS) em 2017, que identificou 33 diretrizes para projetos de recursos digitais educacionais bilíngues, por meio de uma ampla revisão da literatura e entrevista com professores, objetivando atender os estudantes surdos, dentro da perspectiva da educação bilíngue. Essas diretrizes devem atender ao público-alvo primário (*designers*) e secundário (estudantes surdos, bilíngues ou em formação e seus professores). Sendo assim, apresentam-se a seguir os fundamentos importantes da área de *design* que contribuíram para a redação de tais diretrizes. Na sequência, é feita a diferenciação entre diretrizes e requisitos, e são apresentadas pesquisas que ilustram diferentes formas de produzir diretrizes para os mais diversos tipos de projetos. Por fim, na última parte, apresentam-se as diretrizes, com comentários sobre cada uma delas.

DESIGN UNIVERSAL E *DESIGN* INCLUSIVO COMO PARADIGMAS PROJETUAIS

Na atualidade, diversos produtos, sistemas e/ou ambientes ainda não são acessíveis a uma grande parte da população, pois muitos

designers continuam a projetar apenas para pessoas sem deficiência – seja por desconhecem as necessidades de diferentes públicos ou por simplesmente não saberem trabalhar com essas necessidades. As abordagens do *design* universal e do *design* inclusivo, por meio de diferentes modelos e metodologias, visam à atender às necessidades de diferentes públicos abrangendo uma gama maior de usuários. Segundo Keates e colaboradores (2000), um grande equívoco consiste em considerar a deficiência das pessoas, e não as suas capacidades, quando estas deveriam ser a maior preocupação junto com o foco nas necessidades. Consequentemente, é imprescindível empregar abordagens baseadas nessa compreensão, minimizando o impacto de suas deficiências e melhorando sua qualidade de vida.

Os avanços no campo do *design* para pessoas com deficiência e/ou idosos foram consideráveis nas décadas de 1980 e 1990, sobretudo nos Estados Unidos, onde o conceito de "*design* livre de barreiras" foi desenvolvido em resposta às demandas dos movimentos em prol da acessibilidade, a partir da Seção 504 do Rehabilitation Act, em 1973, que proíbe a discriminação contra pessoas com deficiência, e ao Americans with Disabilities Act (ADA), em 1990, que assegura os direitos individuais ao uso de produtos e serviços com igualdade de acesso. Em 1996, no Reino Unido, um ato semelhante foi implantado, o Disability Discrimination Act. A partir dessas e outras iniciativas, a expressão *Design for All* começou a ser vista e utilizada (KEATES et al., 2000).

Desse modo, são trazidos para discussão vários aspectos do ideal de igualdade, pois assim como uma pessoa que, a princípio, não tem alguma deficiência pode ser dependente de uma solução especial para estar em igualdade com os outros, uma pessoa com deficiência pode ser dependente de medidas especializadas ou compensatórias para ter igual oportunidade em suas atividades diárias. Essa lacuna pode ser reduzida por um projeto universal de produtos, sistemas e ambientes e, além disso, por medidas especializadas e compensatórias, se necessário, como propõe o *design* inclusivo. Tal situação demanda do *designer* a aplicação de métodos para contemplar a questão de igualdade para o maior número de usuários possível (ASLAKSEN, 2010).

Segundo Souza (2011), a busca pela igualdade gera três questões acerca de um projeto universal: *condições de uso*, que se refere à capacidade do produto oferecer, para todos, o mesmo nível de dificuldade em sua utilização; *valor de uso*, que se entende como o atendimento das mesmas necessidades a todos os usuários, sem que seja mais valioso ou necessário a determinado grupo; e *status de uso*, em que todos os usuários devem ser percebidos da mesma forma, ou seja, que o produto não resulte na estigmatização de algum grupo. Essas questões refletem objetivos que devem ser idealmente promovidos por tal abordagem e só podem ser alcançados pela devida pesquisa e reconhecimento da diversidade de usuários durante a etapa de planejamento do projeto.

Com o objetivo de oferecer produtos e ambientes projetados para serem usados pelo máximo de pessoas, em 1998, Ronald Mace e diversos especialistas da Universidade do Estado da Carolina do Norte (Center for Universal Design) nos Estados Unidos, elaboraram o livro *The design universal life*, estabelecendo e apresentando sete princípios para o planejamento de produtos e ambientes universais com o objetivo de assegurar que a usabilidade seja estendida a um maior número de usuários (SOUZA, 2011).

Esses princípios e suas diretrizes podem ser utilizados para avaliar, orientar e desenvolver projetos, assim como para o ensino: (1) equiparação nas possibilidades de uso; (2) flexibilidade no uso; (3) uso simples e intuitivo; (4) informação perceptível; (5) tolerância ao erro; (6) mínimo esforço físico; e (7) dimensionamento para acesso e uso de todos (CAMBIAGHI, 2007).

Para o usuário, tais princípios implicam melhorar sua interação com o produto pela garantia de desfrutar de ambientes, serviços e produtos sem receber um tratamento discriminatório em função de características

pessoais, cumprindo assim o objetivo de reduzir a distância funcional entre os elementos, sejam eles de uso ou do espaço, e as capacidades das pessoas (CAMBIAGHI, 2007).

Já o *design* inclusivo tem como premissa subjacente permitir ou habilitar diferentes usuários em suas situações de uso dos produtos, serviços e ambientes. Não é necessário ser universal, mas ser mais pragmático, apoiando diferentes usuários e suas buscas por soluções genéricas para necessidades específicas (PATINSON; STEDMON, 2006).

O padrão britânico BS 7000-6:2005 – *Design management systems: managing inclusive design guide* define o *design* inclusivo como:

> [...] o *design* de produtos *mainstream* e/ou serviços que são acessíveis e utilizáveis por pessoas com a mais ampla gama de habilidades, dentro de diversas situações, sem a necessidade de adaptação ou solução especial. (BRITSH STANDARDS INSTITUTE, 2005 *apud* CAMBRIDGE ENGINEERING DESIGN CENTRE, 2014, documento *on-line*)

Cabe salientar que, conforme Souza (2011), dois conceitos centrais diferenciam o *design* universal e o *design* inclusivo das demais abordagens de *design*: o primeiro busca a garantia de um produto ou ambiente sem soluções especializadas para o máximo de pessoas; e, o segundo, busca que todos possam utilizá-los em condições de igualdade.

Para Keates e colaboradores (2000, p. 46, tradução nossa), o *design* universal é uma abordagem louvável, porém se deve questionar "[...] o quão inclusivo ser universal realmente é?" Já que uma ampla gama de pessoas deve ser atendida pelo mesmo produto ou ambiente, como isso pode ser feito para contemplar a todos frente à grande diversidade humana?

A formação do *designer* e a comunicação assistiva

Os *designers* – profissionais que projetam e desenvolvem os recursos educacionais – em geral não têm contato com surdos e não conhecem suas necessidades. Em função da característica generalista da profissão, com grande amplitude de tópicos e áreas exploradas durante sua formação acadêmica, o conhecimento acerca de assuntos relacionados às necessidades especiais não fica em primeiro plano. Tópicos relacionados à acessibilidade, tecnologias assistivas, comunicação alternativa e *design* universal costumam ser apresentados em disciplinas de ergonomia, projeto e/ou *design* de interfaces, porém sem atentar para as particularidades dos diversos grupos com necessidades especiais.

Sendo assim, os *designers* estão, em sua maioria, despreparados para atender às necessidades e requisitos de projeto de recursos educacionais voltados à educação bilíngue para surdos.

Gomes e Quaresma (2017) compartilham da opinião dos autores deste capítulo, de que os *designers* não estão preparados para projetar soluções inclusivas porque não foram apresentados a tal problemática durante sua formação acadêmica. A fim de explorar essa hipótese, Gomes e Quaresma (2017) elaboraram um questionário *on-line*, respondido por 477 professores das áreas de *design* e arquitetura e urbanismo. Os resultados revelaram que 14% dos participantes afirmaram não conhecer *design* inclusivo e 51% afirmaram que ensinam ou ensinaram esse tópico alguma vez em suas carreiras. Em relação às soluções inclusivas, 29% citaram ter estudado esse tópico na disciplina de ergonomia e 23%, na disciplina de *design* de produto. Além da pesquisa com professores, Gomes e Quaresma (2017) também elaboraram um questionário para *designers*, que contou com 109 respondentes. Desses, 71% afirmaram conhecer *design* inclusivo, porém apenas 29% já haviam elaborado algum projeto que foi colocado em prática.

Em relação ao ensino de ergonomia (disciplina mais frequentemente associada ao ensino de *design* universal), Barbosa e Guimarães (2009) realizaram uma pesquisa em sete cursos de graduação em *design* de Curitiba (PR) e constataram que ela está presente em todos eles. As autoras elaboraram questionários *on-line* e entrevistaram alunos, professores e coordenadores desses sete cursos e concluíram que, apesar de os alunos dos cursos de *design* afirmarem que a ergonomia é de fato importante para a concepção de produtos, eles não conseguem fazer a conexão do conteúdo da disciplina com a prática projetual, encontrando bastante dificuldade em explicar o que é ergonomia e como, de fato, aplicam seus conceitos na fase inicial do projeto do produto.

Segundo Dorneles (2014), a década de 1990 marca o início da introdução do ensino de *design* universal nos cursos de arquitetura e urbanismo (uma das áreas precursoras do *design*, e da qual muitos *designers* e professores são oriundos), com os primeiros grupos de pesquisa tendo sido criados em 1997. Na pesquisa de Dorneles (2014), a maioria dos participantes (82%) indicou que a temática do *design* universal ou da acessibilidade é abordada nas disciplinas de projeto, que são obrigatórias. Em segundo lugar, com 40% das respostas, as palestras foram indicadas como forma de ensinar a temática nos cursos. Depois, com 35% das respostas, a temática foi indicada como conteúdo em uma disciplina teórica e, com 31%, em oficinas e cursos. Dorneles (2014) também afirma que o ensino de *design* universal e/ou acessibilidade ocorre como tema semestral em apenas dois cursos no Rio Grande do Sul e em Santa Catarina. Como disciplina específica optativa, ocorre no Rio de Janeiro, em Goiás e em Alagoas. Como tema inserido em uma disciplina teórica optativa, é ensinado em cinco locais.

Esta situação reflete, em parte, as Diretrizes Curriculares Nacionais do Curso de Graduação em *Design* de 2004, documento que norteia a elaboração de currículos dos cursos de graduação em *design* no Brasil. Esse documento não cita a postura de projetar para todos como parte das oito competências esperadas dos *designers* (artigo 4), tampouco cita *design* inclusivo/universal ou acessibilidade como conteúdos e atividade esperados.

DIRETRIZES DE PROJETO

Diretrizes ou *guidelines* são ferramentas para apoiar o projeto de diversos tipos de artefatos, e diferenciam-se de requisitos por não terem um caráter obrigatório. As diretrizes têm a função de resumir uma grande quantidade de conhecimento, tanto científico como empírico, e apresentam, segundo Gale (1996), Reed e colaboradores (1999), Park e colaboradores (2011) e Kim (2010), os seguintes benefícios: aumentar a produtividade, diminuir o estresse e reduzir o tempo de treinamento. Kim (2010) afirma que as diretrizes também podem reduzir a quantidade de ciclos de iteração – quando se identifica alguma inadequação, falha ou possibilidade de melhoria em determinada característica do projeto, que é, então, reelaborado. Park e colaboradores (2011) consideram que usar diretrizes reduz decisões de projeto arbitrárias. Acredita-se que esses benefícios também sejam extensíveis a recursos educacionais digitais.

Porém, em 1985, Smith e Mosier já haviam identificado que utilizar diretrizes pode não ser uma tarefa simples. Por meio de uma pesquisa com 130 participantes das mais diferentes áreas ligadas ao projeto de interfaces humano-computador, os seguintes problemas foram relatados: diretrizes são generalistas demais para serem aplicáveis; há necessidade de diretrizes atualizadas e adequadas à tecnologia; além disso, é importante definir prioridades entre diretrizes que serão aplicadas ao projeto (SMITH; MOSIER, 1985). Para evitar esse tipo de situação, alguns autores fizeram sugestões quanto à redação de diretrizes. Campbell (1996) recomenda que elas sejam concisas, diretivas, não ambíguas, verificáveis e relevantes para o desempenho humano, afirmando, ainda, que cada diretriz responda de maneira clara às perguntas: Por quê? O quê? Como? Para quem? Cronholm (2009), por sua vez, lista princípios que deveriam nortear a elaboração de diretrizes, a fim de maximizar sua usabilidade.

Na literatura sobre *design*, fatores humanos e interface humano-computador, encontram-se diretrizes para apoiar projetos de diversos tipos de artefatos, como livros eletrônicos (WILSON; LANDONI; GIBB, 2002), informações visuais sobre saúde (MA, 2016), registros médicos (ZAHABI; KABER; SWANGNETR, 2015), sistemas de recomendação (SANTOS; BOTICARIO, 2015) e interfaces para sistemas bancários (GUMUSSOY, 2016).

O processo de elaboração de diretrizes passa, em todos os artigos pesquisados, por uma revisão da literatura em certo grau. Algumas das pesquisas, como as de Wilson, Landoni e Gibb (2002) e de Colombo, Landoni e Rubegni (2014), sugerem que usuários sejam inseridos no processo de coleta e organização das diretrizes, assim como Lalji e Good (2008) consideram que apenas a revisão bibliográfica não é suficiente. Em alguns artigos encontrados, o conjunto de diretrizes não passa por qualquer tipo de avaliação e, quando a avaliação ocorre, ela normalmente se dá por meio de um questionário com usuários finais. A maior parte das diretrizes se relaciona a projetos de interfaces humano-computador. Entre as mais conhecidas (com maior quantidade de citações), estão as 10 heurísticas de Nielsen (1994) e as 8 regras de ouro de Shneiderman (1998).

Tendo explorado os assuntos mais intimamente relacionados ao tema deste capítulo, passa-se agora a um breve relato dos procedimentos metodológicos e, em seguida, à apresentação dos resultados: o conjunto de diretrizes.

CONJUNTO DE DIRETRIZES

Na pesquisa que deu origem a este conjunto de diretrizes, Quixaba (2017) realizou uma ampla revisão bibliográfica, incluindo documentos oficiais, legislação e *sites* governamentais, bases de dados de periódicos e repositórios de teses. Foram usadas, nessa busca, as seguintes palavras-chave (em inglês e português): "*Deaf design*"/"Design surdo", "*Sensory design deaf*"/"Design sensorial surdo", "*Universal design deaf*"/"Design universal surdo", "*Deaf education*"/"Educação surdo", "*Deaf learning*"/"Aprendizado surdo",

"Deaf bilingual"/"Bilíngue surdo", *"Deaf multimedia"*/"Multimídia surdo" e *"Deaf technology"*/"Tecnologia surdo". Após a aplicação de regras de seleção, os mais de 62.000 resultados foram filtrados, restando 331 estudos, entre artigos, teses e livros. Também foram coletadas diretrizes por meio de entrevistas com professores atuantes na rede de ensino em escolas inclusivas de Porto Alegre (RS) e São Luís (MA), contabilizando, ao todo, 16 participantes.

O conjunto de diretrizes geradas é apresentado a seguir, com as respectivas relações com as leis e normas antes citadas, além de incluir considerações dos autores.

Diretriz 1 – Os *designers* devem consultar profissionais especialistas em língua de sinais que tenham experiência com educação de surdos e estudos sobre surdos ao longo de todo o processo de criação e desenvolvimento do recurso.

Comentário – Os *designers* devem realizar entrevistas com especialistas em surdos, em particular para estabelecer o contexto de utilização do usuário e os requisitos de recursos educacionais voltados para o público surdo. Esse contato promove o planejamento eficiente quanto aos aspectos técnicos do emprego da janela de Libras, tal como recorte, posição da janela, plano de fundo da área de tradução, enquadramento, entre outros (NAVES et al., 2016).

Diretriz 2 – A revisão da interpretação em Libras deve ser feita por um profissional proficiente em língua de sinais.

Comentário – O profissional proficiente em língua de sinais deverá verificar a correspondência entre a interpretação gravada para o recurso com a tradução-fonte da informação.

Diretriz 3 – Insira uma etapa de avaliação com, pelo menos, um usuário surdo antes de distribuir o recurso.

Comentário – É aconselhável o acompanhamento e revisão por um consultor surdo para avaliação das imagens, textos, sinalizações, bem como para verificar a adequação da velocidade das informações apresentadas ao uso com conforto e boa compreensão pelos usuários surdos.

Diretriz 4 – Evite produzir recursos educacionais com mímica.

Comentário – A LBI (2015) preconiza a oferta de educação bilíngue (em Libras como primeira língua e, na modalidade escrita, português como segunda língua) em escolas e classes bilíngues e em escolas inclusivas. Por isso, os recursos devem, obrigatoriamente, ser produzidos em língua de sinais.

Diretriz 5 – Dê prioridade para a língua de sinais.

Comentário – Conforme já citado e de acordo com a LBI (2015), deve ser garantida a oferta de educação bilíngue (em Libras como primeira língua e, na modalidade escrita, português como segunda língua). A língua de sinais deve ser priorizada para que os surdos possam ampliar seu repertório vocabular e este lhes servir como referência para compreender a língua portuguesa.

Diretriz 6 – Um recurso educacional bilíngue deve ter texto em língua portuguesa, mesmo que esse texto não esteja em destaque na interface.

Comentário – A exibição de um conteúdo acompanhado de texto amplia as possibilidades de compreensão de conceitos.

Diretriz 7 – Aproxime o contexto do recurso ao "mundo do surdo".

Comentário – Use informações retiradas de contextos vivenciados pelos surdos, promovendo, assim, a facilitação do aprendizado da língua de sinais e a identidade linguística da comunidade surda (Convenção sobre o Direito das Pessoas com Deficiência, 2007, promulgada pelo Decreto nº 6.949/2009).

Diretriz 8 – Cuide para que a sinalização realizada obedeça à estrutura sintática da língua de sinais.

Comentário – Segundo Naves e colaboradores (2016), faça escolhas lexicais e terminológicas levando em consideração os aspectos culturais e linguísticos da língua-fonte. Sinalize seguindo a estrutura sintática da Libras, o que trará maior credibilidade com relação aos conteúdos de que dispõe o recurso, além de permitir que os estudantes conheçam as diferentes formas em que as sentenças podem ser apresentadas e familiarizem-se com elas.

Diretriz 9 – Valorize os sinais regionais.

Comentário – Use sinais regionais, pois podem facilitar a compreensão do surdo. Ele pode identificar os sinais e associá-los à sua convivência social.

Diretriz 10 – Quando for possível (e pertinente), filme ou fotografe os sinais de Libras em ambientes familiares de sinalização dos surdos, para que eles se identifiquem, facilitando a compreensão.

Comentário – São considerados ambientes familiares aqueles em que o surdo está à vontade, por exemplo, no convívio com a família, amigos ou em associações de surdos. Isso permite contato maior com o modo em que os surdos articulam as sentenças, auxiliando a compreensão dos sinais em situações reais.

Diretriz 11 – Use a escrita de sinais.

Comentário – Usar a representação do sinal pode ser uma alternativa para ilustrar o recurso educacional.

Diretriz 12 – Evite usar figuras que possam ter diferentes interpretações.

Comentário – Por exemplo, se você deseja apresentar a palavra "menino", não use uma imagem de um menino brincando com um carro. O estudante pode pensar que o novo conceito apresentado é "brincar", em vez de "menino".

Diretriz 13 – Associe sinais de Libras e palavras à(s) figura(s) que o(s) represente(m).

Comentário – Apresente o sinal dos objetos, de pessoas ou de ações realizadas acompanhadas da figura correspondente.

Diretriz 14 – Tenha cuidado ao usar avatares (representação bidimensional [2D] ou tridimensional [3D] de um intérprete), devido às limitações de seus bancos de sinais.

Comentário – Os avatares possuem limitações, pois as tecnologias utilizadas podem não conseguir realizar, de maneira correta, a sinalização de algumas sentenças. A tradução é articulada literalmente, seguindo a estrutura da língua oral. Além disso, os bancos de sinais ainda não são extensos o suficiente para atender a essas necessidades, além das especificidades de contexto e culturas e da falta de expressividade desse tipo de recurso.

Diretriz 15 – Os recursos para crianças surdas devem considerar ilustração, português e Libras, especialmente quando a criança tem mais de 4 anos.

Comentário – Sobre a linguagem infantil, faz-se necessário observar o nível linguístico que a língua-fonte usa e respeitar o padrão de uso para a língua-alvo (NAVES et al., 2016). Os recursos educativos para crianças surdas devem ser construídos a partir de triplos semânticos (português, Libras e ilustração). Por exemplo, um jogo onde se deve destruir um asteroide deve ter a palavra em português, o texto em Libras e uma imagem do asteroide.

Diretriz 16 – Quando o recurso tiver um intérprete, siga as normas da Associação Brasileira de Normas Técnicas (ABNT) em relação ao tamanho e à localização da janela do intérprete.

Comentário – De acordo com a ABNT NBR 15290:2005, a altura da janela deve ser de, no mínimo, metade da altura da tela, e a largura da janela deve ocupar, no mínimo, a quarta parte da largura da tela do vídeo. A localização deve ser tal que a janela não fique encoberta pela tarja preta da legenda oculta. Outros documentos de orientação geral utilizam a mesma proporção da ABNT, porém recomendam que a janela não se sobreponha ao produto audiovisual

(**FIGURA 3.1**), tal como o *Guia para produções audiovisuais acessíveis* (NAVES et al., 2016).

Diretriz 17 – Sempre filme o intérprete de frente.

Comentário – O intérprete deve ser filmado de frente para que todas as sinalizações executadas por ele possam ser visualizadas claramente. De acordo com a ABNT NBR 15290 (2005), o foco deve abranger toda a movimentação e gesticulação do intérprete. E, conforme Naves (2016), o enquadramento do intérprete deve ser o seguinte: na parte superior, o quadro superior da câmera deve ficar entre 10 e 15 centímetros acima da cabeça; e na parte inferior, 5 centímetros abaixo do umbigo. Essas medidas em geral são tomadas em relação à escala e proporção humana, ou seja, em palmos e/ou polegadas.

Diretriz 18 – O vestuário do intérprete deve ser simples, e a cor da roupa deve contrastar com a cor da pele do intérprete.

Comentário – A vestimenta, a pele e o cabelo do intérprete devem ser contrastantes entre si e com o fundo. Devem ser evitados fundo e vestimenta em tons próximos ao tom da pele do intérprete (ABNT NBR 15290, 2005). Evite roupas com mangas compridas e desabotoadas no punho, pois o movimento das mãos pode balançar o punho da camisa e dificultar o entendimento da articulação do sinal. As mangas longas devem estar abotoadas ou dobradas para facilitar a visualização da mão.

Diretriz 19 – Nos vídeos sinalizados em Libras, as mãos devem estar sem acessórios para não interferir na comunicação.

Comentário – Não use anéis e pulseiras, e não segure objetos com as mãos.

Diretriz 20 – Coloque o intérprete em destaque em relação ao falante.

Comentário – Centralizar o intérprete na tela e colocar o falante na janela no canto amplia o campo de visão do surdo.

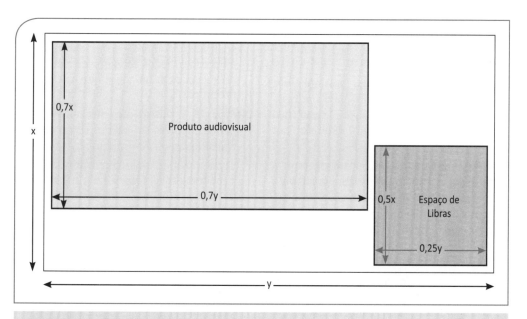

FIGURA 3.1 ▶ ESPAÇO DA JANELA DE LIBRAS NA TELA.
Fonte: Naves e colaboradores (2016).

Atenção – Dividir a tela igualmente entre falante e intérprete pode não ser uma boa alternativa, pois as duas janelas ficariam no mesmo nível hierárquico – o que pode dificultar a alocação da atenção.

Diretriz 21 – Indique quando a sinalização terminar.

Comentário – Essa indicação pode ser evidenciada pelo ato de baixar as mãos ou pelo emprego de modos de inserção da janela, como a técnica de transição de *fade in* e *fade out*, onde o intérprete entra em cena quando sinaliza e sai quando não tem algo a sinalizar.

Diretriz 22 – Sincronize o tempo de fala com a imagem e a legenda.

Comentário – Adapte o tempo de exibição da imagem com a tradução do que está sendo dito/falado, não devendo nenhuma dessas formas se sobrepor ao que está sendo sinalizado. Do mesmo modo, a velocidade de fala deve considerar o tempo necessário para a adequada interpretação/sinalização visando ao bom entendimento pelo usuário surdo.

Diretriz 23 – Evite o excesso de expressões faciais, pois elas comprometem a compreensão do sinal realizado.

Comentário – A expressão facial deve ser executada na medida em que o sinal exigir. Por exemplo, o sinal para "mesa" não tem expressão facial; já o sinal de "por que" tem.

Diretriz 24 – Quando for necessário fazer a datilologia (soletração segundo alfabeto manual em uma representação da ortografia da linguagem oral) de uma palavra no recurso, deve ser observada a velocidade, de maneira que não impeça o surdo de entender a mensagem.

Comentário – Considere que nem todas as pessoas têm a mesma velocidade para acompanhar a soletração. Por isso, recomenda-se executar a sinalização pausadamente.

Diretriz 25 – Use sinais de classificadores, pois isso facilitará a compreensão da sinalização em Libras.

Comentário – O uso de classificadores pode tornar as informações mais claras e simplificadas, porque esses sinais apresentam características que lembram a forma ou o movimento do referente. Classificadores são configurações de mãos que, relacionadas a coisas, pessoais e animais, cumprem a função de marcar a concordância.

Diretriz 26 – Sempre que possível, faça a opção por usar sinais de Libras que já têm ampla divulgação nos dicionários digitais ou impressos.

Comentário – O uso de sinais que já têm ampla divulgação em dicionários evita incompreensões no entendimento da mensagem a ser passada.

Diretriz 27 – Apresente o contexto das sinalizações de modo que seja possível identificar elementos gramaticais e outros aspectos que envolvem a língua de sinais.

Comentário – Sinalizações contextualizadas permitem identificar o emprego de sinais de pronomes, verbos, substantivos, bem como traços econômicos e socioculturais da comunidade da qual os surdos fazem parte.

Diretriz 28 – Outros recursos, além de legendas, devem ser usados como apoio à transmissão da informação.

Comentário – Assim como previsto para situações específicas na LBI (2015), o uso de legenda oculta associada à tradução simultânea em Libras favorece o usuário pela oferta de produtos em multiformato. Um recurso bilíngue deve apresentar, além da legenda, vídeos ou imagens em língua de sinais, por exemplo.

Diretriz 29 – Use sons. Isso pode ser estimulante mesmo para surdos.

Comentário – Alguns surdos têm resíduo auditivo (perda parcial da audição) e podem gostar de sentir vibrações sonoras. O som disponibilizado pode ser de uma música, poesia ou narração. O som pode ser estimulante, uma vez que os surdos apresentam diferentes níveis de perda auditiva.

Diretriz 30 – Quando o recurso tiver canção, insira a legenda e a interpretação em língua de sinais.

Comentário – Recomenda-se que seja disponibilizada a legenda e a sinalização sincronizadas com a letra da música e, se possível, com a sua melodia.

Diretriz 31 – Quando produzir um material para crianças, use crianças como atores de língua de sinais.

Comentário – Atores crianças de língua de sinais tendem a chamar mais atenção de crianças surdas.

Diretriz 32 – Na montagem, insira intervalos que permitam ao estudante pausar os vídeos.

Comentário – O controle do tempo de reprodução permite ao estudante definir o ritmo em que ele consegue assistir ao vídeo.

Diretriz 33 – Aproveite intérpretes como atores em filmes.

Comentário – Os intérpretes podem ser protagonistas dos filmes desde que conheçam fluentemente os sinais do conteúdo abordado.

CONSIDERAÇÕES FINAIS

Este capítulo teve como objetivo apresentar e debater diretrizes para o apoio a projeto de recursos educacionais digitais direcionados à educação bilíngue de surdos. Entende-se que um projeto de produção de recursos educacionais digitais (com foco no bilinguismo) para surdos exige observância às características desse grupo de pessoas, com atenção para que os recursos produzidos não limitem o acesso delas ao conhecimento e à educação. Dessa maneira, cabe

salientar que recursos educacionais acessíveis podem contribuir para a experiência de todos, não apenas de surdos. Assim como ressalta o *Guia para produções audiovisuais acessíveis* do Ministério da Cultura (NAVES et al., 2016, documento *on-line*), quando adequado,

> [...] o produto audiovisual chega às pessoas com deficiência com qualidade e pode ser experienciado com prazer, entretenimento e crítica. Um recurso bem empregado traz à tona a apreciação e discussão da obra, e não do recurso em si.

Todo esse percurso realizado resultou na obtenção de um conjunto de 33 diretrizes avaliadas por especialistas da área de educação bilíngue de surdos. Desse modo, recomenda-se que professores de surdos, estudantes surdos, *designers* e demais profissionais interessados em projeto de recursos educacionais digitais direcionados à educação bilíngue de surdos utilizem as diretrizes obtidas na pesquisa descrita neste capítulo como um guia de sugestões ou orientações na produção de tais projetos e, assim, possam oferecer mais uma alternativa qualificada de apoio à educação bilíngue dessas pessoas.

REFERÊNCIAS

ASLAKSEN, F. et al. *Universal design*: planning and design for all. Oslo: Cornell University ILR School, 1997. Gladnet Collection, paper 327. Disponível em: <http://digitalcommons.ilr.cornell.edu/cgi/viewcontent.cgi?article=1329&context=gladnetcollect>. Acesso em: 21 mar. 2014.

ASSOCIAÇÃO BRASILEIRA DE NORMAS TÉCNICAS. *NBR 15290*: acessibilidade em comunicação na televisão. Rio de Janeiro: ABNT, 2005.

BARBOSA, M. L. A.; GUIMARÃES, L. B. M. A ergonomia como disciplina nos cursos de graduação de design de produto e arquitetura em Curitiba - PR. *Estudos em Design*, v. 17, n. 1, 2009.

BRASIL. Decreto nº 6.949, de 25 de agosto de 2009. Promulga a Convenção Internacional sobre os Direitos das Pessoas com Deficiência e seu Protocolo Facultativo, assinados em Nova York, em 30 de março de 2007. *Diário Oficial da União*, Brasília, 25 ago. 2009. Disponível em: < http://www.planalto.gov.

br/ccivil_03/_ato2007-2010/2009/decreto/d6949.htm>. Acesso em: 5 nov. 2017.

BRASIL. Lei nº 10.436, de 24 de abril de 2002. Dispõe sobre a Língua Brasileira de Sinais (LIBRAS) e dá outras providências. *Diário Oficial da União*, Brasília, 25 abr. 2002. Disponível em: <http://portal.mec.gov.br/seesp/arquivos/pdf/lei10436.pdf>. Acesso em: 10 nov. 2017.

BRASIL. Lei nº 13. 146, de 06 de julho de 2015. Institui a Lei Brasileira de Inclusão da Pessoa com Deficiência (Estatuto da Pessoa com Deficiência). Brasília, *Diário Oficial da União*, Brasília, 7 jul. 2015. Disponível em: <http://www2.camara.leg.br/legin/fed/lei/2015/lei-13146-6-julho-2015-781174-norma-pl.html>. Acesso em: 3 nov. 2017.

CAMBIAGHI, S. *Desenho universal*: métodos e técnicas para arquitetos e urbanistas. São Paulo: Senac, 2007.

CAMBRIDGE ENGINEERING DESIGN CENTRE. *Inclusive design tool kit*. 2014. Disponível em: <http://www.inclusivedesigntoolkit.com/betterdesign2/whatis/whatis.html>. Acesso em: mar. 2014.

CAMPBELL, J. L. The development of human factors design guidelines. *International Journal of Industrial Ergonomics*, v. 18, p. 363-371, 1996.

CARDOSO, E.; NOGUEIRA, T; ZARDO, K. *Investigando diferentes formatos para a tradução audiovisual em língua brasileira de sinais*: uma pesquisa de preferências. In: ENCONTRO NACIONAL DE ACESSIBILIDADE CULTURAL, 5., 2017, Rio de Janeiro: UFRJ, 2017.

COLOMBO, L.; LANDONI, M.; RUBEGNI, E. Design guidelines for more engaging electronic books: insights from a cooperative inquiry study. In: CONFERENCE ON INTERACTION DESIGN AND CHILDREN, 2014. *Proceedings...* Aarhus: IDC, 2014. p. 281-284.

COSTA, V. A. da. Formação de professores e educação inclusiva frente às demandas humanas e sociais. In: MIRANDA, T. G.; GALVÃO FILHO, T. A. (Orgs.). *O professor e a educação inclusiva*: formação, práticas e lugares. Salvador: EDUFBA, 2012. p. 89-110.

CRONHOLM, S. *The usability of usability guidelines*: a proposal for meta-guidelines. 2009. Disponível em: <https://www.researchgate.net/publication/221332145>. Acesso em: 4 nov. 2016

CUNHA, C.; CINTRA, L. *Nova gramática do português contemporâneo*. 3. ed. Rio de Janeiro: Nova Fronteira, 2001. p. 749.

DORNELES, V. G. *Estratégias de ensino de desenho universal para cursos de graduação em arquitetura e urbanismo*. 2014. 353 f. Tese (Doutorado em Arquitetura e Urbanismo)-Departamento de Arquitetura e Urbanismo, do Centro de Tecnologia, Universidade Federal de Santa Catarina, Florianópolis, 2014.

FERNANDES, S. *Educação de Surdos*. Curitiba: Inter-Saberes, 2012. (Série Inclusão Escolar).

GALE, S. A collaborative approach to developing style guides. In: *Proceedings of the SIGCHI on Human Factors in Computing Systems*. Vancouver: The Association of Computing Machinery, 1996. p. 362-367.

GOMES, D.; QUARESMA, M. O design inclusivo no Brasil: seu ensino nos cursos de graduação em design. *Blucher Proceedings*, São Paulo, v. 3, n. 11, p. 992-1004, 2017. Disponível em: <http://www.proceedings.blucher.com.br/article-details/o-design-inclusivo-no-brasil-seu-ensino-nos-cursos-de-graduao-em-design-25651>. Acesso em: 15 nov. 2017.

GUMUSSOY, A. C. Usability guideline for banking software design. *Computers in Human Behavior*, n. 62, p. 277-285, 2016.

KARNOPP, L. B.; MACHADO, R. N. Literatura surda: ver histórias em línguas de sinais. In: SEMINÁRIO BRASILEIRO DE ESTUDOS CULTURAIS EM EDUCAÇÃO, 2., 2006. Canoas. *Anais...* Canoas: ULBRA, 2006.

KEATES, S. et al. Towards a practical inclusive design approach. In: *Proceedings on the 2000 conference on universal usability*. Cambridge: Cambridge University, 2000. p. 45-52. Disponível em: <http://web.mit.edu/16.459/Keates.pdf>. Acesso em: fev. 2014.

KIM, H. Effective organization of design guidelines reflecting designer's design strategies. *International Journal of Industrial Ergonomics*, n. 40, p. 669-688, 2010.

LALJI, Z.; GOOD, J. Designing new technologies for illiterate populations: a study in mobile phone interface design. *Interacting with Computers*, v. 20, 574-586, 2008.

MA, X. Developing design guidelines for a visual vocabulary of electronic medical information to improve health literacy. *Interacting with Computers*, v. 28, p. 151-169, 2016.

MACHADO, F. C. Ser professor em tempos de diversidade: uma análise das políticas de formação docente. In: THOMA, A. S.; HILLESHEIM, B. (Orgs.). *Políticas de inclusão*: gerenciando riscos e governando as diferenças. Santa Cruz do Sul: EDUNISC, 2011. p. 57-69.

NAVES, S. B. et al. (Orgs.). *Guia para produções audiovisuais acessíveis*. Brasília: Ministério da Cultura, 2016. 85 p. Disponível em: <http://pagines.uab.cat/act/sites/pagines.uab.cat.act/files/guiaparaproducoesaudiovisuaisacessiveis2016.pdf>. Acesso em: 13 nov. 2017.

NIELSEN, J. Heuristic evaluation. In: NIELSEN, J.; MACK, R. L. (Ed.). *Usability inspection methods*. New York: John Wiley & Sons, 1994.

OLIVEIRA, G. S.; DINIZ, S. L. L. M.; OLIVEIRA, E. C. C. T. Educação inclusiva bilíngue: experiência coletiva de adaptação pedagógica do material Hino Nacional Brasileiro. In: LIPPE, E. M. O.; ALVES, F. S. (Org.). *Educação para os surdos no Brasil*: desafios e perspectivas para o novo milênio. Curitiba: CRV, 2014.

PARK, W. et al. A factor combination approach to developing style guides for mobile phone user interface. *International Journal of Industrial Ergonomics*, v. 41, p. 536-545, 2011.

PATTINSON, M.; STEADMON, A. Inclusive design and human factors: designing mobile phones for older users. *PsychNology Journal*, v. 1, n. 3, p. 267-284, 2006.

QUIXABA, M. N. O. *Diretrizes para projeto de recursos educacionais digitais voltados à educação bilíngue de surdos*. 2017.127 f. Tese (Doutorado em Informática na Educação)-Programa de Pós-Graduação em Informática na Educação, Universidade Federal do Rio Grande do Sul. Porto Alegre, 2017.

REED, P. et al. User interface guidelines and standards: progress, issues, and prospects. *Interacting with Computers*, n. 2, p. 119-142, 1999.

SANTOS, O. C.; BOTICARIO, J. G. Practical guidelines for designing and evaluating educationally oriented recommendations. *Computers and Education*, v. 81, p. 354-374, 2015.

SHNEIDERMAN, B. *Designing the user interface*: strategies for effective human-computer interaction. 3. ed. Boston: Addison-Wesley Logman, 1998.

SILVEIRA, R H. Contando histórias sobre surdos(as) e surdez. In: COSTA, M. (Org.). *Estudos culturais em educação*. Porto Alegre: UFRGS, 2000.

SMITH, S. L.; MOSIER, J. N. Application of guidelines for designing user interface software. In: ANNUAL MEETING OF THE HUMAN FACTORS SOCIETY, 29., 1985. *Proceedings...* Stuttgart: IAO, 1985.

SOUZA, A. Design universal e design inclusivo: transformações para uma aplicação. *Revista Transverso – Diálogos entre Design, Cultura e Sociedade*, Barbacena, n. 2, p. 20-37, 2011.

WILSON, R.; LANDONI, M.; GIBB, F. Guidelines for designing electronic books. In: EUROPEAN CONFERENCE ON RESEARCH AND ADVANCED TECHNOLOGY FOR DIGITAL LIBRARIES, 6., 2002. *Proceedings...* Rome: Springer, 2002.

ZAHABI, M.; KABER, D. B.; SWANGNETR, M. Usability and safety in electronic medical records interface design: a review of recent literature and guideline formulation. *Human Factors*, v. 57, p. 805-834, 2015.

4

Tecnologia e *design* para facilitar a leitura em língua brasileira de sinais

Renata Krusser

Há extensa bibliografia sobre tipografia, *design* editorial e muitas pesquisas sobre a leitura de textos escritos, mas existem poucos estudos sobre a leitura em língua de sinais e, no Brasil, poucos textos em língua brasileira de sinais (Libras), de modo que os surdos não desenvolvem o hábito de ler. Apenas mais recentemente os surdos têm atingido níveis escolares mais elevados, ampliando a demanda por materiais de estudo, e também é recente o desenvolvimento das tecnologias de produção e compartilhamento de vídeos digitais que possibilitaram maior circulação de materiais em língua de sinais.

Assim, o objetivo deste capítulo é reunir subsídios teóricos, recomendações ergonômicas e indicações de recursos tecnológicos que possam contribuir para o *design* de publicações em língua de sinais.

Inicialmente foi feita uma síntese de estudos sobre a leitura e o *design* editorial para ajudar a esclarecer o que contribui para uma leitura fluida e agradável. As recomendações para o *design* foram organizadas no que se refere à legibilidade do texto, leiturabilidade e satisfação do leitor.

Também foram investigadas as características específicas do público surdo, usuário da língua de sinais, uma vez que a leitura depende também de quem lê, seus conhecimentos, interesses e hábitos de leitura.

A partir daí, foi estabelecida uma relação entre os elementos do *design* editorial de textos escritos e os recursos dos vídeos com textos em língua de sinais investigan-do as funções que desempenham na leitura dos surdos. Por fim, são apresentados alguns resultados da análise da usabilidade de um *player* de vídeos específico para textos na língua de sinais, desenvolvida na tese de doutorado intitulada *Design editorial na tradução de português para Libras* (KRUSSER, 2017).

Isso contribui para revelar os desafios do *design* em publicações na língua de sinais, mostra alguns caminhos para melhorar a usabilidade desses materiais e indica a demanda por outras tecnologias e pelo desenvolvimento de ferramentas computacionais específicas.

A LEITURA

A leitura de um texto escrito é uma atividade complexa e, diferentemente da fala, precisa colocar em conexão as áreas do cérebro responsáveis pelo processamento visual com as áreas responsáveis pela linguagem. Vários estudos abordam o processamento visual e cognitivo durante a leitura (DEHAENE, 2012; SILVA, 2011; YUNES, 2002). Avanços técnicos recentes como a ressonância magnética e técnicas que usam eletrodos colocados sobre o cérebro, ou mesmo implantados em regiões do córtex (usados para avaliar casos de epilepsia), permitiram mapear o processamento neuronal durante a leitura, registrando atividades que ocorrem em milésimos de segundo. Isso possibilita investigações sobre os elementos do *design* que contribuem ou, ao contrário, atrapalham a fluidez da leitura.

Os estudos sobre tipografia, que têm longa tradição, e sobre *design* editorial também ganharam novo impulso com o advento dos textos digitais. Existem várias investigações sobre os detalhes do desenho das letras que buscam identificar os tipos mais adequados para leitura a distância, leitura de textos em tamanho bem pequeno, leitura rápida, leitura em tela, textos longos, e mesmo sobre os tipos mais adequados para os diferentes gêneros textuais.

A escrita foi se desenvolvendo ao longo dos séculos e se ajustando à nossa forma de perceber. Quando lemos um texto escrito, em que a leitura flui com facilidade, nem notamos o trabalho elaborado de configuração das páginas.

O neurocientista Dehaene (2012), que estudou o funcionamento do cérebro durante a leitura, considera que não desenvolvemos circuitos cerebrais especializados para a ação de ler, uma vez que a escrita nasceu há cerca de 5.400 anos e esse tempo não seria suficiente para uma evolução por seleção natural que nos diferenciasse geneticamente de nossos ancestrais. Para ele, foi a escrita que se adaptou de maneira muito precisa às nossas características, e isso é que nos permite ler com fluência.

> O paradoxo da leitura sublinha o fato indubitável de que nossos genes não evoluíram para nos permitir aprender a ler. Não vejo senão uma só solução. Se o cérebro não teve tempo para evoluir sob a pressão dos limites da escrita, então, foi a escrita que evoluiu a fim de levar em conta os limites de nosso cérebro. O modelo da reciclagem neuronal nos conduzirá assim a revisitar a história da escrita, desde os primeiros símbolos das culturas pré-históricas até a invenção do alfabeto. Nós aí encontraremos os traços de uma incessante manufatura evolutiva que adapta sem descanso os objetos da escritura aos limites de nosso cérebro. (DEHAENE, 2012, p. 21)

O autor identificou características comuns a todos os sistemas de escrita, como o uso de pequeno repertório de formas de base na estrutura do traçado das letras, alta densidade de traços contrastantes, caracteres sempre orientados no mesmo sentido e alguma correlação entre o escrito e o oral. Essas são características que refletem os limites de nossos circuitos visuais.

A tipografia é definidora para a leitura, mas a escrita se configura em páginas, que são lidas em determinados ambientes por leitores específicos e em momentos particulares. Além do conteúdo, aspectos como os contextuais, de *design* e referentes ao leitor também são determinantes para a ação de ler.

A leitura de um texto em vídeo na língua de sinais, no entanto, é bem diferente da leitura de um texto escrito e exige ações do leitor que foram menos estudadas até agora. Em um material impresso, por exemplo, pode-se manusear o objeto e logo ter uma ideia da dimensão e densidade do texto; o ritmo de leitura pode variar de acordo com as intenções de quem lê, que pode passar os olhos rapidamente por partes do texto e se concentrar mais demoradamente em outras, pode desviar o olhar e se deter pelo tempo que quiser em uma imagem disposta lado a lado com o texto verbal sem perder partes do conteúdo. Além disso, é possível fazer anotações nas margens e destacar alguns pontos no texto, usar um simples marcador de livros para indicar onde a leitura foi interrompida e identificar a seção ou capítulo onde se encontra observando os títulos correntes.

Já no texto em língua de sinais, o intérprete tende a definir o ritmo de leitura; os *players* de vídeo nem sempre oferecem recursos para marcação de partes do vídeo ou ferramentas para alterar a velocidade de reprodução; para observar uma imagem, o texto sinalizado precisa ser interrompido; para rever uma frase recém-lida, não basta direcionar o olhar; para localizar uma informação ou para ter uma ideia da estrutura e da dimensão do texto, pode ser necessário um trabalho exaustivo de parar, retroceder e avançar o vídeo.

Tanto o projeto de um texto escrito como o de um vídeo em língua de sinais visam propiciar uma leitura fluida e agradável. No projeto de uma publicação, os *designers* procuram induzir o leitor a um estado de concentração, favorecendo que se envolva com o conteúdo e faça as reflexões sugeridas pelo autor. Podemos identificar algumas características que contribuem para isso. Se pretendemos que um texto seja lido, ele precisa ser legível. Além disso, a leitura deve fluir com facilidade favorecendo a compreensão do texto e de sua organização estrutural, ou seja, o material deve ter boa leiturabilidade, atrair a atenção e conduzir o olhar do leitor para promover um ritmo adequado de leitura. As características, desejos e necessidades de cada leitor e os diferentes contextos de leitura são também elementos que precisam ser considerados pelos projetistas.

Legibilidade

A legibilidade refere-se à nitidez e à diferenciação entre as letras. Além da visibilidade, o uso de convenções tradicionais, com padronização de fontes, espaçamentos e alinhamentos, influencia a legibilidade de um texto escrito.

No que se refere à legibilidade, pesquisas recentes têm contribuído para mudar algumas ideias comumente aceitas sobre a percepção do texto durante a leitura.

A visibilidade do texto escrito tem sido muitas vezes associada à forma e ao tamanho dos caracteres, mas alguns estudos, em especial aqueles oriundos da área de neuropsicologia, mostram que podemos suportar uma ampla variação no tamanho e na forma das letras sem que isso prejudique o reconhecimento das palavras.

Durante a leitura, nosso olhar vai percorrendo as linhas do texto, e a visão clara ocorre quando o olho faz uma pausa, fixando o olhar em uma parte do texto, ou seja, a leitura se dá por várias tomadas ou sacadas oculares. Percebemos com clareza apenas o lugar onde o olhar se fixa, e a região periférica da visão vai perdendo definição conforme se afasta do ponto de foco. A **FIGURA 4.1** mostra uma simulação da imprecisão crescente de nossa percepção do texto à medida que as letras se distanciam do centro da retina.

FIGURA 4.1 ▸ TEXTO FILTRADO COM AJUDA DE UM ALGORITMO SIMULANDO A IMPRECISÃO CRESCENTE DE NOSSA PERCEPÇÃO À MEDIDA QUE AS LETRAS SE DISTANCIAM DO CENTRO DA RETINA.
Fonte: Dehaene (2012, p. 28).

Sendo assim, os textos compostos em caracteres grandes não seriam mais fáceis de ler do que aqueles que usam caracteres pequenos.

> Com efeito, quanto mais uma palavra for escrita em caracteres grandes, mais eles tomam lugar na retina e, portanto, mais as letras se distanciam em direção à periferia do campo visual, onde mesmo as letras grandes ficam difíceis de discernir. Os dois fatores se compensam quase exatamente, de modo que uma palavra enorme e uma palavra minúscula são, do ponto de vista da retina, essencialmente equivalentes. Evidentemente isso é verdadeiro se o talhe dos caracteres não descer abaixo dos limites da resolução de nossa fóvea. [...] Em virtude dessa organização do olho, nossas capacidades de percepção não dependem senão do número de letras que as palavras contêm e não do tamanho absoluto. (DEHAENE, 2012, p. 27)

Conforme Dehaene (2012), o tamanho das letras pode ter uma variação de até 50 vezes sem que isso afete nossa capacidade de identificar as palavras. Nosso cérebro ajusta o movimento do olho ao tamanho dos caracteres avançando em torno de 7 a 9 caracteres a cada fixação do olhar.

O autor ainda considera que diferentes estilos de letras, e mesmo uma mistura entre eles, não seriam um problema para a leitura, se esse for nosso hábito. Reconhecemos com facilidade palavras escritas em letras caligráficas, em tipografia de computador, maiúsculas ou minúsculas, em itálico ou negrito, pois nosso sistema visual reconhece a invariância nas sequências de letras como o mais importante (DEHAENE, 2012).

A familiaridade com determinado estilo tipográfico influencia a nossa percepção do texto. Por exemplo, os leitores atuais teriam muita dificuldade para ler um texto com letra gótica, mas o emprego dessa fonte já foi um padrão cultural (CLAIR; BUSIC-SNYDER, 2009).

Em função disso, na área de *design* editorial, a inovação nem sempre é bem-vista, e o tema gera debates acirrados entre os *designers* que defendem o uso respeitoso das regras e da "ética" tipográfica tradicional e os que acreditam em um *design* contemporâneo mais ousado, e mais adequado aos textos e aos leitores atuais, como mostram os comentários de alguns projetistas:

> Está provado, um livro muito difícil de ler é inútil. Mas achar que a impressão deve servir apenas à função de legibilidade é o mesmo que dizer que a única função da roupa é cobrir a nudez, ou que o único uso da arquitetura é fornecer abrigo. (ARMITAGE, apud HENDEL, 2003, p. 16)

> A verdadeira razão para a série de defeitos nos livros e em outros materiais impressos é a falta de tradição – ou a deliberada dispensa dela –, e o arrogante desprezo por toda e qualquer convenção. Se podemos ler satisfatoriamente qualquer coisa, é porque respeitamos o usual, o lugar-comum. Saber ler implica obedecer às convenções, conhecê-las e respeitá-las. (TSCHICHOLD, apud HENDEL, 2003, p. 9)

> Se temos de fazer o design de nossos livros – nossas edições comerciais de hoje, em uma base funcional –, se o texto é apresentado para ser lido agora, este ano, temos de pôr de lado esses amores antigos. Nosso *design* é contemporâneo. Não pode deixar de sê-lo. Não se pode copiar e repetir com sucesso nem mesmo a mais bela tipografia de outra época – porque não se viveu naquela época. (DWIGGINS, apud HENDEL, 2003, p. 12)

> Não quero ser coautor, mas nenhum *designer* consegue evitar inteiramente influenciar a forma como um texto será lido. Minha intenção é, no mínimo, sair do caminho do texto. Mesmo o menor detalhe que saiu errado – uma vinheta em um título corrente que ficou um pouquinho grande demais – pode ser tão irritante quanto raspar a unha em um quadro negro. (HENDEL, 2003, p. 16)

Também é comum encontrarmos recomendações de uso de letras maiúsculas (caixa-alta) e minúsculas (caixa-baixa) na configuração de textos longos (AMBROSE; HARRIS, 2011; CLAIR; BUSIC-SNYDER, 2009; LABUTIL, 2013).

> Registros históricos têm provado que as combinações de letras em caixa-alta e caixa-baixa são mais legíveis ou mais confortáveis para a leitura do que a mesma palavra ou sentença composta somente em letras maiúsculas. Isso se deve ao fato de que as letras em caixa-alta têm todas a mesma altura e uma largura similar, enquanto as letras de caixa-baixa, com suas ascendentes e descendentes, variam grandemente em forma. Essa regra é verdadeira tanto para o corpo de texto como para os títulos, e as estimativas dizem que há um decréscimo de 15% para as letras somente em caixa-alta. (CLAIR; BUSIC-SNYDER, 2009, p. 172)

Se a forma e o contorno das palavras são reconhecidos de modo global, e somente depois é que percebemos as letras ou sílabas, uma variação mais marcante na forma da palavra favoreceria a legibilidade (**FIGURA 4.2**).

O exemplo do texto com as letras embaralhadas que lemos com facilidade parece

FIGURA 4.2 ▶ FORMA GERAL DA PALAVRA EM CAIXA-ALTA E CAIXA-BAIXA.

comprovar a hipótese de que percebemos a palavra globalmente, sem prestar atenção nas letras ou sílabas isoladas:

> Nõa imortpa a oderm das ltreas drtneo da pvarala, bsata que a pmrireia e a úmtila etjasem no lguar crteo praa que vcoê enednta o que etsá erctiso.

Estudos mais recentes, no entanto, contrariam essa ideia e mostram que lemos com facilidade esse texto embaralhado porque as palavras são conhecidas e o contexto geral da frase conduz para a compreensão do texto. A percepção da forma geral da palavra levando diretamente à sua significação, ou seja, a via lexical, é o que acontece na percepção de palavras conhecidas; já no caso de palavras novas ou ambíguas, a leitura passa antes por uma via fonológica, buscando identificar uma pronúncia para os grafemas, para depois chegar a um significado.

O exercício de estilo de Raymond Queneau, apresentado por Dehaene (2012, p. 41), exemplifica bem esta questão:

> Undgia, serka daz dôzi óraz, naistaçãw pértu duônibus parapórta Xamparé. Êli tava Kwasi complétu. Djérri subiw mezmu acim purtraz iviw umômeyn kumumpeskôçu kumpridu kumexárpi preza purumã ispéci djikorréntxi.

Esses estudos têm indicado que as duas vias de tratamento das informações (lexical e fonológica) coexistem e se complementam e que, quanto menor a familiaridade com as palavras, maior atenção aos pormenores será exigida. "As pesquisas indicam quatro passos ou estágios no reconhecimento de palavras: (1) contorno vagamente percebido; (2) partes específicas ou dominantes; (3) imagem auditiva estimuladora ou imagem cinestésica; e (4) surgimento do significado" (SILVA, 2011, p. 17). Se não pudermos relacionar o texto escrito aos sons, a leitura pode ser comprometida.[1]

É evidente que não existe uma fonte ou uma composição ideal para todos os casos; cada projeto terá de ser abordado em sua especificidade, e a legibilidade não é algo que possa ser plenamente definida e medida, pois depende de quem lê, de suas intenções e de seus hábitos de leitura.

Para uma leitura confortável, a legibilidade dos vídeos em Libras depende sobretudo das cores, relação entre figura e fundo, enquadramento do intérprete e resolução do vídeo.

O contraste de cores precisa garantir a visibilidade dos sinais e depende da cor da pele do intérprete, da cor de fundo e da roupa usada. O texto escrito é aplicado em um espaço plano, e a língua de sinais se dá em um espaço tridimensional. Se o intérprete for mostrado de perfil, por exemplo, ou de corpo inteiro, ou de cima, a identificação dos sinais pode ser comprometida.

O projeto *Signing Books for the Deaf*,[2] que investigou as preferências dos surdos

---

[1] Isso revela uma das causas da dificuldade enfrentada pelos surdos para aprenderem o português escrito e chama a atenção para a importância de terem acesso a materiais em língua de sinais.

[2] No projeto *Signing Books for the Deaf* (1999), foi desenvolvido um amplo levantamento da produção e distribuição de livros em língua de sinais na Europa. A partir daí, uma equipe que envolveu profissionais surdos e ouvintes desenvolveu os materiais em língua de sinais que foram testados com mais de 300 participantes, divididos em cinco grupos: crianças surdas, pais de crianças surdas, professores de crianças surdas, estudantes e adultos surdos. A pesquisa investiga as preferências dos leitores no que se refere às características dos livros em língua de sinais, conteúdo e tradução. O resultado desse estudo reúne recomendações para planejamento, produção, pós-produção e distribuição de livros em língua de sinais (PYFERS, 1999; WOLL et al., 1999).

na leitura de textos em língua de sinais em diferentes países da Europa, indicou que quando forem usados fundos neutros, as cores claras são preferidas, principalmente azuis-claros e cinzas; para as roupas dos intérpretes, tons mais escuros foram bem-aceitos. Além de garantir que os vídeos tenham contraste adequado entre as mãos e a face do intérprete com a roupa e com o fundo, foram feitas recomendações para que as sombras não interfiram na legibilidade da sinalização e das expressões faciais (PYFERS, 1999).

Encontramos também algumas pesquisas sobre a legibilidade na área de computação, principalmente em em trabalhos que visam ao desenvolvimento de programas para codificação de vídeos e procuram identificar uma forma de compactação dos vídeos em língua de sinais sem prejudicar a legibilidade da sinalização. Tais estudos analisaram as áreas de maior atenção dos leitores para manter a qualidade nessas regiões do vídeo, reduzindo a resolução em áreas adjacentes, e observaram que a face do intérprete tende a ser a área em que o observador foca o olhar, e não as mãos do sinalizante, como se poderia esperar (TRAN et al., 2013; CIARAMELLO; KO; HEMAMI, 2010; HOOPER et al., 2007; AGRAOTIS et al., 2006).

Assim como nos textos escritos, os vídeos em língua de sinais podem adotar um *design* mais convencional, visando salientar as palavras do autor sem chamar a atenção para a forma do texto ou explorar um *design* que se destaque e influencie a leitura.

A presença do intérprete e suas características pessoais são muito determinantes e influenciam a percepção do texto. Alguns estudos definem características para a interpretação que contribuem para tornar menos perceptíveis os aspectos pessoais e os diferenciais no desempenho do intérprete.

A pesquisa de Silva (2013) busca identificar os aspectos de formalidade em Libras e observa que, nos textos mais formais, o uso do espaço de sinalização tende a ser mais contido, mãos ou dedos que fiquem fora de enquadramento são evitados, a velocidade de sinalização e de soletração manual é cadenciada e planejada para que a sinalização seja clara e ritmada, a ocorrência de sinais com a omissão da mão não dominante é menos usada nessas situações, as expressões faciais são menos intensas, os movimentos corporais são cuidados a fim de manter uma postura adequada e o uso de classificadores[3] foi menos encontrado nos textos analisados do que em discursos informais.

Os trabalhos de Marques e Oliveira (2012) e Marques (2012), que tiveram como objetivo sistematizar o registro em vídeo de textos acadêmicos em Libras, adotaram como ponto de partida as normas da Associação Brasileira de Normas Técnicas (ABNT) para a elaboração de artigos científicos. Foram observados vários exemplos de vídeos em língua de sinais sobre diferentes temas, feitos de forma espontânea pelos surdos. Esses pesquisadores analisaram os fatores que contribuem ou interferem na qualidade das mensagens e definiram alguns padrões para a formatação dos trabalhos acadêmicos, sem que o estudante precise utilizar estúdios profissionais ou ter conhecimentos avançados no uso de programas de edição.

Eles incluíram recomendações de cores para vestuário e fundo, iluminação, posição de filmagem, indicação de como apresentar títulos, autor e tradutor, resumo, sinais principais, *abstract*, citações e rodapé. Nessas recomendações, o intérprete não deve usar elementos acessórios ou cores muito contrastantes, a iluminação e a disposição da janela devem seguir critérios de discrição, as sombras devem ser evitadas e o fundo da interpretação deve ser simples e com cores neutras. Essa invisibilidade do *design*, e do intérprete, especialmente quando algumas características do *design* são adotadas com frequência – criando o hábito –, contribuem para que a leitura se concentre nas palavras do autor.

Um texto pode ser visível, com palavras ou sinais reconhecíveis, mas isso não sig-

---

[3] "Classificadores [...] são recursos linguísticos que servem para descrever pessoas, animais e objetos e para indicar a movimentação ou a localização de pessoas, animais e objetos" (CASTRO, 2012, p. 87).

nifica que seja fácil de ler. E a legibilidade máxima nem sempre é desejável. Muitas vezes, a falta de legibilidade tem uma função importante, como, por exemplo, provocar a curiosidade, instigar o leitor a refletir sobre o tema, ou mesmo revelar aspectos relativos ao conteúdo da mensagem. Não basta que o texto seja legível para que o conteúdo seja significativo, por isso observamos também a leiturabilidade do texto.

Leiturabilidade

Além da legibilidade (*legibility*), é importante considerar a leiturabilidade (*readability*) que diz respeito às características que tornam possível reconhecer o conteúdo, ou seja, contribuem para que se compreendam os significados do texto. Características que propiciem maior fluidez da leitura, facilitem a manipulação do objeto ou favoreçam a compreensão da estrutura organizacional do texto são abordadas em estudos sobre leiturabilidade.

A leiturabilidade do texto escrito é influenciada por fatores como comprimento das linhas, espaçamentos e alinhamentos. Linhas de texto muito longas impedem que a leitura flua com facilidade, e muitas vezes é necessário retornar para rever partes do texto. Alinhamentos centralizados ou textos alinhados à direita deixam o início da frase desalinhado e podem fazer com que, por engano, se volte na linha já lida, em vez de seguir para a próxima. Alinhamentos justificados, quando a coluna de texto é estreita, podem criar alguns espaços entre as palavras que prejudicam a leitura.

Além disso, as relações do texto principal com outras informações, como notas de rodapé, destaques ou imagens, exigem um trabalho cuidadoso para não distrair o leitor e prejudicar o fluxo da leitura.

Nos estudos sobre a leitura, as preocupações com a velocidade se destacam. Várias pesquisas visam identificar o que pode propiciar uma sensação de rapidez e naturalidade.

> [...] a tarefa do tipógrafo mudou muito pouco: continua sendo a tarefa de conferir ilusão de velocidade e vitalidade

sobre-humanas – e de paciência e precisão sobre-humanas – à mão que escreve. A tipografia não passa disto: escrita idealizada. (BRINGHURST, 2005, p. 25)

Algumas pesquisas estudam a velocidade de leitura e analisam a quantidade de texto lido em determinado período de tempo, ou comparam diferentes composições avaliando como influenciam a velocidade de leitura ou o tempo levado para encontrar uma informação no texto. Outras pesquisas investigam, além da velocidade, a compreensão e acuidade da leitura; observam, por exemplo, se o leitor identifica erros, como palavras substituídas intencionalmente no texto para distorcer o significado.

A velocidade de percepção do leitor pode ser medida considerando a duração média das pausas do olho. Isso inclui o tempo para identificar os pormenores da palavra e para fazer a escolha do significado mais apropriado. Pesquisadores também investigam o tempo para reconhecimento das palavras e frases, considerando o conhecimento prévio do leitor e a necessidade de completar os sentidos quando existem palavras desconhecidas. Conforme Silva (2011), a apresentação de palavras longas contrastadas com palavras curtas, o uso de uma tonalidade emocional e a apresentação de palavras não conhecidas intercaladas com palavras conhecidas aumentam a velocidade de leitura.

Na leitura, deslocamos o olhar a cada dois ou três décimos de segundo. Isso permite que um bom leitor consiga ler em torno de 400 palavras por minuto, o que corresponde aproximadamente a ler de palavra em palavra. Técnicas para desenvolvimento de habilidades para leitura rápida propõem a prática de leitura por grupos de palavras e o salto do olhar para fazer a parada ocular em pontos estabelecidos, sem percorrer o texto de palavra em palavra. É indicado o uso de colunas estreitas para facilitar a varredura do texto de modo que o olho não precise se deslocar muito.

Suprimindo a necessidade de movimento do olho durante a leitura, é possível diminuir o tempo de leitura. O aplicativo

Spritz (**FIGURA 4.3**) faz exatamente isso: ao apresentar as palavras sequencialmente, sem que o olhar precise se deslocar ao longo da linha, promete reduzir muito o tempo de leitura.

No entanto, a velocidade pode ser prejudicial à compreensão do texto e, dependendo do conteúdo, um tempo maior para a leitura pode ser desejável. Assim como alguns textos são compostos em colunas estreitas para proporcionar uma leitura mais ágil, outros são planejados para favorecer uma leitura mais reflexiva, com retornos, com variações no ritmo e com pausas.

O esforço despendido pelo leitor, seja na manipulação do material ou para a compreensão do texto e de sua estrutura, é um aspecto importante no que se refere à leiturabilidade. O leitor pode ler de forma eficaz quando atinge seus objetivos (de aprendizagem, por exemplo) ou encontrando algum conteúdo buscado, ou conseguindo navegar no material para ter uma ideia geral do conteúdo. Entretanto, isso não significa que seja algo fácil; pode ser uma tarefa difícil, demorada, dispendiosa, que gera muitos erros ou exige um esforço muito grande.

Nos textos em língua de sinais, é importante considerar a agilidade permitida pelo sistema e a carga de trabalho exigida para que se alcancem os objetivos. A interface deve ser facilmente compreendida, responder rápido

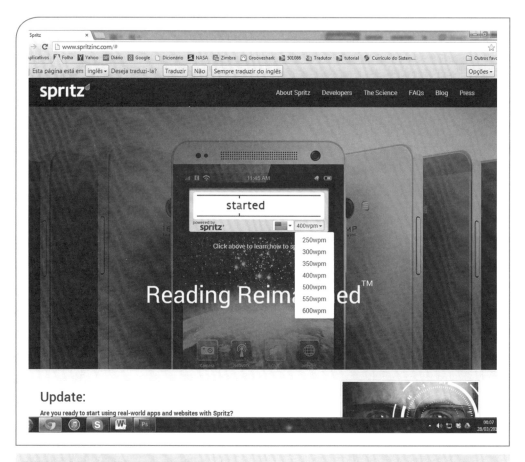

FIGURA 4.3 ▶ APLICATIVO SPRITZ.
Fonte: Spritzinc (2018, documento *on-line*).

aos comandos, evitar erros e impedir que o leitor se perca durante a navegação.

Para a leitura em língua de sinais, é essencial que a interface ofereça a opção de variar a velocidade de reprodução dos vídeos, mas nem sempre os *players* possuem esse recurso, e na maioria dos *players* que oferecem essa ferramenta ela não está visível por padrão.

Se a carga de trabalho for muito elevada para completar o sentido do texto em língua de sinais, parece pertinente observar se o uso de glossários, exemplos e informações complementares – sejam textuais ou visuais – facilitaria a compreensão, ou mesmo diminuiria o tempo de leitura.

A facilidade para aprender a usar a interface também deve ser considerada. Elementos gráficos e ícones podem ser usados para orientar a navegação do leitor. No entanto, o estudo desenvolvido por Fajardo (2010) mostra que os ícones usados para representarem conceitos comuns e familiares podem facilitar a navegação, mas a utilização de ícones nos menus não é adequada quando os conceitos são desconhecidos e abstratos, sendo necessário complementar as informações com orientações verbais.

O tempo de resposta do sistema é fundamental. Vídeos que demoram a carregar, que trancam ao longo da reprodução, que não informam o andamento ao carregar e ferramentas que demoram a mostrar seus efeitos podem prejudicar a leiturabilidade. A portabilidade também é um requisito importante: o material deve prever seu uso em equipamentos de diferentes plataformas, como computadores, *tablets* e *smartphones*. A composição deve se adaptar para uma tela grande ou pequena, para dispositivos que mudam de orientação entre retrato e paisagem, para telas *touch* ou outros dispositivos, devendo também se adequar para leitura em ambientes variados.

Satisfação do leitor

Além da legibilidade e da leiturabilidade, consideramos que é importante promover o interesse pela leitura, o envolvimento concentrado do leitor e uma atitude reflexiva e crítica. Segundo Bringhurst (2005, p. 31), a tipografia deve prestar os seguintes serviços ao leitor:

- Convidá-lo à leitura.
- Revelar o teor e o significado do texto.
- Tornar clara a estrutura e a ordem do texto.
- Conectar o texto a outros elementos existentes.
- Induzir o leitor a um estado de repouso energético, que é a condição ideal de leitura.

As escolhas tipográficas, além de importantes para a legibilidade, podem contribuir para a organização das informações e para o projeto conceitual, interpretando visualmente a ideia geral que o conteúdo pretende transmitir. Além disso, podem influenciar a leitura, intelectual e emocionalmente, promover maior concentração ou provocar cansaço e desinteresse.

Para que ocorra a compreensão do conteúdo, é necessário que exista a intenção e a atenção consciente do leitor na busca para dar sentido ao texto. No texto em português, podemos observar que:

> Uma primeira exigência para a atribuição de significados a um documento escrito diz respeito às regras inerentes à língua adotada pela cultura (neste caso, a língua portuguesa). Essas regras, em seu conjunto, formam aquilo que é comumente chamado de mecânica da leitura. No caso da língua portuguesa, o leitor lê da esquerda para a direita, de cima para baixo, obedecendo a sinais de pontuação, sintaxe, *layout* da página, organização das palavras em sentenças e parágrafos, etc. Em um nível mais superficial, é o conhecimento dessas regras que permite ao leitor penetrar nos horizontes possíveis do documento. Porém essa atividade mecânica, ainda que necessária, não é suficiente para explicar o fenômeno da leitura. O leitor executa os atos

mecânicos de leitura (fixações, pausas, retornos visuais, etc.) na suposição de que o que está sendo e o que vai ser lido necessariamente possui significado. Essa significação somente pode ser atribuída quando o leitor colocar em prática uma ação reflexiva sobre as palavras que compõem o documento. (SILVA, 2011, p. 104)

Se o leitor não tiver uma expectativa de que o texto seja significativo e que o conteúdo ofereça informações novas e relevantes, ele não dará continuidade aos atos mecânicos de leitura. Acreditar que conseguirá entender o texto e adquirir novos conhecimentos é o que faz o leitor deslizar o olhar ao longo do texto, mantendo a atenção.

Nos textos em língua de sinais, esse convite ao leitor precisa ser cuidadosamente pensado e avaliado. Por exemplo, o uso de intérpretes conhecidos pelo público pode ser bem recebido se houver relações de afeto, porém o material pode ser repudiado se houver alguma antipatia. O emprego de avatares para a interpretação em língua de sinais tem tido um desenvolvimento expressivo, e a opção de escolha entre diferentes figuras pode vir a ser útil.

O uso de uma identidade visual voltada ao público surdo pode fazer o leitor se sentir familiarizado com o material e experimentar mais as opções da interface. O emprego de imagens e animações costuma ser bem-aceito na produção de materiais para surdos, e espera-se que atraia a atenção e o interesse dos leitores, ou mesmo que facilite a compreensão do texto.

Os resultados do projeto *Signing Books for the Deaf* consideraram favorável a utilização de imagens ou filmes para complementar as mensagens e facilitar a compreensão dos conteúdos, para fins de navegação e para adicionar interesse visual, mas indicam que esses elementos não devem interferir na sinalização do intérprete. É recomendado o uso de imagens simples e, quando forem usadas imagens muito detalhadas ou complexas, é sugeri-

do que sejam mostradas em partes ou que se use a ampliação de detalhes específicos. As imagens devem estar de acordo com o que está sendo sinalizado e não devem criar nenhum tipo de conflito com a história. A pesquisa mostrou que as crianças preferem imagens mais complexas e mostradas junto com a interpretação, ao passo que os adultos demonstraram preferência pela simplicidade visual (PYFERS, 1999).

Jesus (2013) analisou o uso de *motion design* (*design* do movimento) como recurso educacional para surdos, e recomenda moderação no seu emprego, evitando incorrer em excessos ou afastar-se dos objetivos. Seu estudo mostrou uma boa aceitação das vinhetas de abertura e da interação do intérprete com os elementos gráficos, mas ele sugere que recursos de *motion grafic design* não substituam o texto em língua de sinais e que sejam usados de forma complementar, e não como elemento principal.

É importante considerar que a configuração do texto sinalizado e sua relação com as imagens, ou imagens em movimento, exigem um planejamento elaborado de *design*. As imagens em um texto escrito se oferecem sem imposição; o olhar pode deslizar do texto para a imagem de acordo com o ritmo de leitura e interesse do leitor. No entanto, em língua de sinais, a disposição temporal coloca outros desafios para o *design*. Se as imagens forem subsequentes ao texto, em que momento a interpretação deve ser interrompida para mostrar a imagem? Por quanto tempo a imagem deve permanecer aparente no vídeo sem que o leitor mude de interesse? Se a imagem for mostrada junto com o texto, o leitor pode optar por interromper a sinalização para observar a imagem? Se o texto e a imagem forem mostrados simultaneamente, a sobreposição de informações visuais não prejudicará a compreensão? Essas questões são muitas vezes abordadas de maneira intuitiva ou se baseiam em pesquisas sobre a preferência dos surdos, mas carecem de estudos sobre a usabilidade desses recursos na leitura em língua de sinais.

O LEITOR SURDO

Conforme Silva (2011), os leitores de alto nível, ou os "bons leitores", prestam mais atenção aos significados implícitos, conferindo sentido ao texto, e tendem a fazer uma avaliação crítica do conteúdo, enquanto os leitores com menor proficiência se prendem aos significados superficiais. Os bons leitores seriam aqueles que possuem elevada capacidade cognitiva e, principalmente, os que possuem maior prática de leitura, maior repertório, maior conhecimento de mundo.

O autor resume, a partir de diferentes estudos, nove habilidades básicas para a compreensão da leitura:

- Conhecimento das palavras.
- Raciocínio na leitura (inclusive capacidade para inferir significados e para relacionar várias proposições.
- Capacidade para focalizar a atenção em proposições explícitas do autor.
- Capacidade para identificar a intenção do autor, seus propósitos e seus pontos de vista.
- Capacidade para derivar significados novos a partir do contexto.
- Capacidade para identificar proposições detalhadas em um trecho.
- Capacidade para seguir a organização de um trecho e identificar os antecedentes que se referem a ele.
- Conhecimento específico dos recursos literários.
- Capacidade para selecionar o principal pensamento em um trecho. (SILVA, 2011, p. 20)

No que se refere à capacidade cognitiva, não são apontadas diferenças entre surdos e ouvintes; entretanto, os problemas linguísticos, derivados do isolamento ao qual muitos surdos ainda são submetidos, podem provocar atrasos, ou mesmo comprometer seu desenvolvimento intelectual, além de limitar seu repertório.

Muitas crianças surdas crescem em famílias de ouvintes que não sabem a língua de sinais. O diálogo, nesses casos, se limita a uma comunicação por gestos para atender necessidades básicas. Isso pode dificultar o desenvolvimento das crianças em fases muito importantes para a aquisição de conceitos e a ampliação do vocabulário. E o sistema de inclusão adotado na educação brasileira não tem sido, na maioria das vezes, capaz de reverter o problema.

> A literatura revela que as oportunidades limitadas de ouvir informações levam à privação de experiências, com consequências negativas para o conhecimento de mundo e desenvolvimento de vocabulário. (SOARES, 2013, p. 58)

As crianças ouvintes acompanham as falas dos adultos, mesmo quando não se dirigem diretamente a elas, e com isso vão antecipando conhecimentos, desenvolvendo o vocabulário, recebendo informações sobre o mundo, sobre as relações interpessoais e sobre os valores morais aceitos pela comunidade que as cerca. Se essas informações não forem ensinadas diretamente e objetivamente para a criança surda, ela não poderá compreender apenas olhando o que acontece e perderá muitas oportunidades de aprendizado.

As experiências anteriores e a amplitude do significado do vocabulário de um leitor são aspectos importantes para a leitura, mas nem sempre são suficientes para a compreensão do texto:

> Nem sempre, porém, o leitor pode basear-se nos significados prévios que ele atribui a palavras específicas. Isto se dá porque muitas palavras lidas têm significados diferentes daqueles que o leitor conhece. Resulta, então, que ele precisa buscar algumas vezes, cuidadosamente, o significado correto. A essência desta fase do ato de ler é, então, selecionar e combinar itens relevantes da experiência que estão presentes de forma implícita no texto, nas emoções do autor, no equilíbrio afetivo, nas intenções e no conhecimento anterior do leitor e que pode esclarecer o significado de um texto. Estas fontes de informação, entretanto, nem sempre são

adequadas e o leitor precisa lançar mão do dicionário para identificar significados. (SILVA, 2011, p. 21)

Esse é outro desafio para a leitura em Libras, pois os dicionários e glossários de língua de sinais, na maioria das vezes, oferecem apenas a opção de se buscar as palavras do texto escrito para acessar o sinal, e quando encontramos uma opção de busca pelos sinais a organização se dá pela ordem alfabética ou o processo é demorado, exigindo identificar a configuração de mãos, o movimento, localização, expressão facial e orientação espacial para acessar o sinal a ser consultado. Também encontramos muitos termos, especialmente termos técnicos, que ainda não possuem sinal. Nessas situações, os intérpretes em geral utilizam a datilologia, empregando o alfabeto manual, apresentando exemplos e explicando os conceitos, o que pode tornar a leitura muito longa e cansativa. Além disso, a falta de prática que os surdos têm com a leitura pode dificultar o reconhecimento das características estilísticas do texto e conduzir a expectativas frustradas.

Os surdos, em geral, possuem um campo de visão mais amplo e uma visão periférica mais apurada que os ouvintes e seguem uma orientação visual no mundo (BAUMAN, 2008; BUCKLEY et al., 2010). Em função disso, tende-se a acreditar que o uso de imagens pode ser mais importante nos materiais para surdos e que eles estariam mais preparados para interpretar as imagens e se conduzirem por elas. Poderia-se partir de uma ideia preconcebida de que esses leitores se sentiriam atraídos por um texto amplamente ilustrado e prefeririam que os conteúdos fossem mais "mostrados" do que "ditos". No entanto, para se conhecer alguma coisa não basta ver; é necessário olhar atentamente, duvidar, experimentar, contextualizar, inferir, relacionar, comparar, organizar, enfim, produzir sentidos. A aprendizagem não acontece de forma espontânea pelo olhar solitário de uma criança surda; ela exige diálogo e intencionalidade. Como coloca Falcão (2010, p. 147):

A cognição visual não se trata do olhar comum, sem intencionalidade, com simplicidade e simplificação, do "olhar por olhar", ver e já pensar que aprendeu, entendeu, compreendeu e que com isso já domina o conhecimento concreto e abstrato, objetivo e subjetivo, sua forma, função, estrutura, ação, variáveis, sentimentos, como se fosse, o conhecimento, apropriado e apreendido por osmose e naturalmente pela simplicidade do olhar contemplativo sem ser investigativo, curioso, pesquisador, crítico [...].

O autor considera fundamental o diálogo intencional na motivação para a aprendizagem das crianças surdas e para que os estímulos visuais possam vir a assumir funções linguísticas e cognitivas, o que nem sempre acontece.

As imagens isoladas podem não ser significativas e o texto em língua de sinais quase sempre é considerado pelos surdos como um recurso indispensável.

DESIGN EDITORIAL

Como os elementos do vídeo são explorados no *design* editorial dos textos em língua de sinais? Nos textos escritos, cada elemento do *design* tipográfico é estudado para contribuir com a leitura. A identidade visual é planejada para transmitir os conceitos, e a ideia geral sobre o tipo de conteúdo visa valorizar as palavras do autor e provocar uma sensação específica, uma expectativa que influencia o modo como o leitor recebe as informações.

As definições de formatos, tamanhos e materiais são planejadas para favorecer o manuseio e consideram aspectos econômicos e de produção. As possíveis ações dos leitores e a forma esperada para a leitura dos diferentes tipos de materiais também são consideradas. Um livro de matemática é planejado de modo diferente de um livro de literatura, porque a expectativa e a atitude do leitor são diferentes em cada situação. As revistas se diferenciam dos livros, por exemplo, não apenas pelo tipo de conteúdo.

Não abrimos uma revista na primeira página e a lemos até o final. Costumamos dar uma olhada geral, lemos algumas partes e os destaques, voltamos para os conteúdos que nos interessam mais, depois retornamos para ler outras coisas. As revistas são feitas tanto para serem lidas como para serem olhadas. O *design* editorial de um livro para uma leitura longa e densa também é diferente do *design* de um jornal. Além do formato, os livros geralmente utilizam colunas de texto mais largas, enquanto os jornais procuram favorecer uma leitura mais ágil e usam colunas estreitas, destaques, chamadas e imagens intercaladas com o texto.

A organização dos blocos de textos, espaços vazios, imagens e demais elementos gráficos conduzem o olhar e contribuem para o ritmo de leitura. Nos estudos mais tradicionais, o planejamento desses elementos é comparado com composições musicais e muitas vezes são usadas proporções matemáticas clássicas para garantir que o ato de ler seja confortável. E os detalhes são importantes.

As áreas de texto formam texturas e criam uma paisagem que pode ser planejada para diferenciar alguns conteúdos de outros e compor páginas dinâmicas e organizadas. Essa distribuição também é pensada para explicitar as relações entre o texto principal com os outros elementos como notas, destaques e imagens.

As margens são úteis para a manipulação das páginas e para favorecer que o olhar se concentre no texto, separando-o do ambiente ao redor, que pode atrair a atenção. As margens às vezes são usadas para colocar partes do texto em destaque, notas, indicações de outras leituras ou para acomodar imagens e, nos materiais impressos, são muito utilizadas pelos leitores para fazerem anotações.

Nos textos escritos, os leitores podem marcar partes do texto, e usar um simples marcador de textos para indicar onde a leitura foi interrompida. Além disso, uma busca para localizar um tópico do texto pode ser feita de maneira fácil folheando rapidamente o material ou seguindo os índices e numeração de páginas. Em textos digitais, as ferramentas de busca facilitam ainda mais a localização de informações no texto e os *hyperlinks* permitem acessar outras referências para complementar o conteúdo de modo muito ágil.

As escolhas tipográficas, explorando diferentes tamanhos, estilos, cores e pesos dos caracteres indicam a hierarquia e contribuem para tornar clara a organização estrutural do texto. A tradição contribui para que seja fácil compreendermos as formas de organização dos títulos, subtítulos, títulos correntes, numeração de páginas, índices, diferenciação entre páginas iniciais e finais das páginas de conteúdo próprio do texto.

Por sua vez, nos textos em vídeos na língua de sinais, os elementos do *design* editorial são outros, e a interface para a leitura depende também de recursos oferecidos pelos *players* de vídeo, que geralmente são planejados para conteúdos audiovisuais e não oferecem ferramentas específicas para a leitura em língua de sinais.

Um *player* específico para a leitura em Libras, o *vbook*,[4] está sendo desenvolvido pela Universidade Federal de Santa Catarina (UFSC) e pelo Instituto Federal de Santa Catarina (IFSC), e na sua versão atual oferece uma barra sempre aparente para mudança

---

[4] O *vbook* é um *player* de vídeo específico para textos em língua de sinais e foi desenvolvido pelo Núcleo Multiprojetos de Tecnologia Educacional da UFSC para o Curso de Prevenção dos Problemas Relacionados ao Uso de Drogas – Capacitação para Conselheiros e Lideranças Comunitárias, promovido pela Secretaria Nacional de Políticas sobre Drogas do Ministério da Justiça (SENAD-MJ). A primeira versão do *player* está disponível em: <http://conselheiros6.nute.ufsc.br/libras/vbook/index.php>. A segunda versão foi desenvolvida ao longo da pesquisa *Design editorial na tradução de português para Libras*, de Krusser (2017), que analisou a leitura em língua de sinais e e está disponível em: <http://simouzero.com.br/vbook-cultura_e_identidade_cv/>. O material pode ser baixado em: <https://www.dropbox.com/sh/t7irbzxtlql7uc8/AAAQ3RVkyYlwgYX5W5jBiaqSa?dl=0> e pode ser utilizado para outros textos mudando os arquivos nas pastas correspondentes. A estrutura de navegação se adapta aos novos conteúdos. O *vbook*, na versão atual, é colocado em um servidor e o texto é lido na *web*.

de velocidade, ferramenta lápis para marcar partes do vídeo, uma etiqueta para marcação de pontos específicos no texto em Libras, uma barra de miniaturas em vídeo e um recurso que possibilita o uso de *links* para outros vídeos ou páginas na *web*, que abrem ao longo do texto interrompendo o vídeo principal até que o leitor feche o vídeo secundário.

A presença do intérprete e seu estilo pessoal é muito marcante na identidade visual de um material em língua de sinais. As cores e a posição do intérprete podem não ser suficientes para indicar o tipo de material, e uma passada rápida pelo vídeo pode não bastar para dar uma ideia da densidade e dimensão do texto, diferente do que ocorre ao folhearmos um livro. Outros elementos podem ser importantes para a abertura dos vídeos e para a organização da estrutura do texto se quisermos criar uma expectativa mais coerente com o que será apresentado ao longo da leitura.

Quanto ao formato, os vídeos em língua de sinais em geral não podem aproveitar completamente o espaço vertical, necessitando de margens fartas para não cortar a sinalização nos momentos em que a interpretação tiver movimentos mais amplos. A orientação (vertical ou horizontal) pode ser manipulada nos equipamentos móveis, mas costuma ser recomendado o uso do formato horizontal para a produção dos vídeos.

O espaço para interpretação precisa ser cuidadosamente planejado para não desviar a atenção do leitor e para não limitar os movimentos ou cortar parte da sinalização. É necessário definir a posição do intérprete, se perto, longe, ou se esses planos podem mudar de acordo com o conteúdo abordado.

O texto em língua de sinais é composto principalmente na dimensão temporal, e em geral não são dispostos vários vídeos na página, um com o título, outro com o texto principal, outro com um destaque ou uma nota para que o leitor navegue livremente entre as informações. Mas o texto pode ser acompanhado de imagens, vídeos, animações ou outros elementos visuais, e, nesse caso, será importante planejar a integração

do texto sinalizado com tais elementos, evitando a sobreposição de informações visuais que podem fazer o leitor perder partes do conteúdo ao desviar o olhar. Pode-se planejar o uso de uma janela de interpretação ou recortar o fundo do intérprete e posicioná-lo sobre outras imagens ou vídeos. Conforme o projeto *Signing Books for the Deaf*, o local preferido para o intérprete é o lado direito da tela, na perspectiva do leitor, e se o texto e as imagens forem apresentados simultaneamente, os surdos preferem que o intérprete esteja integrado com as imagens (com o recorte do fundo), em vez de janelas sobrepostas (PYFERS, 1999).

Outra recomendação que pode ser útil é dada pela norma ABNT NBR 15.290, de 31 de outubro de 2005, que trata da *Acessibilidade em comunicação na televisão* e indica, quando a imagem do intérprete de Libras estiver no recorte, que a altura da janela deve ser de, no mínimo, metade da altura da tela da TV e a largura deve ocupar, no mínimo, a quarta parte da largura da tela.

É possível ainda usar janelas que se deslocam para acompanhar as imagens, janelas com interpretação que surgem ao lado dos personagens que falam ou interpretação integrada ao conteúdo da história com a incorporação de personagens pelos intérpretes – um recurso muito encontrado em livros infantis ilustrados. As diferentes opções podem ser válidas para diferentes objetivos.

É importante planejar a navegação para que o leitor possa fácil e rapidamente "folhear" o material e localizar algum tópico. Além de menus, que podem ficar aparentes na página onde se encontram os vídeos em língua de sinais, os *players* de vídeo costumam oferecer uma barra de miniaturas que indica a passagem do tempo e a posição em cada momento. Essa barra serve para o leitor fazer buscas por uma parte específica do vídeo. No entanto, nos *players* comuns de vídeo, as imagens na barra de miniaturas são estáticas e ao deslizar o *mouse* sobre ela não se consegue identificar os sinais. Localizar uma parte do texto, por exemplo, quando queremos rever um conteúdo já lido, em um vídeo longo, pode ser muito difícil. O *vbook* oferece uma barra de miniatura em vídeo.

É preciso criar estratégias específicas para organizar as informações e hierarquias do texto em língua de sinais. As possibilidades gráficas para marcar essas hierarquias são infinitas, e podemos usar diferentes relações de enquadramentos, movimentos de câmera, cores, tamanhos, mudanças de intérprete ou de roupa, alteração de cenário, complemento com texto escrito, imagens ou outros elementos gráficos. O uso enfático de *zoom* e uma mudança na cor de fundo podem, por exemplo, indicar os títulos e subtítulos, mas como esses recursos não são uma prática comum e repetida, pode ser difícil identificar o seu propósito. Muitas vezes é necessário que o intérprete indique verbalmente, sinalizando a palavra 'título", por exemplo, para que o leitor perceba a organização proposta.

No material em língua de sinais, ferramentas que possibilitem marcar pontos no vídeo e fazer anotações em língua de sinais podem ser importantes para a leitura e o estudo. O *vbook* tem opções para se fazer marcas ao longo do vídeo, destacando uma parte do texto ou um ponto específico. Mas não encontramos nenhum recurso integrado aos materiais em língua de sinais que permita registrar comentários em língua de sinais em pontos específicos do texto, como fazemos nos textos escritos. Também não encontramos nos *players* de vídeo nenhum recurso para substituir o eficiente marcador de livros, registrando o ponto onde a leitura foi interrompida.

Em função das características do público surdo, algumas publicações optam por oferecer um glossário de termos no início, ou no final, do texto. Pode ser útil trabalhar com recursos interativos no vídeo, e a possibilidade de clicar em um sinal e acessar diretamente o glossário com as informações referentes seria um recurso muito importante para os usuários da língua de sinais.

O *vbook* possibilita inserir *links* ao longo do texto que podem ser usados para glossários, seções do tipo "saiba mais", notas, *links*

externos, etc. O vídeo principal é interrompido e escurecido para mostrar que está inativo durante o período de leitura do vídeo secundário. O *player* oferece opção para fechamento do vídeo secundário no momento que o leitor desejar. É importante que os *links* sejam posicionados de forma que sua função fique clara; como não é comum que os textos em língua de sinais ofereçam recursos hipertextuais, os surdos podem ignorar o recurso e não acessar os *links*.

O texto de um livro pode ser precedido de falsa folha de rosto, folha de rosto, ficha técnica, apresentações, agradecimentos, dedicatórias, prefácio, listas de abreviaturas e de figuras, além do sumário, sendo por vezes bastante extenso e nem sempre de interesse do leitor que inicia a leitura. Nos estudos clássicos de tipografia, encontramos recomendações de que se equilibrem esses espaços iniciais com os conteúdos finais, que podem incluir apêndices, notas finais, bibliografia, glossários e uma ou duas páginas em branco. Alguns *designers* preferem compor esses textos, das páginas iniciais e finais, em concordância com o texto principal para manter a identidade. Outros preferem marcar claramente que esses textos não fazem parte do conteúdo do livro e utilizam tipografia e composição bem diferentes. Na língua de sinais, será importante diferenciar esses momentos iniciais e finais do texto evitando repetições e oferecendo opções para que o leitor possa escolher a ordem de leitura com clareza.

A ficha catalográfica e a bibliografia podem ser apresentadas em português, mesmo que todo o texto esteja em Libras, pois pode ser necessário usar essas informações em citações e referências bibliográficas. O uso de texto escrito acompanhando a interpretação é recomendado sempre que o intérprete utilizar a datilologia ou se referir a nomes próprios. Para os surdos, pode ser interessante incluir fotos dos autores, tradutores e das pessoas citadas no texto. No que se refere ao uso de legendas junto com a sinalização, o resultado do projeto *Signing Books for the Deaf* recomenda que devem refletir fielmente o que está sendo dito, e a opção por suprimir as legendas é importante, já que para alguns surdos elas distraem e interferem na leitura da língua de sinais (PYFERS, 1999).

Outro desafio importante para os textos em língua de sinais são as formas espaciais de composição das informações, como tabelas e quadros, por exemplo, que precisam ser planejados para mostrar claramente a relação entre os dados quando forem apresentados em língua de sinais. O que encontramos, na maioria dos casos, é uma organização que mantém os textos escritos e uma janela de interpretação com a tradução dos conteúdos apresentados em cada célula da tabela ou quadro.

Com essa síntese, podemos perceber a importância de se conhecer melhor como os surdos leem para projetarmos materiais mais acessíveis.

RECURSOS DE *DESIGN* E FERRAMENTAS COMPUTACIONAIS PARA A LEITURA EM LIBRAS: ESTUDO DA USABILIDADE

Na tese *Design editorial na tradução de português para Libras* (KRUSSER, 2017), foi realizada uma pesquisa aplicada visando compreender melhor como os elementos do *design* editorial contribuem para a "leitura" em Libras. Foram traduzidos três textos e usados diferentes recursos de *design* e ferramentas computacionais para avaliar o desempenho e a satisfação dos usuários da língua de sinais durante a leitura.

Em cada texto, foram feitas diferentes versões do *design* editorial e foram utilizados diferentes *players* de vídeo para a leitura. Também foram elaborados questionários em Libras que permitiram observar se os leitores compreenderam o conteúdo e a estrutura do texto, como fazem para localizar informações no vídeo em Libras e para conhecer suas opiniões.

Foram aplicados 65 testes de leitura com textos entre 20 e 50 minutos. Um total de 33 estudantes surdos e oito estudantes ouvintes participaram dos testes de leitura e responderam aos questionários. Para registrar

a leitura e o desenvolvimento das atividades durante os testes, foi utilizado o *software* Camtasia®. As ações dos leitores foram gravadas em vídeos mostrando a tela do computador com os movimentos e cliques do *mouse*. A análise dos vídeos com o registro das leituras foi feita com o Eudico Language Annotator (Elan), que permite anotar, ao longo do vídeo, em uma linha do tempo, as ações dos leitores, como clicar na barra de miniaturas, clicar no menu, aumentar a velocidade, fazer uma pausa, marcar uma parte do vídeo, abrir um *link*, além de outras ações não previstas. Com isso, foi possível elaborar gráficos para a comparação entre as leituras e estabelecer relações entre a navegação dos leitores e os conteúdos e elementos gráficos de cada parte do texto.[5]

A partir da seleção dos requisitos, baseados nos objetivos principais do leitor, e nos critérios para a avaliação do *design* de vídeos com textos em Libras, investigamos as diferenças que ocorreram na leitura de textos sem uso de recursos específicos para a língua de sinais, usando um *player* de vídeo comum, e na leitura de textos com versões de *design* explorando diferentes recursos visuais que foram lidos no *vbook* (**FIGURA 4.4**).

Em cada versão de *design*, foram explorados recursos diferentes, como dividir o vídeo em partes menores, acessíveis por um menu, utilizar imagens no fundo que variavam ao longo do texto, usar palavras em português e animações para destacar as seções do texto, inserção de *links* com informações complementares, etc. Observamos também as influências na forma de ler conforme os leitores vão adquirindo familiaridade com o *player*, lendo o segundo ou terceiro texto no *vbook*.

Para observar a reação dos leitores, foram empregadas também algumas estratégias como incentivar o uso das ferramentas de marcação do texto, chamando a atenção

---

[5]A avaliação diagnóstica da usabilidade foi feita seguindo as orientações da ABNT NBR ISO 9241-11 (2011), *Requisitos ergonômicos para o trabalho com dispositivos de interação visual*. Parte 11-Orientações sobre usabilidade.

FIGURA 4.4 ▶ INTERFACE DO *VBOOK*.

para a importância de lembrarem mais tarde algumas informações específicas que seriam necessárias para a realização de uma atividade combinada e reduzir a velocidade em uma parte do vídeo para observar se os leitores alterariam a velocidade de reprodução nesses momentos.

O estudo mostrou que os estudantes leram com completude. Nos três textos analisados em 65 testes de leitura, apenas quatro estudantes não completaram a leitura. Alguns avançaram partes do vídeo sem visualizar o conteúdo, mas mesmo assim a média de visualização foi de 91,61% dos textos.

Nos textos maiores, observamos que a partir de 30 minutos do vídeo alguns estudantes mudaram a forma de ler. Consideramos que esse é um ponto em que começam a surgir alguns sinais que podem indicar cansaço, uma vez que essas ações não se concentram em uma parte específica do conteúdo, e 51,21% dos leitores não fizeram nenhuma mudança perceptível na forma de ler até o final do texto.

Cerca de 80% dos leitores indicaram preferir a interface do *vbook* para a leitura a um *player* comum de vídeo. O tempo de leitura foi 33,67% menor no *vbook*.

Observamos que a interface do *vbook* é mais adequada para imprimir um ritmo próprio de leitura. Enquanto no *vbook* mais de 90% dos leitores usaram a barra de velocidade em algum momento, nos testes de leitura em que os estudantes escolhiam um *player* de vídeo, entre os mais comuns para a leitura, não observamos o uso nem a busca por ferramentas para alterar a velocidade do vídeo quando esta não estava visível. Simplesmente os leitores acompanhavam o ritmo do intérprete.

No *vbook*, em que a ferramenta é bem visível, os estudantes tenderam a aumentar a velocidade ao longo da leitura. Apesar disso, os leitores em geral escolhem uma velocidade e tendem a mantê-la por períodos grandes de tempo. Essa escolha, no entanto, não parece revelar passividade por parte do leitor; com a redução intencional na velocidade do vídeo em uma parte do texto, pudemos observar que os leitores tendem a alterar a velocidade quando o ritmo da interpretação não está conveniente. Assim, 78,05% dos estudantes reagiram aumentando a velocidade ou saltando partes do texto nesse período e retornaram à velocidade escolhida quando a velocidade do vídeo foi normalizada. Os leitores avaliaram as ferramentas e recursos de *design* com as seguintes notas:

- Barra de velocidade = 7,2.
- Barra de miniatura em vídeo = 7,4.

- Imagens e animações acompanhando a interpretação = 7,2.
- *Links* = 8,0.
- Ferramenta lápis = 8,6.

A ferramenta lápis foi a mais bem avaliada, mas mesmo assim seu uso não pareceu muito adequado; muitas vezes os leitores não voltavam para marcar algo lido antes que consideraram importante, simplesmente começavam a marcar, às vezes marcavam longas partes do texto e paravam em pontos aparentemente aleatórios do vídeo, sem que uma ideia fosse concluída no texto.

Os estudantes que estavam lendo a primeira vez no *vbook* usaram 81,81% a mais a ferramenta lápis do que a ferramenta etiqueta; todavia, entre os que tinham experiência de leitura no *vbook*, a etiqueta foi preferida.

Também foi observado que a turma de leitores mais experiente com o *player* levou um tempo menor para "ler" o texto e teve um desempenho melhor na identificação da sua estrutura organizacional. A média de acertos nas questões que pediam para identificar as seções do texto foi de 20,76% para os leitores iniciantes e de 60% para os mais experientes.

Não é possível afirmar que o vídeo dividido em seções menores, com a apresentação dos menus para navegação, facilitou a identificação da estrutura do texto. O uso de imagens que mudavam ao longo do texto também não contribuiu significativamente para isso.

Poderíamos esperar que o uso de imagens e animações, ao longo do texto, pudesse contribuir para a compreensão do texto, marcar um ritmo de leitura e ajudar na localização dos conteúdos quando fizessem buscas no texto, especialmente para os estudantes surdos. Mas a média de acertos nas questões de compreensão do conteúdo não mostrou diferença significativa entre os que leram o texto com imagens e animações e os que leram o texto sem esses recursos. Além disso, a turma que leu o texto incrementado mostrou um desempenho pior na identificação do gênero textual (o texto era um artigo científico).

O uso de imagens de fundo e animações integradas com a sinalização pode ter sido responsável por essa dificuldade.

As ferramentas do *vbook*, em especial a barra de miniaturas em vídeo, contribuíram de modo mais significativo para a localização de informações no texto. Comparativamente, os estudantes que leram no *vbook* fizeram mais buscas no texto e localizaram mais facilmente as respostas. Nas questões feitas especificamente para observar como localizavam as informações no texto, observamos que enquanto no *vbook* a média de acertos foi de 50%, no *player* comum os estudantes não localizaram nenhuma das respostas buscadas.

Ao longo do vídeo foi oferecido um *link* para a imagem de um *iceberg* complementando a explicação do intérprete sobre uma metáfora usada no texto para se referir à complexidade não aparente do tema em discussão. A imagem apresentava uma composição simples, mostrando de forma clara o bloco de gelo com a parte maior submersa. Verificamos que foi usado um tempo médio entre 5 e 6 segundos desde que os leitores visualizaram a imagem até fazerem um movimento com o *mouse* em direção ao ícone para fechar a imagem. Esse valor pode ser uma indicação útil para a exposição de imagens intercaladas com o texto, considerando, evidentemente, a complexidade de cada figura e a possibilidade que os leitores têm de parar ou voltar o vídeo para observarem por mais tempo se esse for seu desejo.

Na opção de acesso a conteúdos complementares via *links*, ocorreram alguns erros. Quando a velocidade escolhida pelo leitor era muito alta, não havia tempo suficiente para clicarem no *link*; em outros casos, os leitores clicavam em informações que não eram *links*, como nomes e texto que complementavam a datilologia. Mesmo assim, 65% dos estudantes acessaram os *links* e avaliaram o recurso com nota 8.

Os *links* precisam de uma diferenciação muito marcante de outros elementos gráficos que surgem durante o vídeo. Quando um elemento gráfico novo aparece na tela, logo chama a atenção e os leitores tendem a aproximar o *mouse* ou clicar, mesmo que a forma não siga o mesmo padrão adotado para os *links*.

Observando o desempenho dos estudantes surdos e ouvintes que leram em Libras e dos estudantes ouvintes que leram em português, é possível perceber as dificuldades enfrentadas na leitura em língua de sinais (TABELA 4.1).

Os dados apresentados na tabela indicam maior dificuldade de compreensão na leitura do texto em Libras, mesmo por ouvintes que conhecem a língua de sinais. Na identificação do gênero textual, os surdos tiveram um desempenho pior. O texto em vídeo na língua de sinais dificultou a localização de informações e o reconhecimento da estrutura do texto, embora nesse item os surdos tenham tido um resultado melhor do que os ouvintes que leram em Libras.

As análises feitas mostram que a leitura em língua de sinais enfrenta várias dificuldades, mesmo usando um *player* elaborado especificamente para a leitura em Libras e um projeto de *design* que explore recursos gráficos visando promover a fluidez da leitura.

CONSIDERAÇÕES FINAIS

Vários aspectos destacados neste estudo podem contribuir para as reflexões dos *designers* na definição dos requisitos de projeto para publicações em língua de sinais, ou seja, as recomendações reunidas aqui podem orientar o trabalho projetual explicitando as características que o material deve ter para oferecer ao leitor surdo uma experiência de leitura significativa e fluida. Foram observados os elementos que podem contribuir para a legibilidade do texto, a leiturabilidade e a satisfação do leitor.

Nos textos em vídeo na língua de sinais, a legibilidade depende do contraste de cores, do enquadramento do intérprete, da resolução do vídeo e é influenciada pelo hábito de leitura. É importante valorizar a expressão facial evitando sombras ou baixa qualidade da imagem nessas áreas do vídeo. Os estudos mostram que, durante a leitura, o olhar se concentra principalmente no rosto do intérprete. As cores claras, como azul e cinza para o fundo, e as cores escuras para a roupa do intérprete se mostraram as preferidas pelos leitores surdos, mas isso não significa que devam ser sempre usadas. É preciso considerar que os projetos de *design* buscam a inovação na solução dos problemas de comunicação e as soluções mais originais são as que valorizam as especificidades de cada projeto.

Enquanto nos textos escritos, a composição é feita no espaço, o que permite que se tenha uma visão geral do material em um passar de olhos, nos textos em língua de sinais, a composição se dá principalmente na dimensão temporal. Para se ter noção da dimensão e estrutura do texto em vídeo, é necessário clicar na barra de miniaturas visualizando pontos específicos ao longo do vídeo, ou assistir ao vídeo em velocidade alta, o que não é muito eficiente. Por isso,

TABELA 4.1 ▶ PORCENTAGEM DE ACERTOS NO QUESTIONÁRIO DO TEXTO EM LIBRAS (LEITORES SURDOS E OUVINTES) E EM PORTUGUÊS (LEITORES OUVINTES)

Leitores	Questões de compreensão	Questões de localização	Questão sobre a estrutura do texto	Questão sobre o tipo de texto
Surdos	27,83%	29,57%	28%	46,15%
Ouvintes/libras	29,03%	31,81%	14,28%	71,43%
Ouvintes/ português	55,68%	69,7%	77,27%	86,36%

nos textos em língua de sinais, é importante planejar formas de explicitar a estrutura do texto e facilitar a navegação entre os diferentes tópicos.

Nos textos escritos, a tipografia e as suas variações de estilos, tamanhos e cores influenciam a leitura, transmitindo uma ideia geral sobre o conteúdo, e a diagramação de cada página é planejada para conduzir adequadamente o olhar do leitor. Nos vídeos na língua de sinais, muitos aspectos da composição são relegados à atitude do intérprete, que precisa indicar destaques, notas, citações, etc., além de definir o tom emocional do texto. Mudanças de cores, de enquadramento, de ângulo da câmera, da roupa, do intérprete ou elementos gráficos variados podem ser usados para indicar a organização do texto, mas, como não são práticas tradicionais, pode ser difícil identificar os propósitos desse uso sendo necessário deixar explícito as funções que desempenham.

Para a compreensão do conteúdo, é fundamental que o leitor dedique atenção e busque dar sentido ao texto. Imagens, animações, infográficos e outros elementos gráficos podem ser trabalhados a fim de atrair o interesse dos surdos, mas é importante que esses elementos estejam integrados com a interpretação, sejam contextualizados e favoreçam estabelecer comparações e relações, não substituindo o texto em língua de sinais.

O uso de imagens integradas com a sinalização e o planejamento de informações espaciais como tabelas e quadros em língua de sinais requerem mais estudos. A catalogação de materiais em língua de sinais, que permita uma busca mais visual, sem depender do português escrito, é outro desafio para as pesquisas na área.

Também foi observado que em função da variada proficiência em língua de sinais, comum entre os surdos no Brasil, é muito útil que os textos estejam conectados com outros conteúdos em língua de sinais como informações complementares e comentários dos autores, tradutores ou de outros leitores.

Além das recomendações para o *design* editorial de publicações em língua de sinais,

este estudo mostrou a importância de desenvolver recursos tecnológicos específicos para facilitar a leitura em vídeos na língua de sinais. Os *players* disponíveis para vídeos não são adequados. O *vbook* só pode ser usado para publicar vídeos na web e foi pensado para acesso em *desktop*. O projeto do *vbook* e os estudos feitos sobre a leitura são um ponto de partida e indicam alguns requisitos importantes para desenvolvimento de *softwares* que possam ser usados para visualizar qualquer vídeo, que seja adaptado para *smartphones*, *tablets* e *desktop*, que seja flexível para garantir variações no *design* sem dificultar seu manuseio, e que permita navegar facilmente pelos conteúdos com menus e *links* integrados no vídeo. Os estudos de usabilidade do *vbook* mostraram que uma barra de miniaturas em vídeo contribui para a localização de informações no texto e que uma ferramenta para alterar a velocidade de reprodução do vídeo, aparente e de fácil manuseio, propicia que os leitores imprimam um ritmo próprio de leitura.

Também foi possível identificar a importância de implementar recurso para registrar comentários em língua de sinais em pontos específicos do texto, como é possível fazer nos textos escritos, marcador de livro em língua de sinais e ferramenta para integração dos textos com os glossários e dicionários em língua de sinais. São sugestões de implementação que merecem aprofundamento e estudos de usabilidade em trabalhos futuros.

A falta de tradição nas publicações de textos em língua de sinais, a falta de hábito de leitura e a carência de estudos sobre o uso desses materiais faz torna esta área um campo amplo para experimentações gráficas e novas pesquisas em *design*.

REFERÊNCIAS

AGRAFIOTIS, D. et al. A perceptually optimised video coding system for sign language communication at low bit rates. *Signal Processing: Image Communication*, v. 21, n. 7, p. 531-549, 2006.

AMBROSE, G.; HARRIS, P. *Tipografia*. Porto Alegre: Bookman, 2011.

ASSOCIAÇÃO BRASILEIRA DE NORMAS TÉCNICAS. *NBR 15290*: acessibilidade em comunicação na televisão. Rio de Janeiro: ABNT, 2005.

ASSOCIAÇÃO BRASILEIRA DE NORMAS TÉCNICAS. *NBR ISO 9241-11*. Requisitos ergonômicos para o trabalho com dispositivos de interação visual. Parte 11- Orientações sobre usabilidade. Rio de Janeiro: ABNT, 2011.

BAUMAN, H-D. (Ed.). *Open your eyes*: deaf studies talking. Minneapolis: University of Minnesota, 2008.

BRINGHURST, R. *Elementos do estilo tipográfico*. São Paulo: Cosac Naify, 2005.

BUCKLEY, D. et al. Action video game players and deaf observers have larger Goldmann visual fields. *Vision Research*, v. 50, n. 5, p. 548-556, 2010.

CASTRO, N. P. *A tradução de fábulas seguindo aspectos imagéticos da linguagem cinematográfica e da língua de sinais*. 2012. 165 f. Dissertação (Mestrado em Estudos da Tradução)- Universidade Federal de Santa Catarina, Florianópolis, 2012.

CIARAMELLO, F. M.; KO, J.; HEMAMI, S. S. Quality *versus* intelligibility: studying human preferences for american sign language video. *Western New York Image Processing Workshop*, v. 7865, p. 70-73, 2010.

CLAIR, K.; BUSIC-SNYDER, C. *Manual de tipografia*: a história, as técnicas e a arte. 2. ed. Porto Alegre: Bookman, 2009.

DEHAENE, S. *Os neurônios da leitura*: como a ciência explica a nossa capacidade de ler. Porto Alegre: Penso, 2012.

FAJARDO, I.; PARRA, E.; CAÑAS, J. J. Do sign language videos improve web navigation for deaf signer users? *Journal of Deaf Studies and Deaf Education*, v. 15, n. 3, p. 242-262, 2010.

FALCÃO, L. A. *Surdez, cognição visual e Libras*: estabelecendo novos diálogos. Recife: Ed. do autor, 2010.

HENDEL, R. *O design do livro*. São Paulo: Ateliê Editorial, 2003.

HOOPER, S. et al. The effects of digital video quality on learner comprehension in an american sign language assessment environment. *Sign Language Studies*, v. 8, n. 1, p. 42-58, 2007.

JESUS, L. M. *Motion graphic design como ferramenta de educação a distância em Libras*. 2013. 97 f. Dissertação (Mestrado em Design e Expressão Gráfica). Programa de Pós-Graduação em Design e Expressão Gráfica, Universidade Federal de Santa Catarina, Florianópolis, 2013.

KRUSSER, R. *Design editorial na tradução de português para Libras*. 2017. 410 f. Tese (Doutorado) Programa

de Pós Graduação em Estudos da tradução. Universidade Federal de Santa Catarina, Florianópolis, 2017.

LABIUTIL. Laboratório de Utilizabilidade da Informática. Florianópolis: Universidade Federal de Santa Catarina, 2013. Disponível em: <http://www.labiutil.inf.ufsc.br>. Acesso em: nov. 2017.

MARQUES, R. Revista brasileira de vídeo registro em Libras. INES 155 anos: a educação de surdos em debate. In: XI CONGRESSO INTERNACIONAL DO INES E XVII SEMINÁRIO NACIONAL DE DO INES. *Anais...* Rio de Janeiro: Departamento de Desenvolvimento Humano, Científico e Tecnológico, 2012.

MARQUES, R. R.; OLIVEIRA, J. S. *A normatização de artigos acadêmicos em Libras e sua relevância como instrumento de constituição do corpus de referência para tradutores*. 2012. Disponível em: <http://www.congressotils.com.br/anais/anais2012_busca.html>. Acesso em: fev. 2018.

PYFERS, L. *Books for the deaf in Europe*: guidelines for the production, publication and distribution of signing books for the deaf in Europe. 1999. Disponível em: <http://www.sign-lang.uni-hamburg.de/signingbooks/sbrc/pdf/del_71.pdf>. Acesso em: jan. 2018.

SILVA, E. T. *O ato de ler*: fundamentos psicológicos para uma nova pedagogia da leitura. São Paulo: Cortez, 2011.

SILVA, R. C. da. *Indicadores de formalidade no gênero monológico em Libras*. 2013. 161 f. Dissertação (Mestrado em Linguística). Universidade Federal de Santa Catarina, Florianópolis, 2013.

SOARES, R. C. A. Avaliação do vocabulário de crianças surdas inseridas no contexto educacional da pré-escola do Instituto Nacional de Educação de Surdos. Rio de Janeiro, 2013. Dissertação (Mestrado Profissionalizante em Fonoaudiologia)–Universidade Veiga de Almeida, Rio de Janeiro, 2013.

SPRITZINC. Reading Reimagined. 2018. Disponível em: <http://spritzinc.com/>. Acesso em: 19 jul. 2018.

TRAN, J. J. et al. A web-based intelligibility evaluation of sign language video transmitted at low frame rates and bitrates. In: 15th INTERNATIONAL ACM SIGACCESS CONFERENCE ON COMPUTERS AND ACCESSIBILITY. *Proceedings...* Bellevue, 2013.

YUNES, E. (org.). *Pensar a leitura*. São Paulo: Loyola, 2002.

WOLL, B. et al. *Signing books*: testing of prototypes [1999]. Disponível em: <http://www.sign-lang.uni-hamburg.de/signingbooks/sbrc/pdf/del_61.pdf>. Acesso em: 29 jul. 2018.

5

Framework Términus: comunidades de prática virtuais como apoio ao desenvolvimento de neologismos terminológicos em língua de sinais

Daniela S. Saito | Elisa Maria Pivetta

Para o pleno exercício da cidadania, além do acesso à informação e ao conhecimento, os cidadãos devem ser capazes de construir significados e desenvolver seu senso crítico (FRADE, 2002; SILVA et al., 2005). No caso dos surdos, a diferença na modalidade de comunicação, que é visuoespacial, traz alguns desafios relativos ao acesso ao conhecimento. O reconhecimento e a regulamentação da língua brasileira de sinais (Libras) trouxeram grandes avanços em relação ao tema no que se refere ao respeito à diversidade humana, ampliando as oportunidades para o exercício do direito à cidadania.

Embora os avanços sejam visíveis, é sabido que a Libras foi, por muito tempo, excluída dos espaços sociais, e que os impactos dessa exclusão ainda se fazem presentes. Até os dias atuais, em decorrência desse período, é comum identificar problemas quanto ao repertório da língua. Mais especificamente, o que se nota é que muitos conceitos de áreas de especialidade não possuem terminologia específica em língua de sinais. Essa ausência prejudica o acesso aos conhecimentos de uma forma mais natural aos surdos nos mais diversos contextos. Com isso, dependendo da abordagem escolhida para apresentá-los, a compreensão pode se tornar uma tarefa bastante complexa.

O Plano Nacional da Educação 2014-2024 (MEC, 2014), assim como a Lei Brasileira de Inclusão nº 13.146/2015 (BRASIL, 2015), sancionada em 6 de julho de 2015, apontam para a importância da educação bilíngue, sendo que os documentos dispõem sobre a adoção de medidas de apoio à aprendizagem e acesso ao conhecimento considerando os aspectos linguísticos, socioculturais e históricos do surdo. As medidas indicadas são permeadas por ações no âmbito do planejamento linguístico, como as pesquisas voltadas aos repertórios de especialidade.

Atenta a essas questões, a comunidade científica tem discutido a importância de cunhar novos sinais para preencher as lacunas da língua nos mais diversos domínios de conhecimento (FARIA DO NASCIMENTO, 2009; STUMPF; OLIVEIRA; MIRANDA, 2014). No entanto, como a tarefa de cunhar novos sinais (ou seja, criar neologismos terminológicos) é um processo coletivo e social, enfrenta desafios em razão da grande dificuldade de interação entre as diversas comunidades brasileiras, dadas as dimensões continentais do país. Esses obstáculos na interação têm resultado em criações difusas de sinais e, em alguns casos, compreensões equivocadas sobre conceitos de áreas de especialidade (STUMPF; OLIVEIRA; MIRANDA, 2014).

Nesse contexto, a internet surge como um meio capaz de suportar o desenvolvimento colaborativo de neologismos terminológicos para a Libras. Os sistemas colaborativos baseados na internet possuem potencial para reunir comunidades de prática. Neles, as tecnologias atuam como amplificadoras das redes de relações entre os indivíduos que as compõem, fomentando espaços de discussão, divulgação de experiências e compartilhamento de conhecimentos, bem como disponibilizando ferramentas específicas para os objetivos da comunidade.

Uma comunidade de prática é uma organização formal que reúne um grupo de pessoas partilhando interesses sobre um domínio de conhecimento que podem existir também no domínio virtual. As comunidades de prática virtuais (CoPVs) podem ser vistas como uma forma de reunir diferentes comunidades de prática para combinar conhecimentos de novas maneiras a fim de atingir um objetivo compartilhado (MANSOUR, 2009; WASKO et al., 2004).

Assim, o desafio está em remover as barreiras de interação e comunicação que os surdos encontram no mundo real de forma a torná-los livres para discutir as questões de suas respectivas áreas e produzir, colaborativamente, o conhecimento que desejarem, uma vez que a internet pouco tem sido explorada para esse fim. Para tanto, os ambientes devem ser desenvolvidos no sentido de serem flexíveis de modo a considerar as diferentes habilidades de seus usuários no emprego da tecnologia e acesso ao conhecimento (NASR, 2010). Dessa maneira, para que o surdo faça uso pleno de suas capacidades no meio digital, devem ser consideradas a sua característica da visualidade, bem como as estratégias de utilização da língua de sinais, visto que esta é sua forma natural de comunicação.

Este capítulo apresenta o *Framework Términus*, buscando discutir como as CoPVs, ou *virtual communities of practice*, podem apoiar o desenvolvimento de neologismos terminológicos para a Libras. Em uma CoPV, a prática de uma comunidade não é um simples fazer; é um processo social por meio do qual as pessoas podem experienciar o mundo de modo significativo e em que a negociação de significados é o processo central (WENGER, 2000). Essa negociação está relacionada às capacidades humanas de refletir sobre

as visões de mundo de outros membros da comunidade e de se comunicar uns com os outros. Sendo assim, uma prática está relacionada tanto à interpretação (na negociação de significados) quanto à ação prática.

Considerando que o contexto em que as práticas ocorrem é importante na construção de significados e, para orientar a estruturação das CoPVs, o *framework* firmou-se na teoria da cognição distribuída (TCD) por entender que os processos cognitivos são distribuídos tanto entre pessoas como entre artefatos tecnológicos de um ambiente. A TCD considera os contextos social e cultural de realização das tarefas para a seleção e integração de tecnologias (ROGERS; ELLIS, 1994).

OS SURDOS E AS TECNOLOGIAS

As mudanças tecnológicas têm contribuído de forma significativa para a inclusão, trazendo a possibilidade de fortalecimento das conexões entre os surdos (SCHALLENBERGER, 2010; POWER; POWER; HORSTMANSHOF, 2007). Com o surgimento de novos paradigmas de interação, as tecnologias têm gerado boas perspectivas no que tange à acomodação das necessidades individuais dos surdos (LANG; STEELY, 2003) e à criação de espaços de interação e práticas discursivas, essenciais para a formação da identidade e subjetividade do sujeito surdo. A melhoria da infraestrutura de acesso à internet, com bons computadores e velocidades de conexão mais altas, também é um fator que influencia positivamente esse processo. Ainda assim, o caminho a ser trilhado é longo pelo ponto de vista da acessibilidade.

Apesar do contínuo surgimento de inovações tecnológicas, pouco se tem pensado sobre como incluir a língua de sinais nos ambientes digitais. Ela é de suma importância para o surdo e deve estar presente nos ambientes da *web* por apresentar aspectos de seu pensamento, valores, identidade, tradições e visão de mundo (SACKS, 2010). Contudo, mesmo com tantos recursos, os *sites* continuam a ser estruturados de forma predominantemente textual (língua oral na modalidade escrita), causando maior dificuldade de compreensão de conteúdos, localização de informações e, por conseguinte, desconforto no acesso.

É necessário que, durante o processo de desenvolvimento, seja observada a complexa relação entre infraestrutura na *web*, diretrizes de acessibilidade, tecnologias e conteúdos a serem apresentados (HARPER; CHEN, 2012). As diretrizes de acessibilidade de conteúdos na *web* estão no *Web Content Accessibility Guidelines 2.0* (WCAG 2.0) (CALDWELL et al., 2008), documento amplamente adotado pela comunidade de desenvolvedores. Em relação a esse documento, vale salientar que, mesmo sendo impecável em sua forma, o WCAG 2.0 é genérico em demasia e funciona bem apenas para propostas de *sites* mais simples.

Ambientes como as CoPVs, em que as práticas envolvem os processos de significação e compartilhamento de conhecimentos, devem ter projetos cuja estrutura comporte atividades de colaboração, análise e interpretação de conteúdos. Assim, é imprescindível que a visualidade e a seleção de tecnologias de suporte à língua de sinais permeiem toda proposta (FAJARDO; VIGO; SALMERÓN, 2009; NASR, 2010; PIVETTA; SAITO; ULBRICHT, 2014). Esses recursos são fundamentais e impactam diretamente sobre a motivação e a participação dos surdos nos ambientes digitais (NASR, 2010). De acordo com Bauman e Murray (2012), o uso da língua de sinais, além de ampliar as concepções do potencial humano para a linguagem, expressão e criatividade dos surdos, favorece a formação de comunidades e proporciona autonomia aos que dela participam.

Dessa forma, no que refere às questões de acessibilidade, os artefatos tecnológicos devem ser selecionados tendo em vista apoiar a formação de comunidades e incentivar atividades de colaboração para a construir e compartilhar conhecimentos. Este trabalho balizou-se na perspectiva da TCD, que considera em seu arcabouço os contextos social e cultural de realização de atividades para a adequada seleção e integração das tecnologias que constituirão um ambiente colaborativo. A teoria em questão é brevemente discutida a seguir.

TEORIA DA COGNIÇÃO DISTRIBUÍDA

Compreender a construção, a representação, o processamento e a transformação do conhecimento humano sempre foi um desafio para as ciências cognitivas, sendo que existem diferentes perspectivas no que se refere à compreensão de como se dá o ato cognitivo na mente humana. A teoria da cognição distribuída (TCD) foi desenvolvida e proposta por Edwin Hutchins com o objetivo de apresentar um paradigma totalmente novo de modo a repensar todos os domínios do fenômeno da cognição, visto que, no paradigma tradicional, o fenômeno era entendido como processo isolado e explicado em termos de processamento de informação individual (ROGERS, 1997).

Para a TCD, a cognição é mais bem entendida quando analisada como fenômeno distribuído. Ela parte do pressuposto de que a cognição depende da realidade vivenciada pelo sujeito e que a realidade não é algo predefinido, variando de pessoa para pessoa. Portanto, esta teoria investiga a cognição enquanto processo social e sua relação com o contexto, tendo em vista o entendimento de que os processos cognitivos se dão em contextos de participação (prática) no mundo, incluindo os contextos tecnológicos. Em virtude dessa característica, a TCD tem sido aplicada no desenvolvimento de sistemas colaborativos complexos por possibilitar a observação e análise da distribuição dos processos cognitivos entre pessoas e artefatos.

Essa abordagem possibilita a identificação de artefatos tecnológicos, ferramentas, mídias, bem como estados representacionais internos e externos em ambientes digitais, sendo que os estados representacionais se relacionam com a forma como os vários recursos de conhecimento e informação são transformados para que uma atividade seja conduzida (ROGERS, 1997). Para identificar cada um desses elementos, a TCD busca aplicar os conceitos cognitivos tendo em vista interações entre atores humanos e dispositivos tecnológicos em uma atividade (ROGERS, 1997). Nesse contexto, em um sistema colaborativo, um ator humano experiencia três dimensões de distribuição dos processos cognitivos (HOLLAN; HUTCHINS; KIRSH, 2000):

1. **Distribuição social** – Distribuição de atividades entre os membros de um grupo social, visto que, na perspectiva da TCD, a cognição é um processo social. Cada indivíduo que participa da realização de uma tarefa colaborativa possui diferentes conhecimentos. Assim, quando um grupo se engaja em um conjunto de interações, cria possibilidades que o habilita a reunir os vários recursos individuais para executar as tarefas (ROGERS, 1997).
2. **Distribuição temporal** – Os resultados de eventos podem transformar a natureza de eventos posteriores. Ou seja, os conhecimentos e a compreensão de mundo de cada indivíduo se modificam ao longo do tempo, promovendo mudanças em atividades posteriores.
3. **Distribuição estrutural** – As estruturas mentais dos indivíduos (representações internas) são coordenadas com os materiais e ferramentas do ambiente de realização das atividades. Assim, as informações e as atividades disponíveis devem ser dispostas de modo que o indivíduo, por meio de suas faculdades perceptiva e cognitiva, possa assimilá-las, internalizá-las e novamente operá-las para externalizar (comunicar) novas informações, gerando novas representações externas.

Para que as dimensões dos processos de distribuição sejam identificadas, deve-se efetuar um estudo de campo etnográfico, que tem como objetivo captar o contexto de uso das tecnologias ou explicar de outra forma como as pessoas utilizam elementos contextuais para realizar ações inteligentes (ROGERS, 2004). A etnografia proporciona uma análise sensível do trabalho, em que as con-figurações do ambiente, as atividades executadas pelas pessoas, suas interações com os meios materiais e outros artefatos cognitivos são observados (HUTCHINS, 1995).

A etnografia de sistemas cognitivos distribuídos, além de se interessar pelas mentes individuais, olha para os meios materiais e sociais de construção de ações e significados. Ela situa o significado em práticas sociais negociadas e observa os significados dos silêncios ou da falta de ação no contexto assim como de palavras e ações. (HOLLAN; HUTCHINS; KIRSH, 2000, p. 179-180)

Somente as metodologias etnográficas baseadas em estudo de campo, tal como a etnografia por observação participante, são capazes de oferecer esse tipo de compreensão no desenvolvimento de sistemas colaborativos (BLOOMBERG; BURRELL, 2003), sendo essa metodologia a selecionada para o desenvolvimento do *framework* apresentado a seguir.

FRAMEWORK TÉRMINUS

Este *framework* foi nomeado com inspiração na etimologia da palavra "terminologia", que surgiu como um neologismo híbrido composto pela palavra *terminus*, do latim, unida a *logia*, do grego. *Términus,* na linguística, tem a acepção de palavra com um sentido bem definido no discurso, com suas fronteiras léxicas e semânticas que fazem com que ela não seja confundida com outros conceitos. É exatamente o que se busca ao estimular o desenvolvimento de neologismos terminológicos em comunidades digitais.

O *Framework Términus* foi desenvolvido com base em um estudo etnográfico por meio de observação participante realizada em uma comunidade de prática presencial. Os dados foram coletados ao longo de um período de observação de seis meses e foram analisados utilizando os preceitos da TCD. O *framework* apresenta uma proposta em que as CoPVs são o contexto de desenvolvimento de atividades que visem à ampliação do repertório terminológico da Libras.

Para tal, estabelece as relações entre os membros de uma CoPV, artefatos tecnológicos, estados representacionais e atividades envolvidas nos processos de desenvolvimento de neologismos terminológicos. A inter-relação desses componentes é responsável por fomentar o espaço de negociação entre os membros da comunidade, propiciando a construção de normas, a criação de significados e o estabelecimento de outras convenções próprias da comunidade em relação às práticas a serem desenvolvidas. A esse processo de transformação de ideias em elementos concretos dentro da comunidade se dá o nome de *reificação* (WENGER, 2000).

A reificação é a transformação de uma vivência prática em algo concreto, não necessariamente um objeto material, mas um resultado objetivo. Esse resultado pode ser um artefato intelectual (como uma norma, um método, um procedimento, um símbolo, um termo) ou tantos outros elementos presentes no cotidiano que compõem o repertório de uma comunidade. Os produtos da reificação refletem os significados produzidos e compartilhados naquele contexto.

A **FIGURA 5.1** apresenta a visão geral do *Framework Términus,* o qual tem as CoPVs como contexto para o desenvolvimento de neologismos terminológicos de forma colaborativa. O *framework* parte sempre de uma demanda de desenvolvimento de repertório que pode ser atendida por meio de iniciativas sistematizadas ou não sistematizadas. As iniciativas sistematizadas são aquelas organizadas pela própria comunidade, em que se estabelece o escopo das práticas a serem realizadas no domínio de conhecimento da comunidade. Por exemplo: produção de neologismos terminológicos para a área de desenvolvimento na *web* em que conceitos relacionados à internet (como a arquitetura

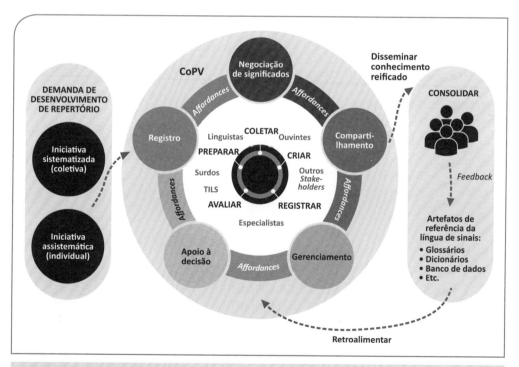

FIGURA 5.1 ▶ *FRAMEWORK TÉRMINUS.*
TILS, tradutores e intérpretes da Libras.
Fonte: Saito (2016).

cliente-servidor) e às linguagens de programação – como *HyperText Markup Language* (HTML), *Cascading Style Sheets* (CCS) e *JavaScript* – são constantemente utilizados.

Já as iniciativas não sistematizadas são constituídas por ações isoladas, em que um membro da comunidade traz uma proposta de neologismo (pronta) para ser avaliada pelos demais membros da comunidade ou apresenta uma demanda específica de neologismo para um dado conceito, o qual deverá ser discutido por todos os membros.

O desenvolvimento dos neologismos deve ser sustentado pelas dimensões da estrutura da CoPV, as quais têm como objetivo suportar as comunidades e as práticas (atividades de colaboração) em seu espaço de participação. Nesse espaço, as relações de participação se constroem por meio do diálogo entre as dimensões de produção terminológica e da CoPV. Nele, os membros das comunidades, com seus diferentes perfis de conhecimento, podem se engajar e assumir, ao longo das práticas, variados níveis de atuação, de papéis mais centrais e atuantes a atuações mais periféricas e distantes.

Desenvolvimento de neologismos terminológicos

As etapas da dimensão de produção terminológica foram determinadas após o mapeamento e a categorização das atividades observadas em estudo etnográfico, as quais foram agrupadas de acordo com suas características e resultaram no ciclo apresentado na **FIGURA 5.2**. O ciclo de produção sempre é iniciado na fase de preparação (Preparar). As atividades das fases são realizadas de maneira colaborativa, de modo que todos os membros da comunidade estejam cientes das discussões em andamento e possam contribuir de alguma forma em cada momento do processo.

A seguir, cada uma das etapas do ciclo é descrita brevemente:

- **Preparar** – Etapa em que são preparados os dados que serão utilizados nas atividades de desenvolvimento do neologismo terminológico. No caso de uma iniciativa assistemática, a atividade de preparação envolve compartilhar a proposta de neologismo ou o compartilhamento do conceito cujo desenvolvimento está sendo solicitado. Já a preparação para uma iniciativa sistemática consiste na discussão do escopo da atividade a ser desenvolvida e na seleção e compartilhamento do *corpus* de análise entre os membros da comunidade.
- **Coletar** – Esta etapa consiste na busca por especialistas do domínio de conhecimento e outros *stakeholders*[1] (linguistas, intérpretes que atuem na área, surdos com interesse no domínio de conhecimento) que possam colaborar com o processo e com a busca por informações que

---

[1] Parceiros, partes interessadas envolvidas no processo.

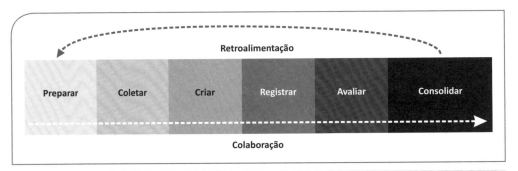

FIGURA 5.2 ▶ CICLO DE DESENVOLVIMENTO DE NEOLOGISMOS TERMINOLÓGICOS MAPEADO.
Fonte: Saito (2016).

apoiem a prática colaborativa (p. ex., consulta em artefatos de referência de outras línguas de sinais).

- **Criar** – Uma vez que os conceitos a serem desenvolvidos tenham sido selecionados e não tenha sido identificada uma proposta de neologismo, inicia-se uma das etapas mais importantes do ciclo, que abarca a negociação de significados entre os membros da comunidade. A atividade envolve tanto a conceituação do conhecimento abordado como a intensa negociação de significados a respeito dele. A negociação tem por objetivo estabelecer uma compreensão em comum entre os membros, bem como fomentar o processo criativo que deve culminar com a emergência de propostas de neologismos. É importante salientar que, ao longo das discussões, podem surgir uma ou várias propostas para um mesmo conhecimento abordado. Após a negociação de significados, caso existam mais propostas, estas devem ser reavaliadas entre os membros da comunidade para que, em um dado momento, se estabeleça um consenso sobre aquela a ser adotada na comunidade.
- **Registrar** – O neologismo e os conhecimentos relacionados a ele (descrição,[2] conceituação, exemplos e *Signwritting*[3] – quando se opta pelo seu uso) são registrados pelos membros da comunidade (em vídeo) para que possam alimentar posteriormente um artefato de referência da língua.
- **Avaliar** – Etapa de validação interna (entre os membros da comunidade) dos registros realizados sobre o neologismo. São utilizados critérios como clareza e

adequação dos registros, correção dos parâmetros de descrição do sinal, bem como correção da descrição em *signwriting* (quando se opta pelo seu uso).

- **Consolidar** – Única etapa que ocorre externamente à comunidade. Acontece após a disseminação do conhecimento reificado das comunidades em artefatos de referência de Libras, como dicionários e glossários. Envolve a ampla divulgação do conhecimento para a comunidade para que seja verificada a sua aceitação enquanto proposta de neologismo terminológico. Ainda não existem estratégias e critérios claros quanto à forma de validação em um ambiente digital. Uma vez que é esperado algum tipo de *feedback* da comunidade linguística nesta etapa, caso a proposta tenha um retorno negativo, esse *feedback* deve ser utilizado para retroalimentar o ciclo a fim de que a proposta seja revista e rediscutida, passando novamente por todo o ciclo apresentado.

As etapas e práticas identificadas foram usadas posteriormente para o mapeamento dos tipos de artefatos tecnológicos e representações externas a serem sugeridos para a estruturação do ambiente virtual.

Comunidade de prática virtual

Como já mencionado, a CoPV deverá ser capaz de sustentar as etapas identificadas no processo de desenvolvimento de neologismos terminológicos, sendo o desenvolvimento distribuído entre as pessoas (e suas representações internas) e a estrutura de suporte da CoPV (artefatos tecnológicos e mídias representacionais) ao longo do tempo (distribuição temporal). Nesse sentido, o estudo de observação pelas lentes da TCD possibilitou identificar as formas de externalização de conhecimento que poderiam ser utilizadas, sua relação com os artefatos tecnológicos, bem como as mídias representacionais necessárias para a manutenção das comunidades e das práticas compartilhadas.

O resultado deste estudo foi representado em termos de dimensões (tecnológicas)

---

[2]Descrição do sinal de acordo com os parâmetros da língua.

[3]Sistema de escrita de sinais que foi desenvolvido nos anos de 1990, a partir de um sistema de escrita desenvolvido para danças. O sistema foi desenvolvido por Valerie Sutton, do *Deaf Action Committee* (DAC), EUA e é composto por símbolos que representam a língua de sinais de modo gráfico e esquemático (STUMPF, 2005).

que devem ser suportadas pela CoPV e os perfis típicos dos participantes das CoPVs, e estão representados na **FIGURA 5.3**. Entre os usuários típicos desses ambientes estão surdos, ouvintes com interesse na área, especialistas no domínio de conhecimento da CoPV, linguistas, tradutores e intérpretes da Libra (TILS), ouvintes que tenham interesse no desenvolvimento da Libras e outros *stakeholders* (que podem ter uma participação temporária na comunidade). Estes são os perfis que assumirão diferentes papéis e responsabilidades nas comunidades e farão uso das dimensões descritas a seguir:

- **Negociação de significados** – Tanto a plataforma para comunidades quanto as CoPVs devem disponibilizar artefatos tecnológicos que deem suporte à negociação de significados, como ferramentas de comunicação (síncronas e assíncronas) e ferramentas para o desenvolvimento de práticas colaborativas.

- **Compartilhamento** – Esta dimensão diz respeito ao uso de mídias representacionais e artefatos computacionais que possibilitem o compartilhamento de conhecimentos entre os membros da comunidade.
- **Gerenciamento** – Proporciona o gerenciamento na plataforma em três níveis:
  - **Individual** – Gerenciamento das informações de perfil individual, apresentando dados de contato, perfil linguístico, perfil de conhecimento, entre outras informações que possam ser cadastradas.
  - **Comunidades** – Gerenciamento da plataforma no nível de gerenciamento das comunidades. Possibilita a criação de novas comunidades de prática ou a exclusão de outras comunidades em que o usuário tenha o poder de exclusão.
  - **Atividades** – Gerenciamento das atividades desenvolvidas dentro das comunidades de que o usuário partici-

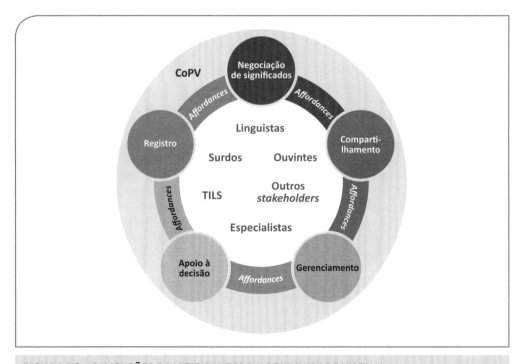

FIGURA 5.3 ▶ DIMENSÕES E PARTICIPANTES DA COMUNIDADE VIRTUAL.
CoPV, comunidade de prática virtual; TILS, tradutores e intérpretes da Libras.

pa. Inclui a postagem de conteúdos, bem como a edição e exclusão dessas postagens.

- **Apoio à decisão** – Fornecimento de artefatos tecnológicos que auxiliem atividades de tomada de decisão.
- **Registro** – Esta dimensão deve prover meios de registro dos conhecimentos gerados e compartilhados entre os membros. Nesse contexto estão inclusos os meios de registro da língua de sinais por meio do ambiente virtual.

Compreendendo as inter-relações na CoPV, entende-se que as *affordances* devem compor esse ambiente complexo permeando as práticas, as tecnologias e o espaço de participação no ambiente virtual. Em suma, toda e qualquer mídia representacional ou artefato tecnológico selecionado para o ambiente deve considerar as *affordances* das tecnologias no intuito de facilitar a mediação das necessidades da comunidade, visto que elas estimulam a apropriação das CoPVs pelos indivíduos.

Affordances *das comunidades de prática*

Em um ambiente virtual, as mídias e ferramentas tecnológicas são responsáveis por fomentar a manutenção das comunidades, bem como a forma como elas se organizam e expressam seus limites e relacionamentos. Entendendo que cada meio de comunicação possui propriedades únicas que podem tanto amplificar e realçar determinados tipos de experiência como marginalizá-los, restringindo as formas de conhecer acessíveis a um indivíduo (SWAN; SHEA, 2005), a escolha desses elementos deve ser criteriosa. *A priori*, a escolha deve considerar em que medida a mídia e/ou artefato pode facilitar a mediação das necessidades da comunidade, além de considerar o nível de *affordances* das tecnologias (ELLAWAY; DEWHURST; MCLEOD, 2004).

O termo *affordances* foi cunhado para denominar as possibilidades de ação que um ambiente oferece a um indivíduo (GIBSON, 1977). Posteriormente, a abordagem foi adaptada por Norman (1988) para a área de interação humano-computador aproveitando as experiências prévias das pessoas no intuito de auxiliar o projeto de sistemas computacionais. Preece, Rogers e Sharp (2005), por sua vez, definiram as *affordances* como atributos que possibilitam às pessoas saber como utilizar um objeto com base nas convenções apreendidas ao longo da experiência com estes padrões.

Na perspectiva da TCD, as *affordances* de um sistema estão distribuídas e estendidas entre o ambiente e o organismo, considerando as estruturas de representação inerentes de cada um. De acordo com Zhang e Patel (2006), as categorias são manifestas pela junção dos espaços de representação interno e externo e podem ser descritas tanto em termos de restrições como de ações permitidas. Os espaços de representação interno e externo formam, juntos, o que é chamado de espaço de representação distribuído, que é o espaço de *affordances*. Esse espaço é responsável por estimular a apropriação das tecnologias pelos membros de uma comunidade e, consequentemente, estimular o compartilhamento de conhecimentos de maneira a oportunizar a negociação de significados naquele contexto. A **FIGURA 5.4** apresenta o espaço de *affordances* e suas relações.

Como é possível observar, as representações internas do espaço de *affordances* estão relacionadas às representações internas, na mente de cada um dos participantes das comunidades. Já as representações externas desse espaço estão relacionadas ao ambiente e às dimensões das CoPVs, visto que é neste espaço que serão disponibilizados os artefatos tecnológicos e utilizadas as mídias representacionais.

No intuito de auxiliar a seleção das propriedades de *affordances* que as representações externas usadas no ambiente devem possuir, definiu-se um conjunto de categorias derivadas da descrição de Zhang e Patel (2006). É importante salientar que uma mesma representação externa pode possuir propriedades que pertençam a uma ou mais categorias, as quais estão definidas no **QUADRO 5.1**.

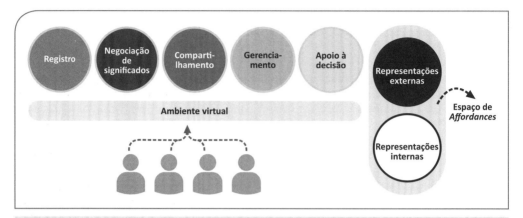

FIGURA 5.4 ▶ DIMENSÕES DO AMBIENTE DE COMUNIDADES DE PRÁTICA VIRTUAL E O ESPAÇO DE *AFFORDANCES*.
Fonte: Saito (2016).

QUADRO 5.1 ▶ CATEGORIAS DE *AFFORDANCES* DO AMBIENTE

Cognitiva
- Fornecer ajuda para as memórias de curto e longo prazo de modo que a carga de memória seja reduzida
- Ancorar e estruturar o pensamento cognitivo

Informacional
- Fornecer conhecimentos e habilidades que não estão disponíveis a partir das representações internas
- Ajudar a processabilidade, e limitando a abstração

Perceptiva
- Suportar operadores perceptivos que possam facilmente reconhecer as características e fazer inferências diretamente
- Fornecer informações que possam ser diretamente percebidas e utilizadas para reduzir os esforços para interpretar e formular informações explicitamente

Ação
- Mudar a natureza de uma tarefa gerando sequências de atividades mais eficientes
- Suportar repetição/ensaio para tornar as informações invisíveis e transitórias visíveis e sustentáveis
- Determinar estratégias de tomada de decisão por meio da maximização da precisão e da minimização dos esforços

Fonte: Produzido com base em Zhang e Patel (2006).

Em complemento, foi realizado um mapeamento dos tipos de representações externas passíveis de serem utilizadas em cada categoria. Tal mapeamento é apresentado no **QUADRO 5.2**.

Observando as categorias de *affordances* e a coordenação entre representações externas e internas nesse espaço, foi proposto um modelo conceitual para o ambiente de CoPVs, apresentado na **FIGURA 5.5**.

QUADRO 5.2 ▶ MAPEAMENTO DE REPRESENTAÇÕES EXTERNAS DE ACORDO COM AS CATEGORIAS DE *AFFORDANCES*

Affordance **cognitiva**
- Visualização dos materiais referenciados na comunidade
- Visualização do histórico de discussões e interações
- Ferramenta de pesquisa e consulta
- Lembretes de eventos

Affordance **de informação**
- Sistema de ajuda
- Tutoriais sobre o uso de funcionalidades das comunidades

Affordance **perceptiva**
- Usar elementos visuais para navegação e identificação de ferramentas
- Usar a língua de sinais
- Identificar visualmente as ações possíveis
- Identificar visualmente quais usuários estão disponíveis para uma interação síncrona
- Identificar o perfil linguístico dos participantes

Affordance **de ação**
- Facilitar as atividades de compartilhamento
- Tornar as atividades de gravação e postagem de vídeos mais simples
- Ofertar alternativas de apoio para a tomada de decisão
- Definir critérios para a tomada de decisões
- Definir um protocolo de mediação para a tomada de decisões
- Ter possibilidade de (re)gravação de registros em vídeo que sejam realizados no ambiente
- Editar e excluir postagens

Fonte: Saito (2016).

O modelo apresenta uma arquitetura de ambiente organizada de forma modularizada, contendo os seguintes componentes:

- **Ambiente virtual** – Plataforma de suporte para a criação das comunidades de prática.
- **Interface** – Interface gráfica por meio da qual os usuários interagem na comunidade. É neste espaço que as *affordances* perceptiva e de informação podem ser exploradas com maior profundidade.
- **Módulo de gerenciamento** – Gerenciamento de dados pessoais (perfil) e das relações com CoPVs existentes na plataforma por meio da criação e exclusão de comunidades de prática.
- **Módulo de comunicação** – Módulo que disponibiliza artefatos de comunicação síncrona e assíncrona, bem como ferramentas

que possibilitem pesquisar dentro da comunidade e entre membros que possuam perfil para participar da comunidade.

- **Módulo de comunidades** – Módulo mais usado na plataforma por fornecer um conjunto de artefatos e ferramentas que visam apoiar o desenvolvimento de neologismos terminológicos. Entre as categorias de ferramentas e artefatos disponibilizados, estão administração da CoPV (cadastramento ou exclusão de usuários); fórum de discussão, que é o ponto central da comunidade e visa fomentar a negociação de significados; ferramentas de registro em vídeo e ferramentas para um glossário da comunidade; ferramentas colaborativas; repositório compartilhado; e ferramentas de apoio à decisão (como enquetes, ferramentas de *ranking*).

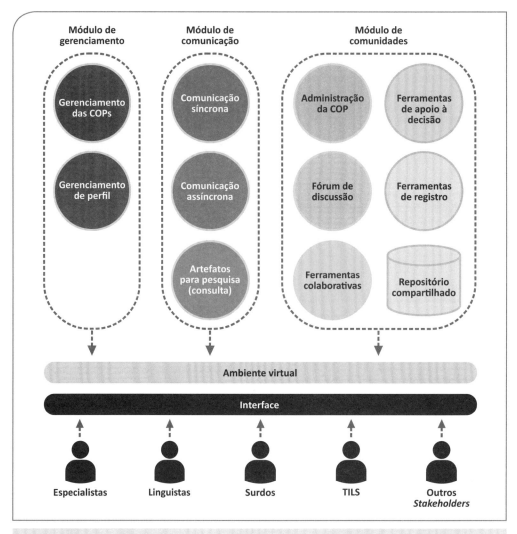

FIGURA 5.5 ▶ MODELO CONCEITUAL DO AMBIENTE DE COMUNIDADES DE PRÁTICA VIRTUAL (CoPVs).
TILS, tradutores e intérpretes da Libras.
Fonte: Saito (2016).

Os módulos apresentados deverão ser utilizados pelos perfis de usuários mapeados pelo *Framework Términus*, sendo este grupo constituído por pessoas que tenham algum interesse ou relação com o domínio de conhecimento da comunidade. Por exemplo, podem existir comunidades da área de computação, biologia, geografia, etc., bem como comunidades relacionadas a subdomínios desses domínios de conhecimento.

Para fins de validação do modelo proposto, um protótipo funcional chamado *MooBi* foi implantado.[4] O ambiente foi implementado com base na plataforma *Moodle* e seu uso é gratuito. Além disso, no intuito de disseminar

---
[4]Disponível em: <http://webgd.egc.ufsc.br>.

as tecnologias desenvolvidas, os módulos criados para o ambiente de comunidades de prática estão disponíveis na plataforma *GitHub*.[5]

Esses módulos podem ser aprimorados pela comunidade de usuários, sendo que as sugestões de aprimoramento podem ser encaminhadas para o endereço citado. Dessa forma, é possível acompanhar a evolução das propostas pelo repositório, que disponibiliza funcionalidades para acompanhamento das alterações realizadas no código, além de ferramentas de revisão e discussão para aprimorar a comunicação entre os colaboradores dos projetos.

CONSIDERAÇÕES FINAIS

A evolução tecnológica tem possibilitado o desenvolvimento de plataformas colaborativas, sobrepondo, dessa forma, barreiras temporais e geográficas que venham a dificultar a cooperação entre pessoas e comunidades. A proposta do *Framework Términus* buscou se beneficiar desses avanços em prol da ampliação do repertório terminológico da Libras, uma vez que existem muitas lacunas na língua e as dimensões territoriais brasileiras complicam a evolução de iniciativas nesse sentido.

O *framework* propõe que as CoPVs sejam o contexto para a realização de práticas colaborativas para o desenvolvimento de neologismos terminológicos em língua de sinais. Para tanto, se alicerça na TCD para a sua estruturação. A TCD foi fundamental para a construção do *framework*, pois, por meio dela, foi possível fazer o mapeamento das práticas envolvidas no desenvolvimento de neologismos terminológicos, identificar os fluxos das atividades, mapear os tipos de representações externas utilizadas, bem como a forma de distribuição dos processos cognitivos na realização das tarefas de uma comunidade.

---

[5]O *GitHub* é um repositório que compartilha projetos de código aberto que utilizam o sistema de controle de versionamento de código-fonte *Git*, sendo ele também um *software* livre. Seus módulos podem ser localizados para *download* em: <https://github.com/MoobiEgc> (Acesso em: 27 de julho de 2018).

Esta compreensão sobre as práticas destacou a importância da sintonia entre os artefatos tecnológicos e representações externas com os objetivos das CoPVs que, no caso do *Framework Términus*, estão relacionados ao ciclo de produção de neologismos terminológicos. A análise pelas lentes da TCD também evidenciou a importância das diversas categorias de *affordances* no projeto de um sistema que objetiva proporcionar uma rápida apropriação das tecnologias por parte dos membros da CoPV. Uma vez que os surdos constituem o público principal dessas plataformas, para que eles efetivamente se apropriem dos artefatos selecionados, é necessário que as ferramentas tecnológicas considerem a visualidade do sujeito surdo, assim como assumam a importância da comunicação em Libras.

No que diz respeito ao conjunto de dimensões mapeadas para uma CoPV, verifica-se que o aspecto da discussão que envolve negociação de significados é o ponto crucial para a construção e evolução da língua. Seja na ocorrência de iniciativas assistemáticas ou sistematizadas, a negociação se faz presente e fundamental. Isso ocorre porque, sem a presença de meios de discussão não há compreensão, internalização de conhecimentos e significados partilhados, ou meios de aprimoramento das propostas já realizadas aos membros da comunidade, pois qualquer aperfeiçoamento envolve negociação.

Em relação às plataformas para as CoPVs, é importante enfatizar a necessidade de implementar e divulgar amplamente na comunidade surda ambientes que possuam as características indicadas pelo *framework*. A construção de plataformas com essas características é um trabalho de caráter interdisciplinar e envolve o exercício constante de diálogo e colaboração entre os diversos atores envolvidos no processo (entre colaboradores diretos e indiretos). Além disso, é importante que os membros da comunidade surda se apropriem de tais plataformas para efetivação e aceleração de iniciativas nesse campo no âmbito nacional. Nas palavras de Faria do Nascimento (2009, p. 55):

Conscientizar estudantes surdos, de cursos de graduação, a respeito dos processos de construção terminológica permitirá o enriquecimento ainda mais acelerado da língua brasileira de sinais, e a rápida sistematização e divulgação dos neologismos terminológicos acarretará o acesso e o domínio mais rápido, também dos intérpretes para adequarem sua tradução ao contexto emergente.

Assim, da mesma forma que é necessário o estímulo à participação dos estudantes surdos para acelerar a sistematização dos neologismos, estes necessitam ser amplamente divulgados para atingir a comunidade surda e viabilizar a consolidação do repertório. Nesse sentido, é importante que sejam realizadas pesquisas sobre estratégias que possam ser utilizadas para a validação dos neologismos por meio de plataformas digitais.

Os recursos de validação devem operar de forma que os pareceres dos membros da comunidade surda sobre as propostas de neologismos possam retroalimentar as CoPVs e propiciar seu aprimoramento. Porém, é importante ter em mente que os aspectos culturais de cada região podem exercer influência sobre o processo e podem tornar a validação ou o aprimoramento de propostas mais complexos. Como resultado, pode ocorrer a adoção de concepções diferentes das estabelecidas e difundidas nos artefatos de referência, que são as variantes linguísticas. Esta hipótese poderá ser comprovada ou refutada a longo prazo.

No que diz respeito à divulgação do repertório da língua em artefatos de referência, o *Relatório sobre política linguística para a educação bilíngue: língua de sinais e língua portuguesa* (MEC, 2014) recomenda a criação de uma base de dados lexical terminológica nacional no formato eletrônico. Como essa base ainda não existe, as autoras também apontam que o ideal é que sejam desenvolvidas iniciativas de pesquisa para tal fim. Considerando a existência de um conjunto de artefatos já difundidos na *web*, sugere-se que a plataforma nacional seja capaz de indexar e apresentar os conteúdos desses artefatos, assim como outros que futuramente sejam desenvolvidos. Dessa maneira, além de possibilitar a alimentação da base nacional, a estratégia possibilitaria identificar as variantes linguísticas (regionalismos) e outros neologismos emergentes.

Na impossibilidade de criação de uma base unificada, sugere-se que os artefatos de referência da língua, como os dicionários e glossários *on-line*, sejam extensamente difundidos com o objetivo de incentivar a apropriação e popularização desse tipo de plataforma pelos membros da comunidade surda. É importante que os artefatos tecnológicos utilizados para a disseminação do repertório da língua assumam um caráter dinâmico, mantendo-se atualizados em relação ao que se discute em cada domínio de conhecimento. Esse caráter dinâmico é primordial para que a comunidade surda sinta-se motivada a utilizá-los como instrumento de consulta e pesquisa.

REFERÊNCIAS

BAUMAN, H-D; MURRAY, J. J. Reframing: from hearing loss to deaf gain. *Deaf Studies Digital Journal*, 2009.

BLOMBERG, J.; BURRELL, M. An ethnographic approach to design. In: JACKO, J. A.; SEARS, A. (Eds.). *The Human-Computer Interaction Handbook*: fundamentals, evolving technologies and emerging applications. Mahwah, New Jersey: Lawrence Erlbaum Associates Publishers, 2003. p. 964-986.

BRASIL. Decreto n° 5.626, de 22 de dezembro de 2005. *Diário Oficial da União,* Brasília, 23 dez. 2005. Disponível em:
<http://www.planalto.gov.br/ccivil_03/_ato2004-2006/2005/decreto/d5626.htm>. Acesso em: 10 jan. de 2018.

BRASIL. Lei n° 13.005, de 25 de junho de 2014. *Diário Oficial da União,* Brasília, 26 jun. 2014. Disponível em:
<http://www.planalto.gov.br/ccivil_03/_ato2011-2014/2014/lei/l13005.htm>. Acesso em: jan. de 2018.

BRASIL. Lei n° 13.146, de 6 de julho de 2015. *Diário Oficial da União*, Brasília, 7 jul. 2015. Disponível em: <http://www.planalto.gov.br/ccivil_03/_ato2015-2018/2015/lei/l13146.htm>. Acesso em: 05 de jan. de 2018.

CALDWELL, B. et al. *Web content accessibility guidelines (WCAG) 2.0.* 2008. Disponível em: <http://www.w3.org/TR/WCAG20/>. Acesso em: 10 de jan. de 2018.

COETZEE, L.; OLIVRIN, G.; VIVIERS, I. Accessibility perspectives on enabling South African sign language in the South African National Accessibility Portal. In: INTERNATIONAL WORLD WIDE WEB CONFERENCE, 18., 2019. *Proceedings...* Madrid, 2009. p. 62-65.

ELLAWAY, R.; DEWHURST, D.; MCLEOD, H. Evaluating a virtual learning environment in the context of its community of practice. *ALT-J, Research in Learning Technology*, v. 12, n. 2, p. 125-145, 2004.

FARIA DO NASCIMENTO, S. P. *Representações lexicais da língua de sinais brasileira*: uma proposta lexicográfica. 2009. 290 f. Tese (Doutorado em Linguística)-Instituto de Letras. Departamento de Linguística, Português e Línguas Clássicas, Universidade de Brasília, Brasília, 2009.

FAJARDO, I.; VIGO, M.; SALMERÓN, L. Technology for supporting web information search and learning in sign language. *Interacting with Computers*, v. 21, n. 4, p. 243-256, 2009.

FRADE, M. A. F. Mídia e cidadania. *Revista Informação & Sociedade: Estudos*, v. 12, n. 1, p. 1-17, 2002.

GIBSON, J. J. The theory of affordances. In: SHAW, R. E.; BRANSFORD, J. (Eds.). *Perceiving, acting, and knowing.* Hillsdale, New Jersey: Lawrence Erlbaum Associates, 1977. p. 127-143.

HARPER, S.; CHEN, A. Q. Web accessibility guidelines: a lesson from the evolving Web. *World Wide Web*, v. 15, n. 1, p. 61-88, 2012.

HOLLAN, J.; HUTCHINS, E.; KIRSH, D. Distributed cognition: toward a new foundation for human-computer interaction research. *ACM Transactions on Human-Computer Interaction,* v. 7, n. 2, p. 174-196, 2000.

HUTCHINS, E. *Cognition in the wild.* Cambridge: MIT, 1995. 408 p.

LANG, H. G.; STEELY, D. Web-science based instruction for deaf students: what research says to the teacher. *Instructional Science*, n. 31, p. 277-298, 2003.

MANSOUR, O. Group intelligence: a distributed cognition perspective. In: INTERNATIONAL CONFERENCE ON INTELLIGENT NETWORKING AND COLLABORATIVE SYSTEMS. 2009. *Proceedings...* Barcelona: IEEE. Disponível em: <http://ieeexplore.ieee.org/lpdocs/epic03/wrapper.htm?arnumber=5368839>. Acesso em: 10 dez. 2017.

MARTINS, S.; FILGUEIRAS, L. Avaliando modelos de interação para comunicação de deficientes auditivos. In: SIMPÓSIO DE FATORES HUMANOS EM SISTEMAS COMPUTACIONAIS, 9., 2010. *Anais...* Belo Horizonte, Minas Gerais, Brasil, 2010. p. 193-196.

MEC. *Relatório sobre a política linguística de educação bilíngue*: língua brasileira de sinais e língua portuguesa. Brasília: MEC/SECADI, 2014. 24 p. Disponível em: <http://www.bibliotecadigital.unicamp.br/document/?down=56513>. Acesso em: 20 fev. 2018.

NASR, M. M. An enhaced learning environment for Deaf/HOH pupils. In: INTERNATIONAL CONFERENCE ON COMPUTER TECHNOLOGY AND DEVELOPMENT (ICCTD), 2., 2010. *Proceedings...* Cairo, Egypt, 2010. p. 724-727.

NORMAN, D. *The design of everyday things.* New York: Basic Books, 1988.

PIVETTA, E.; SAITO, D. S.; ULBRICHT, V. R. Surdos e acessibilidade: análise de um ambiente virtual de ensino e aprendizagem. *Revista Brasileira de Educação Especial*, v. 20, n. 1, p. 147-162, 2014.

POWER, M. R.; POWER, D.; HORSTMANSHOF, L. Deaf people communicating via SMS, TTY, relay service, fax and computers in Australia. *Journal of Deaf Studies and Deaf Education*, v. 12, n. 1, p. 80-92, 2007.

ROCHA, M. P. C. A questão cidadania na sociedade da informação. *Ciência da Informação,* v. 29, n. 1, p. 40-45, 2000.

ROGERS, Y. *A brief introduction to distributed cognition.* 1997. Disponível em:

<http://www.csuchico.edu/~nschwartz/dcog-brief-intro.pdf>. Acesso em: 20 de janeiro de 2018.

ROGERS, Y. New theoretical approaches for human-computer interaction. *ARIST – Annual Review of Information Science and Technology,* v. 38, n. 1, p. 87-143, 2004.

ROGERS, Y.; ELLIS, J. Distributed cognition: an alternative framework for analyzing and explaining collaborative working. *Journal of Information Technology*, n. 9, p. 119-128, 1994.

SACKS, O. *Vendo vozes*: uma viagem ao mundo dos surdos. São Paulo: Companhia das Letras, 2010. 216p.

SAITO, D. S. *Ambientes de comunidades de prática virtuais como apoio ao desenvolvimento de neologismos terminológicos em Língua de Sinais.* 2016. 285 f. Tese (Doutorado)-Programa de Pós-Graduação em Engenharia e Gestão do Conhecimento, Universidade Federal de Santa Catarina, Florianópolis, 2016.

SCHALLENBERGER, A. *Ciberhumor nas comunidades surdas.* 2010. 75 f. Dissertação (Mestrado em Educação)-Programa de Pós-Graduação da Faculdade de Educação da Universidade Federal do Rio Grande do Sul, Porto Alegre, 2010.

SILVA, H. et al. Inclusão digital e educação para uma competência informacional: uma questão de ética e cidadania. *Ciência da Informação,* v. 34, n. 1, p. 28-36, 2005.

STUMPF, M. R. *Aprendizagem de escrita da língua de sinais pelo sistema SignWriting*: língua de sinais no papel e no computador. 2005. 330 f. Tese (Doutorado em Informática na Educação)-Programa de Pós-Graduação de Informática na Educação, Universidade Federal do Rio Grande do Sul, Porto Alegre, 2005.

STUMPF, M. R.; OLIVEIRA, J. S.; MIRANDA, R. D. O Glossário Letras-Libras como instrumento para estudo de unidades terminológicas em Libras. In: STUMPF, M. R.; QUADROS, R. M.; LEITE, T. A. (Org.). *Estudos da língua brasileira de sinais II*. Florianópolis: Insular, 2014. p. 145-164.

SWAN, K.; SHEA, P. J. The development of virtual learning communities. In: HILTZ, S.R.; GOLDMAN, R. *Asynchronous learning networks*: the research frontier. New York: Hampton Press, 2005. p. 239-260.

WASKO, M. M. et al. Collective action and knowledge contribution in electronic networks of practice. *Journal of the Association for Information Systems*, v. 5, n. 11, p. 493-513, 2004.

WENGER, E. Communities of practice and social learning systems. *Organization*, v. 7, n. 2, p. 225-246, 2000.

ZHANG, J.; PATEL, V. L. Distributed cognition, representation, and affordance. *Pragmatics & Cognition*, v. 14, n. 2, p. 333-341, 2006.

6

Glossário virtual de língua brasileira de sinais: constituição e usabilidade

Cássia Geciauskas Sofiato

O uso de imagens na educação de surdos tem sido observado desde o século XVI, quando os primeiros educadores começaram a desenvolver suas práticas pedagógicas mediadas por tal recurso (SOFIATO, 2016). De meados do século XVI até a contemporaneidade, o discurso referente à importância da imagem na educação de surdos se faz presente e, hoje, além da imagem impressa, a imagem em movimento ocupa lugar de destaque devido à utilização da tecnologia em diferentes espaços educacionais.

Em contextos educativos, muitas são as possibilidades que se apresentam que podem contar com o uso do recurso imagético, e uma das questões proeminentes é o emprego da tecnologia para o ensino e aprendizado da língua brasileira de sinais (Libras). Para tal, por vezes são utilizados dicionários ou manuais impressos e também dicionários e glossários virtuais, hoje mais abundantes e de fácil acesso.

Se for realizado um inventário referente às obras publicadas sobre língua de sinais ao longo da história, será possível notar que o uso da imagem é feito de diferentes formas. No Brasil, existe uma grande variedade de materiais que mostram a Libras sendo representada por meio de desenhos naturalistas, fotografias e diagramas, acompanhados ou não de legendas, com o objetivo de explicitar a realização dos sinais.

Sofiato (2005) aponta que historicamente, no Brasil, vários autores já se lançaram ao desafio de constituir obras impressas com a representação da Libras, como Gama (1875), Oates (1969), Ensminger (1987), Felipe (2001), Capovilla e Raphael (2001), entre outros. Analisando alguns dicionários e manuais impressos de Libras, foi possível constatar que existem certos entraves que dificultam a leitura e a execução dos sinais das referidas obras, como a dificuldade de visualização de detalhes das mãos (dedos) durante a realização do sinal; a escolha do ângulo para o desenho das mãos; a dificuldade por parte dos ilustradores ou fotógrafos em representar o movimento presente na língua de sinais; a escolha inadequada de cores; problemas técnicos em relação ao desenho (tendo em vista que representar uma língua tridimensional em um plano bidimensional não é tarefa simples, exigindo uma boa formação, entre outros aspectos).

Com o passar do tempo e com o avanço e a diversificação da tecnologia, passou-se a contar com outros recursos para essa finalidade. O uso da imagem em movimento também se tornou mais recorrente, e foram produzidos filmes, CD-Rom, dicionários, glossários virtuais, entre outros, que também tentaram servir como suporte para o registro, a interação e disseminação da língua de sinais.

Na atualidade, observa-se o crescente uso das tecnologias em contextos educativos, e, segundo Nascimento e Santos (2016, p. 31):

> [...] as mudanças tecnológicas contribuíram para a disseminação do conhecimento e para a transformação da

sociedade no que se refere à inclusão social, pois as tecnologias, com os diferentes recursos desenvolvidos, possibilitam a autonomia das pessoas com e sem deficiência, surdas ou ouvintes.

Entretanto, os autores apontam que a utilização das tecnologias pode contribuir tanto para a diminuição como para o aumento da exclusão, dependendo do encaminhamento destinado a diferentes públicos. Ademais, acrescenta-se que a qualidade das ferramentas tecnológicas também deve ser levada em consideração.

Pelo fato de a surdez ser uma experiência visual, tal como aponta Skliar (1998), as práticas educacionais ainda denotam a necessidade de investimentos no trabalho com a imagem, a fim de que o processo de apropriação dos conhecimentos se torne mais equitativo para o público surdo. Fazer uso de diferentes recursos tecnológicos pode favorecer o processo de aquisição de conhecimento e autonomia das pessoas surdas, desde que os referidos recursos sejam elaborados levando em consideração os mais variados aspectos da comunicação visual e as especificidades do público-alvo. Isso resulta na necessidade de ter profissionais dessa área que também conheçam minimamente o público surdo e sua língua, com sua natureza e constituição visuoespacial.

Mesmo com a garantia dos aspectos mencionados, estudos têm demonstrado que os seguintes desafios e questionamentos ainda continuam presentes: como garantir uma melhor usabilidade de recursos tecnológicos, em especial dicionários e glossários virtuais, levando em consideração as características do aspecto fonológico da Libras, de forma que o usuário possa interagir e se apropriar de sinais em tal língua? Será que a imagem em movimento favorece a leitura e o aprendizado do sinal?

Cabe destacar aqui o aspecto fonológico, em virtude de ele ser o responsável por abarcar *elementos básicos* das línguas de sinais, propostos inicialmente por Stokoe (1960) em seus estudos sobre o esquema linguístico estrutural da formação de sinais

da língua de sinais americana (ASL, do inglês *american sign language*), depois discutidos e aprimorados por outros autores – no caso do Brasil, por Ferreira (2010), Quadros e Karnopp (2004), entre outros. A fonologia das línguas de sinais, de acordo com Quadros e Karnopp (2004, p. 45),

> [...] é o ramo da linguística que objetiva identificar a estrutura e a organização dos constituintes fonológicos, propondo modelos descritivos e explanatórios.

Parâmetros relativos ao aspecto fonológico serão abordados posteriormente neste capítulo.

Além disso, convém salientar que os materiais referidos (dicionários e glossários virtuais) são do gênero instrucional, cuja essência é: "[...] orientar o leitor na realização de uma atividade ou na utilização de um produto" (MARINELLO; BOFF; KÖCHE, 2008, p. 69). De acordo com os autores, o gênero instrucional ainda se "[...] caracteriza pela ênfase na ação, apresentada de modo detalhado", ou seja, o detalhamento é um fator importante na constituição de tal gênero, de maneira que o leitor possa ser contemplado com conteúdos essenciais para a compreensão da mensagem.

Pelo exposto, é possível dizer que existem alguns fatores que instigam quando se fala a respeito da representação da Libras e se pensa em obras virtuais. Um deles é o da representação dessa língua, de modo que os seus parâmetros básicos constitutivos se preservem e permitam a leitura visual e a realização do sinal. Outro fator é o da usabilidade da tecnologia que abarca tal conteúdo, de maneira que o usuário saiba usufruir da ferramenta da forma mais plena possível.

Assim sendo, o objetivo aqui é o de apresentar e analisar a constituição de um glossário virtual de Libras, levando em consideração a representação da Libras e o fator da usabilidade.

Considerando-se que na atualidade existem vários materiais virtuais disponíveis para o ensino de sinais da Libras, entre eles dicionários e glossários, houve necessidade de se fazer uma opção, o que não foi tarefa fácil. As possibilidades e novidades que alguns aplicativos gratuitos na internet trazem são um tanto sedutoras no momento das escolhas, mas não se pode negar que ainda existem excluídos digitais em nossa sociedade. De acordo com Barreto Junior e Rodrigues (2012, p. 174):

> Lévy [...] reconhece que a expansão da cibercultura do mundo digital é atualmente mais um fator de exclusão, "tanto entre as classes de uma sociedade como entre as nações de países ricos e pobres", na medida em que para acessar a internet é necessário ter os instrumentos adequados e recursos financeiros para acompanhar o vertiginoso avanço tecnológico, para investir em capacitação e em uma infraestrutura de comunicação que requer computadores potentes, além de redes e sistemas complexos de telecomunicações.

De acordo com o que foi explicitado, um dos critérios que norteou a escolha do material a ser analisado foi o de sua representatividade em nível nacional e distribuição (alcance) aos possíveis usuários. Para levar a cabo tal investigação, foi analisado o *Manuário acadêmico e escolar* do Instituto Nacional de Educação de Surdos (Ines). Esse material está disponível em um *site* e é resultado de um projeto que foi iniciado em 2011 e é coordenado pelas professoras pesquisadoras Wilma Favorito e Janete Mandelblatt, ambas do Ines. Além disso, junto às professoras atua uma equipe composta por alunos e profissionais surdos e ouvintes do Ines (MANUÁRIO ACADÊMICO E ESCOLAR, c2016).

Não é foco da investigação descrita neste capítulo abordar como tal *site* foi produzido, mas sim analisar o produto em si, ou seja, o *site* e o conteúdo que ele traz. Para um aprofundamento nos aspectos que dizem respeito ao projeto, o *site* oferece uma seção intitulada "Produtos do trabalho", composta por publicações das coordenadoras e informações sobre eventos científicos relacionados ao projeto.

O estudo aqui apresentado teve como princípio uma abordagem qualitativa e se caracteriza como pesquisa exploratória. De acordo com Gil (2002, p. 41), a pesquisa exploratória

> [...] tem como objetivo principal o aprimoramento de ideias ou a descoberta de intuições. Seu planejamento é, portanto, bastante flexível, de modo que possibilite a consideração dos mais variados aspectos relativos ao fato estudado.

CONSIDERAÇÕES SOBRE A LÍNGUA BRASILEIRA DE SINAIS E A COMUNICAÇÃO VISUAL

A Libras, língua utilizada pela comunidade surda no Brasil, assim como outras línguas de sinais existentes, necessita de uma forma de registro que permita transmiti-la em diferentes espaços e tempos para uma determinada finalidade. Sendo de natureza visuoespacial, para que possa ser representada, torna-se necessário o uso de um suporte que contemple as suas características e, ao mesmo tempo, que dê conta de transmitir o significado daquilo que está sendo representado, no caso, os sinais que a constituem.

Em 2002, a Lei nº 10.436 reconheceu a Libras como

> [...] forma de comunicação e expressão, em que o sistema linguístico de natureza visuomotora, com estrutura gramatical própria, constitui um sistema linguístico de transmissão de ideias e fatos, oriundos de comunidades de pessoas surdas do Brasil (BRASIL, 2002, documento *on-line*).

Após esse reconhecimento, mais estudos e tentativas de registro da Libras surgiram na modalidade virtual. Além disso, a motivação trazida pelo Decreto-Lei nº 5.626 de 2005, no capítulo IV, artigo 14, inciso VIII, recomenda

> [...] disponibilizar equipamentos, acesso às novas tecnologias de informação e comunicação, bcm como recursos di-

dáticos para apoiar a educação de alunos surdos ou com deficiência auditiva.

Essas medidas tornaram-se cada vez mais necessárias para o campo da educação de surdos.

Para que se possa falar com assertividade sobre a representação desse complexo sistema de comunicação utilizado pelos surdos, é preciso saber, a princípio, como a língua de sinais se constitui em termos de estrutura. A Libras, segundo Quadros e Karnopp (2004), possui os mesmos níveis linguísticos que compõem as línguas orais, como os níveis fonológico, morfológico, sintático, semântico e pragmático. Fernandes (2003, p. 44) acrescenta:

> Observamos na língua de sinais as várias acepções de uso, as expressões idiomáticas, metafóricas, figurativas, os aspectos estilísticos, as contextualizações, que admitem a pressuposição e o implícito, enfim, as mesmas características de qualquer língua natural, quer em seu aspecto gramatical, propriamente dito, quer nas várias manifestações do simbólico.

A intenção aqui não é abordar de maneira aprofundada cada nível em especial, mas apresentar sumariamente o aspecto fonológico da Libras e destacar fatores importantes em termos de representação visual que podem ser considerados para uma leitura mais efetiva dos sinais.

Estudos linguísticos atuais levam em consideração os seguintes parâmetros da Libras: configuração de mão, ponto de articulação, movimento, orientação e expressões não manuais.

A configuração dos *queremas*, ou mãos (CM), é também denominada designação, termo atribuído a Stokoe (1960). A configuração diz respeito à forma que a(s) mão(s) assume(m) ao realizar determinado sinal (FERNANDES, 2003). Em termos de representação visual, para que esse parâmetro seja bem visualizado pelo leitor, o profissional que trabalha com a produção da imagem deve atentar para o detalhamento das posições que as mãos assumem ao fazer determinado sinal e tentar "capturar" o ângulo que seja mais análogo à visualização do sinal a olho nu.

A *locação* das mãos (L), também denominada *ponto de articulação* (PA), corresponde ao local, tomando-se como referência o corpo, onde será produzido o sinal. De acordo com Fernandes (2003), existem sinais que são produzidos na parte superior do corpo, correspondente à cabeça e ao pescoço; outros sinais são realizados na parte média, na região do tronco; e, por último, existem os inferiores, que são feitos da cintura ao meio da coxa. Nesse caso, o profissional que trabalha com a imagem deve atentar para as partes do corpo da pessoa-referência que precisam estar em destaque para a produção do sinal, pois isso implica um significado. A escolha de um bom ângulo também é fundamental e faz a diferença na leitura visual.

O *movimento* das mãos (M), também denominado *signação*, é um aspecto fundamental para a realização de muitos sinais. Quadros e Karnopp (2004) acrescentam que nas línguas de sinais a(s) mão(s) do sinalizador representa(m) o objeto, enquanto o espaço em que o movimento se realiza é a área em torno do corpo do sinalizador. O movimento, nas línguas de sinais, pode envolver uma vasta rede de formas e direções, desde os movimentos internos de mãos, aos movimentos do pulso e aos movimentos direcionais no espaço (FELIPE, 2001). Tal parâmetro é um dos mais complexos em termos de representação quando a imagem é estática, devido à diferença de planos. Quando se trata da imagem em movimento, é necessário cuidar da *velocidade* de execução do sinal, de modo que o leitor possa verificar a sequência envolvida na sua produção.

A característica que foi incorporada aos *queremas* mais tarde foi a *orientação da(s) palma(s) da(s) mão(s)*. A orientação mostra a direção para a qual a palma da mão aponta na produção do sinal. Existem sinais que são feitos direcionando-se a palma da mão para cima; outros, para baixo; ou ainda, para dentro, para fora, para a direita e para a esquerda (FERNANDES, 2003). Nesse caso, os profissionais que trabalham com a imagem devem cuidar da distância e do detalhamento da mão e de sua posição para que o leitor possa verificar a posição da mão e a direção do sinal.

Por fim, Fernandes (2003) pondera que existe ainda outro aspecto que deve ser levado em consideração durante a realização dos sinais. Muitos sinais também têm como traço diferenciador as *expressões corporais e faciais*, que são fundamentais para a emissão, recepção e compreensão da mensagem. É possível fazer uso do mesmo sinal para diferentes contextos, sendo que o traço diferenciador responsável pelo sentido será a expressão corporal ou facial utilizada. O sinalizador deve ser expressivo tanto quanto o sinal exige, a fim de que a comunicação se estabeleça de forma efetiva. Nesse sentido, os profissionais que atuam com a produção da imagem devem atentar para a ocupação da pessoa-referência no espaço e também para a sua expressividade ao executar o sinal. O rosto também precisa estar em evidência, assim como, em alguns casos, partes específicas do corpo.

Os aspectos apresentados nesta parte servem de base para nortear as análises explicitadas neste capítulo. A seguir, é discutida a usabilidade enquanto requisito relacionado à exibição da informação.

A USABILIDADE EM QUESTÃO

Joly (1996) considera a imagem como uma mensagem visual composta de diversos signos,[1] o que equivale a considerá-la como uma linguagem e, portanto, uma ferramenta de expressão e de comunicação. Seja ela expressiva ou comunicativa, é possível admitir que uma imagem sempre constitui uma mensagem para o outro, e até para nós mesmos.

Quando se faz referência às imagens que têm por finalidade a instrução, ou seja, a explicação para o uso dirigido de algo, nota-se a necessidade da reprodução mais real possível, de forma a facilitar o aprendizado e o manuseio do objeto de desejo. Nesse sentido, a imagem instrucional tem uma certeza intencional: ela deve ser essencialmente comunicativa e destinada à leitura pública.

Um dos componentes essenciais para a produção de imagens instrucionais denomina-se "princípio de visibilidade" (MIJKSENAAR, 2001). A ilustração deve ser clara, simples e sem ambiguidades, de modo a facilitar a compreensão da imagem para os destinatários. Assim sendo, o acesso a esse tipo de imagem também deve ser levado em consideração, de maneira que a informação seja recebida pelo leitor e potencialmente assimilada.

Além da questão da produção das imagens em movimento, o conceito de usabilidade também é importante, tendo em vista que o material a ser analisado encontra-se em um *site* disponível na internet. De acordo com Ferreira e Leite (2003, p. 117), a usabilidade

> é a característica que determina se o manuseio de um produto é fácil e rapidamente aprendido, dificilmente esquecido, não provoca erros operacionais, oferece alto grau de satisfação para seus usuários e resolve de maneira eficiente as tarefas para as quais ele foi projetado. Para garantir a usabilidade de um *site*, deve-se dar atenção aos seus requisitos não funcionais, para garantir que a informação dada ao usuário seja de qualidade.

Para que a informação seja acessada, Ferreira e Leite (2003) alegam que um sistema orientado para a usabilidade deve possuir uma interface que permita ao usuário executar uma tarefa sem chamar a atenção para si, sem tirar o seu foco durante a uti-

---

[1] Para Santaella (1983), o signo é uma coisa que representa outra coisa: seu objeto. Joly (1996) acrescenta que um signo tem uma materialidade que percebemos com um ou vários de nossos sentidos. É possível vê-lo (um objeto, uma cor, um gesto), ouvi-lo (linguagem articulada, grito, música, ruído), senti-lo (vários odores: perfume, fumaça), tocá-lo ou ainda saboreá-lo. Essa coisa que se percebe está no lugar de outra; esta é a particularidade essencial do signo: estar ali presente, para designar ou significar outra coisa, ausente, concreta ou abstrata.

lização. Os autores ainda alertam que os sistemas devem ser criados levando-se em conta as necessidades e expectativas dos usuários, permitindo refletir o mundo com o qual trabalham. Tais autores também apresentam uma taxonomia relativa a requisitos não funcionais de usabilidade, ou seja, que

> [...] dizem respeito à qualidade do sistema, descrevem as suas facilidades e são diretamente ligados a aspectos negligenciados da engenharia de *software*, que são os fatores humanos. (FERREIRA; LEITE, 2003, p. 117)

A taxonomia abarca vários aspectos relacionados à exibição da informação.

Ferreira e Leite (2003, p. 117) ainda complementam que

> [...] os requisitos não funcionais desejáveis em uma boa interface podem ser agrupados em duas categorias: requisitos relacionados à exibição de informação e à entrada de dados. (PRESSMAN, 1992 apud FERREIRA; LEITE, 2003, p. 117)

Os autores apresentam os requisitos relacionados à exibição da informação, os quais são:

> [...] consistência, *feedback*, níveis de habilidade e comportamento humano, percepção humana, metáforas, minimização de carga de memória, classificação funcional dos comandos e projeto independente da resolução do monitor. (FERREIRA; LEITE, 2003, p. 118)

No que tange à entrada de dados, são relacionados os seguintes aspectos: "[...] mecanismos de ajuda, prevenção de erros e tratamento de erros". (FERREIRA; LEITE, 2003, p. 118)

Não é objetivo do estudo apresentado neste capítulo analisar todos os requisitos antes explicitados. A intenção aqui, no que diz respeito à usabilidade, é considerar principalmente *um* requisito relacionado à exibição da informação e outros *dois* relacionados ao requisito escolhido; serão eles: consistência e, por conseguinte, apresentação visual e uso de cores.

À luz de Ferreira e Leite (2003, p. 118), a *consistência* é uma das principais características relativas à usabilidade de uma interface. Segundo os autores, a consistência "[...] reduz a frustração provocada por comportamentos inesperados e logicamente incompreensíveis do sistema". Para que tal requisito seja eficaz, é necessário que todas as funções de uma mesma interface tenham o mesmo comportamento e a mesma apresentação visual.

A *apresentação visual* e o *uso de cores* são descritos pelos autores como um desdobramento do requisito consistência. Assim, são destacadas características gerais do *site* selecionado para o estudo e sua composição, levando em consideração o atributo cor – elemento fundamental na comunicação visual. Para Gomes Filho (2000, p. 65):

> [...] a cor é a parte mais emotiva do processo visual, e tal elemento possui grande força e pode ser usado para reforçar a informação visual. O emprego de cores pode ter vários propósitos em se tratando de uma informação visual: pode equilibrar ou desequilibrar, dar leveza ou peso a uma composição, alterar o volume de objetos, entre outros.

Diante dos aspectos discutidos, a seguir será abordado o material escolhido para análise e as respectivas considerações sobre ele.

O GLOSSÁRIO

Com o intuito de levar a cabo a apresentação e análise da constituição de um glossário virtual de Libras, optou-se pela escolha do projeto antes mencionado, denominado *Manuário acadêmico e escolar*, do Ines,[2] coordenado pelas professoras Janete Mandelblatt e Wilma Favorito, além de outros colaboradores, entre eles surdos e ouvintes. Esse material deriva de um projeto de pesquisa e é bastante atual no campo da educação de surdos. O projeto foi denominado *Manuário* pelo professor surdo Valdo

---

[2]Disponível em: <http://www.manuario.com.br/home>.

Nóbrega e tem por finalidade contribuir para o fortalecimento da Libras como língua de instrução.

Futuramente os desenvolvedores pretendem criar um dicionário bilíngue *on-line* – Libras e língua portuguesa – e que o projeto de pesquisa e registro conta com três etapas:

> [...] coleta de sinais junto a alunos surdos, professores e intérpretes do Ines; sessões de validação desses sinais com professores surdos do Ines e outros representantes da comunidade acadêmica; filmagem em estúdio dos sinais validados. (MANUÁRIO ACADÊMICO E ESCOLAR, c2016, documento *on-line*)

A *webdesigner* responsável é a professora Vera Lúcia L. Dias; e Leonardo Santos é o responsável pela manutenção do *site*.

No que tange à usabilidade, em termos de consistência, o *site* se mostra adequado. As funções da interface possuem o mesmo estilo de apresentação visual e o mesmo comportamento. Além da seção "Palavra ao visitante", o *site* traz seções como "Sobre o Manuário", "Índice geral", "Dicionário onomástico", "Programas do Manuário", "Dicionário temático", "Divulgação na mídia", "Produtos do trabalho" e "Memória do Manuário".

Em "Sobre o Manuário", são apresentadas fotos das criadoras e coordenadoras do projeto, bem como de todos os participantes. Na seção "Índice geral", oferece-se a possibilidade de buscar palavras a partir de um alfabeto (de A a Z) ou acessar a palavra desejada a partir do seguinte comando: visualização de todas as palavras em ordem alfabética. Em "Dicionário onomástico", os desenvolvedores apresentam uma lista de autores das áreas da educação, linguística, psicologia, filosofia, sociologia, entre outras, e o sinal referente a cada um deles. Na mesma página, disponibilizam "Biografias / curiosidades / informações", que são apresentadas pela TV Ines. Em "Programas do Manuário", são oferecidos os mesmos conteúdos citados no item anterior, as "Biografias / curiosidades / informações". O "Dicionário temático" apresenta sinais referentes a diversas áreas do conhecimento, da modalidade de educação especial, do cotidiano escolar e acadêmico, dos níveis da educação brasileira, política e sinais referentes à língua portuguesa (gramática).

Em "Divulgação na mídia", encontram-se reportagens de jornais e revistas referentes ao *Manuário*. Em "Produtos do trabalho", são destacados vários trabalhos acadêmicos publicados pelas criadoras e pesquisadoras e são ressaltadas participações em eventos acadêmicos. Por fim, em "Memória do Manuário", constam fotos das criadoras e coordenadoras do projeto, de outros participantes, de eventos, de reuniões e sessões de validação de sinais.

Durante o acesso a tais páginas, não foram observados "[...] comportamentos inesperados e logicamente incompreensíveis do sistema", aspectos descritos por Ferreira e Leite (2003). As buscas pelos diversos conteúdos apresentados foram realizadas com sucesso. É importante destacar que alguns conteúdos presentes em "Dicionário temático" ainda estão em processo de construção, como, por exemplo, a área de conhecimento "Física" que, quando acessada, responde ao usuário do *site:* "Em construção. Em breve estaremos trazendo novidades para você" (MANUÁRIO ACADÊMICO E ESCOLAR, c2016, documento *on-line*).

O *site* utiliza cores para reforçar determinadas informações e dividir os conteúdos, sendo que a cor do fundo é branca. As cores que predominam e contrastam com o branco são o azul, o vermelho, o amarelo e o verde. Há um equilíbrio no uso dessas cores e isso torna o *site* esteticamente interessante e mais motivador.

Parâmetros da língua de sinais no *Manuário acadêmico e escolar*

Antes de discutir os parâmetros da Libras e sua apresentação na obra, faz-se necessário destacar algumas informações essenciais. No *Manuário acadêmico e escolar*, a pessoa-referência para a realização da maioria dos sinais é Elaine Bulhões, profissional do Ines responsável também pelas consultas de sinais. Durante a demonstração da forma de execução dos sinais, ela usa roupa preta que contrasta com um fundo azul. Assim, os sinais ficam bem visíveis ao serem produzidos manualmente.

O conteúdo referente aos sinais é apresentado por meio da imagem em movimento, em vídeo, favorecendo a percepção da tridimensionalidade da língua, fator que faz muita diferença no processo de leitura da imagem do gênero instrucional. Para a análise dos parâmetros da Libras, devido à abrangência do *site*, foram vistos os sinais que estão em "Dicionário temático" – foco das análises apresentadas a seguir.

Configuração de mão

Após a observação da realização de vários sinais do *Manuário acadêmico e escolar*, constatou-se que a configuração de mão é um parâmetro que se torna mais visível quando se tem a imagem em movimento, e isso é garantido pelos vídeos apresentados no *site*.

No caso da imagem estática, o ilustrador precisa escolher uma determinada posição para desenhar e a configuração da mão aparece "congelada" como produto final, fato que pode gerar dúvida ou até mesmo dificultar a leitura do sinal.

No *Manuário acadêmico e escolar*, a velocidade de realização do sinal auxilia no processo de visualizar detalhes referentes à configuração de mão e, se porventura o leitor apresentar dificuldade, é possível retomar a sinalização. A distância com que se visualiza a mão também é adequada, facilitando a apreensão de detalhes dos dedos, fundamentais nesse processo.

Ponto de articulação

Para que tal parâmetro seja contemplado, é necessário que o corpo do sinalizador fique bem visível durante a realização do sinal; além disso, deve-se ter cuidado com a parte do corpo que integrará a composição do sinal (superior, média ou inferior).

Os vídeos apresentados no *Manuário acadêmico e escolar* atentam para essas necessidades, uma vez que no Brasil o ponto de articulação abrange as três regiões. Por vezes, são destacadas as partes do corpo que são necessárias para a execução dos sinais, facilitando a compreensão da forma de realização dos sinais apresentados.

Movimento

Para Gomes Filho (2000), o movimento, enquanto categoria conceitual proposta pela *gestalt*, é definido como função de velocidade e direção. Ele está relacionado com o sistema nervoso, que cria a sensação de mobilidade e rapidez. O autor ainda acrescenta que as noções de movimento são acontecimentos que se dão em sequência, por meio de estimulações espontâneas, das quais se registra uma mudança estática. Porém, toda essa percepção do movimento só ocorrerá se uma ilustração for realizada de maneira técnica. No caso de materiais impressos, é um dos parâmetros que mais apresenta problemas para a leitura dos sinais da Libras e de outras línguas sinalizadas, de acordo com Sofiato (2005).

No caso da imagem em movimento, esse parâmetro da Libras pode ser observado com maior exatidão se a produção da imagem for bem cuidada. Quando os sinais são produzidos de forma natural, com uma velocidade possível de ser percebida, a visualização fica mais favorecida para o leitor, principalmente se ele for iniciante no aprendizado de tal língua.

Ferreira (2010) descreve os movimentos realizados nas línguas de sinais e estabelece algumas categorias para a sua análise: o tipo de movimento, a direcionalidade, a maneira e a frequência. Segundo a autora, com relação ao tipo, os movimentos podem ser realizados de diferentes formas, como, por exemplo, com as mãos, com os pulsos e com o antebraço. A direcionalidade indica que os movimentos podem ser unidirecionais, bidirecionais ou multidirecionais. A maneira refere-se à descrição da qualidade da tensão e velocidade do movimento, e a frequência, por sua vez, diz respeito ao número de repetições de um movimento.

No *Manuário acadêmico e escolar*, pode-se observar o movimento inerente aos sinais e também as características antes mencionadas. Se não for possível fazer a leitura de um sinal na primeira vez em função da frequência do movimento, pode-se repetir a ação para contemplar o sinal novamente.

Orientação

A orientação é outro parâmetro que foi contemplado no *Manuário acadêmico e escolar*. Pelo fato de o material apresentar a imagem em movimento, isso também facilita a leitura de tal parâmetro. As posições de mãos podem ser facilmente percebidas, no caso de sinais que são feitos direcionando-se a palma da mão para cima; para baixo; ou ainda para dentro, para fora, para a direita e para a esquerda.

Seria interessante que os materiais instrucionais de Libras apresentassem para os leitores uma demonstração inicial das posições que possivelmente serão utilizadas durante a execução dos sinais, pois isso ampliaria a compreensão sobre a língua e reforçaria a modalidade da língua em questão – visuoespacial –, além de favorecer a correta realização do parâmetro orientação.

Expressões não manuais

Este parâmetro é um dos mais interessantes de ser observado nos materiais instrucionais, pois não são todos que atentam para a necessidade de representação de tal elemento constitutivo da língua. Sofiato (2005) verificou, em outro estudo, que tal parâmetro, por vezes, é omitido ou não evidenciado nas representações da Libras. Isso se constitui um problema, pois o sinalizador deve ser expressivo tanto quanto o sinal exige, para que a comunicação se estabeleça de maneira efetiva, minimizando problemas de interpretação.

No caso do *Manuário acadêmico e escolar*, observa-se que os sinais demonstrados apresentam expressões não manuais. Como

exemplo citam-se os sinais correspondentes às seguintes palavras em língua portuguesa: aborto, autonomia, solo poluído 1, solo poluído 2, desemprego, preconceito 1 e greve. Os sinais observados foram produzidos de forma natural, sem exageros durante a exibição, o que confere ao leitor a possibilidade de perceber e de também trabalhar com suas próprias expressões faciais e corporais. Tal aspecto, por vezes, não é muito fácil para iniciantes em Libras, mas precisa ser desenvolvido como um elemento constitutivo da língua em questão e não como um complemento opcional durante a realização do sinal.

CONSIDERAÇÕES FINAIS

A Libras é uma língua viva, em crescente expansão, e seu processo de dicionarização também acompanha essa evolução. Depois de ser reconhecida como língua em 2002, observou-se um novo sentido para muitas ações no campo político, social e, sobretudo, educacional. O acesso à Libras também se tornou maior, embora ainda não atenda às mais variadas demandas nacionais existentes. Os desafios, de fato, ainda são muitos. Um deles diz respeito ao registro dos sinais para uso nos mais variados contextos. Esse é um desafio histórico, mas que vem sendo tratado desde o início da educação de surdos no século XVI. Atualmente, há a necessidade da expansão do léxico da Libras, visto que muitos surdos ascenderam a níveis mais elevados de escolaridade, fruto de muito trabalho e de políticas públicas brasileiras que atentam para a necessidade desse público.

Além disso, o olhar para esse público se tornou mais ampliado em alguns segmentos da sociedade, e a necessidade de comunicação sempre foi e ainda é uma realidade. Como consequência, existe hoje uma gama de livros, manuais e dicionários de Libras na modalidade impressa e *on-line* que tentam subsidiar os estudos sobre Libras, de forma que ela se torne mais conhecida e utilizada em diferentes espaços e contextos. Entretanto, por meio de pesquisas realizadas, percebe-se que a elaboração de bons materiais que tragam a representação da Libras não é tarefa fácil e tampouco recomendável para principiantes no uso da língua devido à complexidade que ela apresenta.

Tratando-se de materiais instrucionais, o profissional que atua com a produção de imagem torna-se o organizador visual, cuja tarefa é planejar, preparar e informar. Porém, para que isso aconteça, não basta ter criatividade e ousadia; é preciso se apropriar dos usos e sentidos que a imagem pode contemplar para o público-alvo a que se destina, além dos conhecimentos técnicos.

No estudo empreendido, nota-se que o *site* analisado permite uma boa usabilidade ao leitor de imagem. Para levar a cabo a investigação, foram realizadas muitas consultas ao *site*, relacionado à exibição da informação, a consistência foi um requisito garantido na análise. O *site* fornece os *feedbacks* necessários também quando consultado. Aqui é importante lembrar as áreas que ainda estão em construção e que foram notificadas. Durante as buscas não foram observadas falhas no sistema e houve fácil acesso às informações disponíveis, permitindo ao usuário a manutenção de seu foco.

A apresentação do *site* é interessante e tem caráter didático. O uso de algumas cores (azul, vermelho, amarelo e verde) serve para chamar a atenção do leitor e direcionar melhor as buscas dos conteúdos. Um dos aspectos que pode melhorar é o clareamento da cor do fundo em certos vídeos, pois, em alguns sinais, o tom de azul ao fundo aparece mais escuro, mas mesmo assim a leitura do sinal mantem-se preservada.

Constatou-se também que a escolha por utilizar a imagem em movimento pode favorecer a leitura dos sinais da Libras, a partir de seus parâmetros. Por meio das imagens analisadas, foi possível visualizar cada parâmetro em separado e em conjunto. Nesse sentido, visualizar sinais da Libras produzidos com imagem em movimento pode contribuir com o seu aprendizado de maneira mais efetiva do que usando somente materiais impressos.

A percepção da tridimensionalidade, oferecida pela imagem em movimento, é um fator essencial. O fato de se poder retomar várias vezes o vídeo também é fundamental para a verificação da forma de realização do sinal. Com um material impresso, para validar a forma correta de execução do sinal, é preciso um professor, um instrutor surdo, em função das especificidades que envolvem a representação pictórica do sinal. No caso do vídeo, não obrigatoriamente; se for uma pessoa com fluência na língua (de preferência surdo), com competência para executar tal tarefa, não necessariamente será preciso haver validação. Deve-se atentar para o fato de que os sinais possuem diferenças regionais, mas isso não é aprofundado aqui, levando-se em conta os objetivos do estudo apresentado neste capítulo.

Outro aspecto que deve ser destacado é que no *site* são encontrados muitos sinais novos para a Libras, algo extremamente necessário e urgente frente às demandas nacionais, sobretudo a educacional. A forma de indexação dos conteúdos mostra a variedade e o empenho do grupo que está atuando frente a essa questão e as lacunas existentes em relação ao léxico da Libras. A experiência acadêmica mostra que cada vez mais é necessário contar com materiais que sejam referências para a busca de léxico em Libras. Assim, seria interessante que houvesse um compartilhamento maior dos sinais já existentes criados pela comunidade surda. Isso evitaria um retrabalho em relação à criação de sinais em diferentes estados brasileiros.

Os sinais apresentados em "Dicionário temático" também são acompanhados pela escrita de seu significado em língua portuguesa. A associação da imagem à linguagem escrita é outra técnica frequentemente usada pelos profissionais que trabalham com imagens nesse contexto. No caso de glossário de Libras, é interessante associar a imagem e a escrita, pois se trata de mais uma informação visual fazendo parte do contexto. Sofiato e Reily (2014) constataram que vários materiais que trazem a representação da Libras utilizam a hibridização de recursos. Tal aspecto também foi observado no *Manuário acadêmico e escolar*.

Por fim, vale lembrar que, à medida que se interage com as imagens, pode-se ver mais ou menos coisas, descobrir mais detalhes, associar e combinar outras imagens, emprestar-lhes palavras para contar o que se vê, pois, em si mesma, uma imagem existe no espaço que ocupa, independentemente do período que se reserva para contemplá-la. Isso se aplica também para a imagem em movimento e, nesse sentido, fica o desafio para os profissionais que atuam nesse segmento: produzir obras visuais cada vez mais acessíveis e que prezem pelo fator da usabilidade, para garantir a leitura visual de forma prazerosa e ao mesmo tempo instrutiva, quando necessário.

REFERÊNCIAS

BRASIL. Lei nº 10.436, de 24 abril de 2002. Dispõe sobre a língua brasileira de sinais - Libras e dá outras providências. *Diário Oficial da União*, Brasília, 25 abr. 2002. <http://www.planalto.gov.br/ccivil_03/leis/2002/l10436.htm>. Acesso em: 10 fev. 2018.

BRASIL. Decreto nº 5.626, de 22 dezembro de 2005. Regulamenta a Lei nº 10.436, de 24 de abril de 2002, que dispõe sobre a língua brasileira de sinais - Libras, e o art. 18 da Lei nº 10.098, de 19 de dezembro de 2000. *Diário Oficial da União*, Brasília, 23 de dez. 2005. Disponível em: <http://www.planalto.gov.br/ccivil_03/_ato2004-2006/2005/decreto/d5626.htm>. Acesso em: 10 fev. 2018.

BARRETO JUNIOR, I. F.; RODRIGUES, C. B. Exclusão e inclusão digitais e seus reflexos no exercício de direitos fundamentais. *Revista Direitos Emergentes na Sociedade Global*, v. 1, n. 1, 2012.

CAPOVILLA, F. C., RAPHAEL, W. D. *Dicionário enciclopédico trilíngue*: língua de sinais brasileira. São Paulo: EDUSP, 2001. v. I e II.

ENSMINGER, J. *Comunicando com as mãos*. Piracicaba: Shekinah, 1987.

FELIPE, T. A. *Libras em contexto*. Brasília: Programa Nacional de Apoio à Educação dos Surdos, MEC/SEESP, 2001.

FERNANDES, E. *Linguagem e surdez*. Porto Alegre: Artmed, 2003.

FERREIRA, L. *Por uma gramática de língua de sinais*. Rio de Janeiro: Tempo Brasileiro, 2010.

FERREIRA, S. B. L.; LEITE, J. C. S. P. Avaliação da usabilidade em sistemas de informação: o caso do sistema Submarino. *Revista de Administração Contemporânea*, v. 7, n. 2, p. 115-136, 2003.

GAMA, F. J. *Iconographia dos signaes dos surdos mudos*. Rio de Janeiro: Tipografia Universal de E. & S. Laemmert, 1875.

GIL, A. C. *Como elaborar projetos de pesquisa*. 4. ed. São Paulo: Atlas, 2002.

GOMES FILHO, J. *Gestalt do objeto*: sistemas de leitura visual da forma. São Paulo: Escrituras, 2000.

JOLY, M. *Introdução à análise da imagem*. Campinas: Papirus, 1996.

MANUÁRIO ACADÊMICO E ESCOLAR. Rio de Janeiro: INES, c2016. Disponível em: <http://www.manuario.com.br/home>. Acesso em: fev. 2018.

MARINELLO A. F.; BOFF, O. M. B.; KÖCHE, V. S. O texto instrucional como um gênero textual. *Revista The ESPecialist*, v. 29, n. especial, p. 61-77, 2008.

MIJKSENAAR, P. *Una introducción al diseño de la información*. México: G. Gili, 2001.

NASCIMENTO, G. V. S.; SANTOS, R. *Educação, inclusão e TICs*: legendas e janela de Libras como recurso para a inclusão da pessoa surda. São Leopoldo: Oikos, 2016.

OATES, E. *Linguagem das mãos*. Aparecida do Norte: Santuário, 1969.

QUADROS, R. M.; KARNOPP, L. B. *Língua de sinais brasileira*. Porto Alegre: Artmed, 2004.

SANTAELLA, L. *O que é semiótica*. São Paulo: Brasiliense, 1983.

SKLIAR, C. (Org.). *A surdez*: um olhar sobre as diferenças. Porto Alegre: Mediação, 1998.

SOFIATO, C. G. *O desafio da representação pictórica da língua de sinais brasileira*. 2005. 123 f. Dissertação (Mestrado)–Instituto de Artes, Universidade Estadual de Campinas, Campinas, 2005.

SOFIATO, C. G. Ontem e hoje: o uso de imagens na educação de surdos. *Journal of Research in Special Education Needs*, v. 16, p. 789-794, 2016.

SOFIATO, C. G.; REILY, L. H. Dicionarização da língua brasileira de sinais: estudo comparativo iconográfico e lexical. *Revista Educação e Pesquisa*, v. 40, n. 1, p. 109-126, 2014.

STOKOE, W. *Sign and culture*: a reader for students of American Sign Language. Silver Spring: Listok, 1960.

TV INES. *Manuário*. Rio de Janeiro: INES, c2016. Disponível em: <http://tvines.ines.gov.br/?page_id=333>. Acesso em: 10 fev. 2018.

7

Aplicativos de tradução automática português-Libras: o que revelam as pesquisas científicas brasileiras?

Ygor Corrêa | Carina Rebello Cruz

Este capítulo apresenta uma pesquisa qualitativa sobre aplicativos de tradução automática disponíveis em lojas virtuais de dispositivos móveis (*smartphones* e *tablets*) que fazem a tradução de palavras e pequenas frases do português brasileiro (PB) para a língua brasileira de sinais (Libras) com o uso de agentes animados tridimensionais (3D). Neste horizonte, fez-se um levantamento de pesquisas realizadas até o momento sobre os aplicativos Hand Talk, ProDeaf Móvel, Rybená e VLibras, a fim de analisar o que elas revelam.

O mote para a condução do estudo aqui descrito pautou-se no entendimento de que é necessário delinear o *status quo* desta área de produção de conhecimento no âmbito brasileiro acerca de tecnologias digitais direcionadas ao possível rompimento de barreiras comunicacionais, ou seja, barreiras linguísticas entre surdos e ouvintes, haja vista também que em 2018 comemorou-se os 16 anos da oficialização da Libras no Brasil (BRASIL, 2002).

Para tanto, considerou-se pertinente verificar quais são as temáticas e os cenários interacionais (sociais ou educacionais) e as abordagens presentes nessas pesquisas, por considerar que a pesquisa neste segmento necessita agregar saberes, os quais são provenientes de áreas distintas, como a linguística aplicada, a educação, as ciências da computação e o *design* de interfaces digitais.

Dessa forma, a produção de conhecimentos na interface das referidas áreas é fundamental para os avanços dos tradutores automáticos quanto ao (re)*design*, funcionamento e qualidade da tradução, possibilitando que esse campo se constitua como o que Dias-da-Silva (1996) e Di Felippo e Dias-da-Silva (2009) chamam de "engenharia do conhecimento da linguagem".

A tradução automática PB-Libras comporta em si significativa complexidade por envolver dois sistemas linguísticos que se apresentam em diferentes modalidades: oral-auditiva e visual-gestual. Nesse caso, além da complexidade envolvida em qualquer processo de tradução, há particularidades entre a língua-fonte e a língua-alvo, pois a primeira se apresenta por meio de palavras ou frases escritas em um código alfabético (que representa sons), e a segunda, por meio das mãos, face e corpo e em uma sintaxe organizada no espaço. Assim, pesquisas que tratam da tradução intermodal na tradução interlingual (SEGALA; QUADROS, 2015), mesmo que ainda não frequentemente explicitadas no campo da tradução automática PB-Libras por meio desta nomenclatura, representam um desafio científico a ser encarado, explorado e possivelmente expandido, enquanto campo de pesquisa.

Depreende-se, portanto, que a oferta e o contato com aplicativos de tradução automática gratuitos poderão se consolidar pelo acesso a traduções adequadas de uma língua oral-gráfica (português brasileiro [PB]) para uma língua visual-gestual (Libras). Caso contrário, poderão ocorrer prejuízos na aprendizagem de sinais e/ou palavras e/ou no uso para fins de acessibilidade interacional entre surdos e ouvintes.

Nesse sentido, a partir de 2015, percebeu-se na literatura sobre Libras autores que enfatizavam o emprego de tecnologias digitais na educação de surdos (KELMAN, 2015; SILVA, 2015; SOARES, 2015; RANGEL; STUMPF, 2015; AMORIM; SOUZA; GOMES, 2016). Além disso, nos últimos anos, com o advento de aplicativos para uso em qualquer lugar e a qualquer momento, tem-se notado uma preocupação mais expressiva sobre a inserção de aplicativos de tradução automática PB-Libras em contextos educacionais bilíngues. Isso, por sua vez, pode se configurar como uma nova proposta de emprego de sistemas computacionais (*softwares*), afora dotar as tecnologias digitais de relevância para fins de aprendizagem em sala de aula, trazendo-as do cotidiano tecnológico para o cenário educacional. No entanto, os aplicativos de tradução automática PB-Libras precisam ser compatíveis com a condição bilíngue dos indivíduos usuários de Libras, sejam eles surdos ou ouvintes, de maneira a contemplar a complexidade da Libras enquanto língua natural e oficial da comunidade surda brasileira (QUADROS; KARNOPP, 2004).

Diante do exposto, a pesquisa descrita neste capítulo se propôs à realização de uma revisão de literatura (SAMPIERI; COLLADO; LUCIO, 2013) sobre pesquisas brasileiras em que os aplicativos Hand Talk, ProDeaf Móvel, Rybená e VLibras configuram-se como objeto de estudo. Foram considerados válidos, para fins de análise, apenas artigos completos publicados em periódicos ou anais de eventos brasileiros, provenientes de pesquisas observacionais e experimentais. A busca pelas pesquisas científicas foi realizada nas plataformas digitais dos Periódicos da Coordenação de Aperfeiçoamento de Pessoal de Nível Superior (Capes) e do Google Acadêmico, a fim de identificar estudos sobre os aplicativos em questão. Cabe ressaltar que não foram feitas restrições quanto ao período de publicação das pesquisas e que foram considerados válidos artigos escritos em língua portuguesa e inglesa, não se tendo identificado pesquisas neste último idioma.

TRADUÇÃO AUTOMÁTICA DO PORTUGUÊS BRASILEIRO PARA LIBRAS

Os aplicativos de tradução automática ou tradução por máquina (do inglês *machine translation*), no escopo da pesquisa aqui apresentada, realizam traduções do PB escrito ou falado (via captura de voz) para a Libras por meio da sinalização apresentada por agentes animados em 3D, comumente denominados avatares. Esta última denominação inclusive foi adotada em parte das pesquisas apresentadas neste capítulo. Contudo, em pesquisas recentes foi encontrado o uso de "agente animado" ou "agente animado em 3D" para referir-se à entidade animada com forma humana que produz os sinais da Libras nos aplicativos.

Para apresentar as diferenças conceituais entre "avatar" e "agente animado", toma-se o conceito proposto por Badler (1997), que classifica a representação em 3D de humanos em ambientes virtuais/interfaces digitais em duas categorias: avatares e agentes animados/virtuais, os quais comportam similitudes, mas se diferenciam em relação ao controle e à representação.

Na medida em que um avatar é representado por uma entidade humana real individual, que exerce controle direto sobre suas ações, os agentes animados/virtuais são entidades relativamente autômatas controladas por *software*. Desse modo, entende-se que o conceito de avatar (BADLER, 1997) é aplicado aos humanos virtuais que assumem física e psicologicamente a representação de um sujeito humano real, de aparência humana ou humanoide, sendo por ele completamente controlado quanto à interação, ao movimento, à aparência e à expressão. Portanto, o usuário tem autonomia, podendo guiar seu avatar dentro de um mundo digital, que lhe permite ir e vir, parar, conversar, construir, trocar sua caracterização física, etc., assim como interagir com objetos, cenários e outros avatares (MODESTO et al., 2006).

Em contrapartida, um agente animado/virtual diferencia-se do conceito de avatar, pois este é autônomo aos comandos de seu usuário quanto à execução de movimentos, fala, nome, aparência e, sobretudo, às tomadas de decisões no espaço digital em que está inserido, embora possa permitir que o usuário interfira ligeiramente em algumas de suas funcionalidades (BADLER, 1997). O usuário, ao inserir uma informação, em caráter de código de entrada, faz a animação mobilizar ações para as quais fora previamente programada, como é o caso dos aplicativos de tradução automática PB-Libras, os quais apenas realizam sinalizações em Libras. O desafio nessas traduções automáticas diz respeito a traduções que contemplem a complexidade da Libras, seja quanto aos parâmetros manuais ou expressões não manuais, entendendo que nada pode ser desconsiderado ao traduzir digitalmente conteúdo de uma língua para outra.

Na continuidade da conceituação sobre tradução automática, infere-se que ela está compreendida na literatura como uma subárea do processamento de línguas naturais (PLN) e direcionada aos estudos em linguagem (DIAS-DA-SILVA, 1996), abarcando o desenvolvimento, o (re)*design* e a análise da qualidade de sistemas computacionais. Há, sem dúvida, no encalço dessa subárea, o desejo de construir cada vez mais diálogos consistentes entre os cientistas das ciências da computação e da linguística aplicada (DIAS-DA-SILVA, 1996; DI FELIPPO, DIAS-

-DA-SILVA, 2009; BIDERMAN, 1978; BERBER SARDINHA, 2005).

Diante de uma sociedade digital (CASTELLS, 1999), como é a contemporânea, há o despertar de um interesse no campo científico cada vez mais voltado à área do PLN, de modo a tornar os diferentes tipos de sistemas computacionais mais eficientes, muito embora esse segmento ainda seja visto como desafiador, sobretudo quanto à tradução automática (WINOGRAD, 1972; CHOWDHURY, 2003), sob o escopo das tecnologias de apoio à tradução (MELO, 2013). A área do PLN tem por objetivo dar conta de questões relativas às línguas naturais, utilizadas socialmente pelos indivíduos, por meio de linguagens de programação aplicadas a interfaces gráficas computacionais. O PLN marcou seu território nessa área do conhecimento a partir do surgimento dos primeiros sistemas de tradução automática (CHOWDHURY, 2003; DI FELIPPO; DIAS-DA-SILVA, 2009).

Um sistema computacional de tradução automática, por exemplo, precisa considerar a ambiguidade (lexical e estrutural), a complexidade sintática e as estruturas agramaticais. Um exemplo de um obstáculo na tradução automática em um aplicativo seria o de traduzir apenas um sentido para uma palavra homógrafa perfeita quando inserida isoladamente ou em sentenças nas quais o sentido da palavra homógrafa não será o mesmo. De acordo com Gauche (2013), é possível afirmar que são restritas as pesquisas científicas que abordam investigações sobre a tradução automática de línguas orais para línguas de sinais; no entanto, considerando o contexto social tecnológico atual, a área vem conquistando o olhar dos pesquisadores, seja no âmbito nacional ou internacional (BIDARRA, 2015). A partir desse interesse pelo campo da tradução automática, ela configura-se como um campo próspero.

Em geral, a tradução automática está dividida em três estratégias:

1. A **tradução automática baseada em regras** (RBMT, do inglês *rule-based machine translation*) (GALLEY et al., 2004; GÜVENIR; CICEKLI, 1998) é orientada por regras morfossintáticas elaboradas de forma manual por linguistas com *expertise* nas áreas das línguas envolvidas (alvo e fonte) na tradução automática.
2. A **tradução automática estatística** (SMT, do inglês *statistical machine translation*) (EL MAAZOUZI; EL MOHAJIR; AL ACHHAB, 2017; GULCEHRE et al., 2015) é caracterizada pelo processo de geração da tradução da língua-fonte para a língua-alvo, de modo a adequar coerentemente o significado das palavras/sentenças traduzidas, preservando a naturalidade da língua-alvo. A adequação está apoiada em um modelo de tradução a partir de frequências por número de incidência de palavras/sentenças na língua-alvo, tendo por base um *corpus* de treinamento.
3. A **tradução automática neural** (NMT, do inglês *neural machine translation*) (KALCHBRENNER; BLUNSOM, 2013; CHO et al., 2014; SUTSKEVER et al., 2014; LUONG; PHAM; MANNING, 2015; LUONG et al., 2015) conta com o uso de redes neurais artificiais, que se baseiam nos dados de treinamento e aspectos linguísticos, a fim de aprender a traduzir de maneira apropriada da língua-fonte para a língua-alvo.

APLICATIVOS BRASILEIROS DE TRADUÇÃO AUTOMÁTICA PB-LIBRAS

No que tange à identificação desses aplicativos, a busca realizada em diferentes dispositivos móveis, *smartphones* (Samsung, Motorola, Windows Phone [Microsoft] e iPhone) e *tablets* (Samsung Galaxy, Apple e Lenovo), quando do acesso às lojas virtuais Google Play Store (Android), Apple Store (iPhone, iPad e iPod) e Windows Phone Store, a partir da palavra-chave "tradução automática para Libras", permitiu a identificação de quatro aplicativos brasileiros gratuitos de tradução automática PB-Libras: Hand Talk, ProDeaf Móvel, Rybená e VLibras (**FIGURA 7.1**).

Os aplicativos em questão, que visam ao rompimento de barreiras linguísticas entre pessoas surdas e ouvintes, foram selecionados por serem gratuitos e por fazerem uso de agentes animados em 3D para fins de apresentação do processo tradutório de palavras ou frases do PB para Libras,

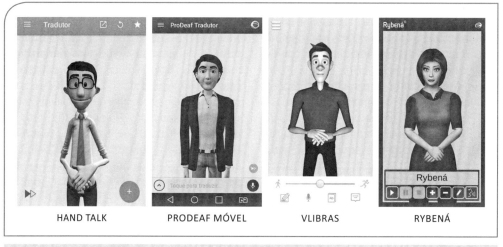

FIGURA 7.1 ▶ APLICATIVOS DE TRADUÇÃO PB-LIBRAS DISPONÍVEIS PARA DISPOSITIVOS MÓVEIS.

quando da inserção de conteúdo digitado ou registrado por meio de captura de voz. Portanto, mediante um aplicativo de tradução automática, o estabelecimento de interações sociais pode se constituir de modo mais equânime, superando, assim, entraves de ordem linguística. Dessa forma, nessas interações está em jogo a concretização de contratos conversacionais entre usuários de códigos linguísticos distintos, mas que habitam espaços sociais comuns, nos quais a Libras, uma língua natural com origem na comunidade surda brasileira (QUADROS; KARNOPP, 2004), foi reconhecida como meio legal de comunicação e expressão pela Lei nº 10.436, de 24 de abril de 2002 (BRASIL, 2002).

O aplicativo Hand Talk é proveniente de pesquisas realizadas na Universidade Federal de Alagoas (UFAL) e foi lançado em 2012 por uma *startup* de nome homônimo ao aplicativo. O Hand Talk diferencia-se dos outros três aplicativos identificados devido a sua gama de funcionalidades, conforme é apresentado na **TABELA 7.1.**

O aplicativo ProDeaf Móvel, por sua vez, é oriundo de pesquisas conduzidas na Universidade Federal de Pernambuco (UFPE) e foi lançado em 2013 por uma *startup* que também utiliza nome homônimo ao aplicativo. Após o lançamento dos aplicativos Hand Talk e ProDeaf Móvel, os quais se tornaram precursores no mercado brasileiro de aplicativos gratuitos para dispositivos móveis, principalmente *smartphones* e *tablets,* houve o lançamento dos aplicativos Rybená e VLibras, sendo essas tecnologias digitais desenvolvidas com o mesmo propósito dos outros aplicativos, ou seja, a inclusão social e o rompimento de barreiras comunicacionais entre a comunidade ouvinte e surda.

O aplicativo Rybená foi desenvolvido pelo Grupo de Usuários Java do Distrito Federal (DFJUG) em parceria com o Instituto CTS e CTS Ltda. e lançado em 2014.

Por fim, tem-se o aplicativo VLibras, lançado oficialmente em 2016, e se originou de pesquisas desenvolvidas na Universidade Federal da Paraíba (UFPB), em parceria com o Ministério do Planejamento, Desenvolvimento e Gestão (MP), por meio da Secretaria de Tecnologia da Informação (STI), Laboratório de Aplicações de Vídeo Digital (LAVID/UFPB), Rede Nacional de Ensino e Pesquisa (RNP) e Laboratório de Sistemas Distribuídos (LSD).

A pesquisa voltada à origem dos aplicativos possibilitou verificar que todos foram projetados por instituições localizadas em duas das cinco regiões do Brasil: Nordeste (Hand Talk, ProDeaf Móvel e VLibras) e Centro-Oeste (Rybená). Os aplicativos Hand Talk, ProDeaf Móvel e Rybená possuem versões compatíveis com sistemas operacionais e linguagem de programação para tradução automática de conteúdo de *sites*, porém esse serviço não é gratuito como as versões aqui descritas, sendo ele ofertado em pacotes de tradução automática pelas empresas desenvolvedoras. Já o aplicativo VLibras disponibiliza de forma gratuita uma versão para tradução automática de *sites*. Acredita-se que isso se deva à parceria com o Ministério do Planejamento, Desenvolvimento e Gestão.

Após o levantamento e a identificação dos aplicativos brasileiros de tradução automática PB-Libras disponíveis, eles foram instalados nos dispositivos móveis mencionados anteriormente, a fim de viabilizar a elaboração de uma lista com as principais características e funcionalidades (**TABELA 7.1**), as quais constituem essas tecnologias digitais. A descrição das características e funcionalidades dos aplicativos teve como objetivo a apresentação de particularidades de cada um e, por isso, não foram realizadas análises relacionadas à qualidade da tradução automática PB-Libras.

Na **TABELA 7.1** é possível perceber que os aplicativos diferenciam-se entre si pelas suas características e funcionalidades relativas à tradução automática PB-Libras. Quanto à compatibilidade com os sistemas operacio-

TABELA 7.1 ▶ CARACTERÍSTICAS E FUNCIONALIDADES DOS APLICATIVOS

	Hand Talk	ProDeaf Móvel	Rybená	VLibras
Sistema Android (via Google Play Store)	✔	✔	✔	✔
Sistema iOS (iPhone/iPad/iPod)	✔	✔	✔	✔
Sistema Windows Phone 8 (via Windows Phone Store)	✗	✔	✗	✗
Traduz PB-Libras com entrada de texto	✔	✔	✔	✔
Traduz PB-Libras com entrada de voz	✔	✔	✗	✔
Disponibiliza sinalização conforme regiões do Brasil (regionalismos)	✗	✗	✗	✔
Disponibiliza tradução do conteúdo escrito para voz	✗	✗	✔	✗
Disponibiliza legenda do conteúdo traduzido	✔	✔	✔	✔
Disponibiliza dicionário de sinais	✗	✔	✗	✔
Disponibiliza vídeos temáticos	✔	✗	✗	✗
Disponibiliza botões para pausar e cancelar a tradução	✗	✗	✔	✗
Funciona sem acesso à internet	✔*	✔*	✗	✔*
Permite rotacionar o agente animado (diferentes ângulos)	✔	✔	✔	✔
Agente animado em 3D com aparência cartunesca	✔	✗	✗	✔
Expressões corporais e faciais estético-realísticas	✔	✔	✗	✗
Permite notificar erros na sinalização	✔	✗	✗	✗
Permite solicitar sinais novos e fazer sugestões	✔	✗	✗	✗
Possibilita selecionar a velocidade da sinalização	✔	✔	✔	✔
Registra o histórico das traduções	✔	✔	✗	✗
Oferece tutorial	✔	✔	✗	✔
Oferece ajuda (Perguntas frequentes)	✔	✗	✗	✗

*Funcionamento parcial sem conexão à internet.

nais listados na **TABELA 7.1** que são disponibilizados em dispositivos móveis, apenas o ProDeaf Móvel pode ser utilizado no sistema Windows Phone 8. Com relação ao tipo de inserção de conteúdo (texto ou voz) a ser traduzido de PB para Libras, todos os aplicativos permitem que o conteúdo seja digitado ou falado, com exceção do aplicativo Rybená, que não possibilita captura de voz. Convém ressaltar que o processo de captura de voz é convertido em texto, mas não há distinção fonética entre vogais abertas e fechadas, como em "colher" (talher) e "colher" (verbo).

Em relação à categorização de um vocabulário específico conforme regiões brasileiras, o aplicativo VLibras é o único a oferecer a opção de acesso a um conteúdo que, possivelmente, contemple a noção de regionalismos linguísticos. Em dissonância às demais tecnologias digitais, o aplicativo Rybená é o único a vocalizar o conteúdo digitado, sem permitir que este seja, em seguida, traduzido. Para que o conteúdo vocalizado seja traduzido, ele precisa ser digitado novamente, sem a ativação da funcionalidade de vocalização. Uma vez que os aplicativos em questão comportam duas línguas em seus sistemas computacionais, uma oral e seu registro escrito, o PB, e a outra visual-gestual, a Libras, torna-se interessante que permitam aos usuários recursos para ativar e desativar a legenda em PB. Entretanto, o aplicativo Rybená não possibilita que a ação mencionada seja realizada, gerando assim traduções automáticas que são visualizadas nas duas línguas.

Os aplicativos ProDeaf Móvel e VLibras disponibilizam uma funcionalidade denominada "dicionário". O aplicativo Hand Talk é o único a oferecer acesso à funcionalidade "Hugo Ensina", que apresenta vídeos temáticos direcionados à aprendizagem da Libras. No formato de vídeos com curta duração, o agente animado Hugo sinaliza um conjunto de termos temáticos para cada vídeo. Convém ressaltar que a partir de 2018 o aplicativo Hand Talk parece estar se voltando cada vez mais para a oferta de conteúdos que possam

auxiliar os usuários interessados não apenas em se comunicar por meio da Libras, mas também em aprendê-la. Tanto é que em 2018 a empresa desenvolvedora do aplicativo divulgou em sua página uma ação institucional, enquanto chamada para usuários voluntários, denominada "Catalogação de Sinais Educativos", divulgada via aplicativo e *fanpage*[1] da empresa na rede social Facebook.

A tradução automática apresentada pelos aplicativos, em geral, pode ser pausada e retomada, sendo que o único aplicativo que apresenta botões específicos para isso é o Rybená. O pleno funcionamento dos aplicativos ocorre quando estão conectados à internet, mas o Hand Talk, o ProDeaf Móvel e o VLibras funcionam parcialmente sem conexão, informando por meio de uma mensagem na tela do aplicativo que o usuário está sem internet e que, portanto, será usada datilologia. Neste momento, o usuário pode selecionar "Ok" ou "Cancelar", dando ou não continuidade ao uso do aplicativo. Os agentes animados virtuais em 3D dos aplicativos Hand Talk, VLibras e Rybená podem ser rotacionados em um ângulo de 360º, o que permite visualizar melhor o sinal traduzido, sob vários ângulos, enquanto o ProDeaf Móvel permite rotação em apenas 180º.

No que concerne à aparência dos agentes animados em 3D, é possível notar na **FIGURA 7.1** que os aplicativos Hand Talk e VLibras possuem traços mais cartunescos, ou seja, remetem a personagens caricaturados, se comparados aos personagens dos aplicativos ProDeaf Móvel e Rybená. As expressões corporais e faciais dos aplicativos Hand Talk e ProDeaf Móvel mostram-se mais estético-realísticas em relação aos aplicativos VLibras e Rybená. A notificação de erros de sinalização, a solicitação de sinais novos e a realização de sugestões somente são possíveis no aplicativo Hand Talk e parecem ser representativas em se tratando de um sistema compu-

---

[1] Disponível em: <https://www.facebook.com/hand-talkBR>.

tacional disponível para diferentes usuários (surdos, ouvintes, intérpretes, professores).

Os aplicativos identificados têm por objetivo romper barreiras na comunicação entre ouvintes e surdos e, não obstante, no caso do Hand Talk, também contribuir para a aprendizagem da Libras. Neste cenário, permitir a seleção de diferentes níveis da velocidade da sinalização em Libras apresentada pelos agentes animados virtuais em 3D é de significativa relevância, seja para fins de comunicação ou aprendizagem da Libras como primeira língua (L1) ou segunda língua (L2). No entanto, apenas os aplicativos Hand Talk e VLibras possibilitam que a velocidade selecionada seja escolhida livremente, ao passo que no aplicativo ProDeaf Móvel são disponibilizados apenas três níveis (lenta, normal e rápida).

Acredita-se que a oferta de apenas três níveis não contemple a vasta gama de distintos estilos de comunicação e aprendizagem dos usuários. Já o aplicativo Rybená apresenta botões com os sinais mais (+) e menos (–), sem quaisquer informações sobre níveis e de que efetivamente se trata da velocidade da sinalização. Para o fácil acesso às últimas palavras inseridas, seja via digitação ou captura de voz, Hand Talk e ProDeaf Móvel oferecem um pequeno histórico de pesquisa e a seleção de palavras como favoritas, enquanto os demais aplicativos não ofertam tais funções.

No que se refere à disponibilização de tutoriais para fins de utilização dos aplicativos, Hand Talk e ProDeaf Móvel – ao serem instalados e usados pela primeira vez – apresentam um breve tutorial aos usuários. O Hand Talk concede acesso a uma lista de "Perguntas Frequentes", a fim de elucidar possíveis dúvidas de utilização. O aplicativo VLibras oferece um tutorial fixo que pode ser consultado de forma contínua. Já o aplicativo Rybená não apresenta tutorial inicial ao ser instalado nem dispõe dele de modo fixo. A função "Ajuda" está presente apenas no aplicativo Hand Talk, o que sugere que os demais também possam futuramente dis-

ponibilizar tais recursos em suas plataformas digitais de tradução automática.

PESQUISAS CIENTÍFICAS BRASILEIRAS SOBRE OS APLICATIVOS HAND TALK, PRODEAF MÓVEL, RYBENÁ E VLIBRAS

Esta etapa do estudo consistiu em um levantamento de pesquisas brasileiras sobre os aplicativos Hand Talk, ProDeaf Móvel, VLibras e Rybená (seleção feita conforme critérios estabelecidos previamente) e na posterior descrição deles.

Frente a isso, optou-se por realizar uma revisão da literatura (SAMPIERI; LUCIO; COLLADO, 2013) com a finalidade de delinear o *status quo* da pesquisa científica brasileira voltada a tecnologias digitais de tradução automática PB-Libras. A busca realizada nas plataformas digitais Google Acadêmico e Periódicos da Capes possibilitou verificar a existência de um total de 59 artigos completos, publicados em periódicos ou anais de eventos, dos quais apenas sete, efetivamente, enquadraram-se no recorte metodológico do escopo da pesquisa aqui descrita. Os artigos selecionados proveem da plataforma digital de busca Google Acadêmico, pois não foram encontrados artigos completos sob a perspectiva desta pesquisa na plataforma digital Periódicos da Capes. Convém ressaltar, ainda, que foram considerados válidos apenas artigos completos que apresentavam estudos observacionais e experimentais com ou sem sujeitos de pesquisa, sendo esses surdos, ouvintes, professores de Libras, professores em formação para atuação em escolas regulares (inclusivas ou bilíngues), bem como tradutores e intérpretes de língua brasileira de sinais (TILS). Os artigos completos que não apresentaram quaisquer evidências de resultados referentes aos temas tradução automática, tecnologias assistivas, educação bilíngue para surdos ou em caráter de análise de usabilidade, quanto às funcionalidades dos aplicativos Hand Talk, ProDeaf Móvel, VLibras e Rybená, não foram considerados. Assim, do total de artigos encontrados, foram utilizados sete. Na **TABELA 7.2**, apresenta-se a relação dos artigos científicos completos.

Referente aos sete artigos completos encontrados no Google Acadêmico, seis deles investigam questões relativas aos aplicativos Hand Talk e ProDeaf Móvel e apenas um artigo investiga os aplicativos Hand Talk, ProDeaf Móvel e Rybená. Não foram localizados artigos completos referentes ao aplicativo VLibras, nem artigos que aprofundassem aspectos plenamente específicos ao aplicativo Rybená, sob o viés de pesquisa em questão. O fato de o aplicativo VLibras ter sido lançado recentemente, em 2016, pode justificar a ausência, até o momento, de investigações sobre ele.

Uma vez que os sete artigos incluídos para análise apresentam diferentes recortes de pesquisa, optou-se, operacionalmente, por classificar os estudos sobre os aplicativos Hand Talk, ProDeaf Móvel, Rybená e VLibras em quatro categorias: (a) usabilidade – questões técnicas sobre a relação usuário-interface digital; (b) inclusão e comunicação – questões relativas à inclusão e potencialização da comunicação entre usuários surdos e ouvintes; (c) tradução automática na educação de surdos – questões relacionadas à dificuldade de compreensão do conteúdo traduzido; e (d) qualidade da tradução automática – questões sobre a qua-

lidade da tradução automática dos aplicativos, especificamente acerca da análise de expressões não manuais (faciais), termos homógrafos e termos homógrafos isolados e contextualizados em sentenças.

Após a categorização dos artigos, procedeu-se a uma leitura criteriosa, de modo a apresentar, nas categorias definidas, o título do artigo, o tema, o tipo de pesquisa, os sujeitos, os principais resultados e as conclusões postuladas pelos autores.

Usabilidade

O estudo de Vieira e colaboradores (2014a) intitulado *Contribuições da teoria da aprendizagem multimídia e da usabilidade para aprendizagem de Libras e língua portuguesa por meio de aplicativos móveis* investiga a validade social dos aplicativos Hand Talk e ProDeaf Móvel. O estudo teve como objetivo apresentar sugestões de aprimoramento do possível caráter de mediação pedagógica, supostamente presente nos aplicativos, bem como evidenciar e propor a correção de problemas de usabilidade relativos à interação aplicativo-usuário. Portanto, o estudo verificou como os aplicativos têm se tornado objeto/meio de aprendizagem tanto de Libras como L1 e de língua portuguesa como L2.

A pesquisa qualitativa realizada por Vieira e colaboradores (2014a) contou com a participação de professores ouvintes de es-

TABELA 7.2 ▶ ARTIGOS COMPLETOS DISPONÍVEIS NAS PLATAFORMAS DIGITAIS CONSULTADAS

Plataformas digitais	Artigos encontrados	Artigos selecionados	Autores
Periódicos da Capes	0	0	–
Google Acadêmico	59	7	Colling e Boscariolli (2014)
			Corrêa e colaboradores (2014a)
			Corrêa e colaboradores (2014b)
			Vieira e colaboradores (2014a)
			Vieira e colaboradores (2014b)
			Corrêa, Gomes e Ribeiro (2017)
			Corrêa, Gomes e Cruz (2018)

colas inclusivas, surdos e TILS. Os autores identificaram cinco categorias nas narrativas dos sujeitos de pesquisas, com diferentes incidências entre o público surdo e ouvinte, em relação à utilização dos aplicativos: (a) auxilia na capacitação de professores para atuação em escolas inclusivas; (b) auxilia familiares de pessoas surdas no aprendizado e/ou na ampliação do vocabulário em Libras; (c) auxilia pessoas surdas no aprendizado e/ou na ampliação do vocabulário em língua portuguesa; (d) auxilia pessoas ouvintes em geral no aprendizado e/ou na ampliação do vocabulário em Libras; e (e) auxilia pessoas surdas no aprendizado e/ou ampliação do vocabulário em Libras. Em síntese, para os sujeitos ouvintes, as preferências de uso dos aplicativos foram notadas como mais expressivas nas categorias (c), (d) e (e), enquanto para os sujeitos surdos foram classificadas nas categorias (d) e (e).

Acerca da teoria da aprendizagem multimídia, Vieira e colaboradores (2014a) consideram que, para potencializar a aprendizagem da língua portuguesa e da Libras, os aplicativos devem contemplar a narração do conteúdo para Libras para ouvintes e legenda em língua portuguesa para surdos.

Quanto à avaliação baseada em heurísticas de usabilidade, Vieira e colaboradores (2014a) apontaram: (a) nove problemas cosméticos em cada aplicativo; (b) 11 problemas leves no ProDeaf Móvel e 10 no Hand Talk; (c) 4 problemas graves no ProDeaf Móvel e três no Hand Talk; e (d) ausência de problemas catastróficos – não identificados nos aplicativos. Os autores apresentam um conjunto de sugestões, especificamente para os problemas graves, e afirmam sua incorporação nos aplicativos pode reduzir os problemas de interface e interação, de modo a atender os interesses de seus usuários e assegurar maior qualidade. Além disso, enfatizam que o estudo realizado e as afirmações dos sujeitos de pesquisa ratificam a validade social dos aplicativos, para além da noção de rompimento de barreiras comunicacionais.

Inclusão e comunicação

O estudo de Corrêa e colaboradores (2014a) intitulado *Tecnologia assistiva: a inserção de aplicativos de tradução na promoção de uma melhor comunicação entre surdos e ouvintes* apresenta os aplicativos Hand Talk e ProDeaf Móvel e descreve as suas especificidades operacionais sob a condição de mediadores inclusivos de processos comunicacionais, de forma a investigar (a) o potencial inclusivo; (b) os possíveis aprimoramentos linguísticos para os usuários; (c) a usabilidade; e (d) o potencial na promoção da autonomia e da subjetivação do sujeito surdo. Enquanto pesquisa qualitativa, o estudo realiza a análise das narrativas de professores participantes de um curso de formação docente continuada no que se refere ao uso de tecnologias assistivas em contexto educacional.

A partir da análise das narrativas, identificaram-se 133 fragmentos discursivos, os quais foram enquadrados em seis categorias, que permitiram constatar potencialidades e fragilidades referentes aos aplicativos analisados sob os seguintes percentuais:

- Ampliação do arcabouço linguístico – 41%.
- Socialização da pessoa surda – 36%.
- Usabilidade – 8%.
- Aspectos econômicos – 8%.
- Autonomia da pessoa surda – 4%.
- Conectividade – 3%.

Os autores apresentam no estudo um esquema da dinâmica de utilização dos aplicativos, ressaltando a necessidade de três elementos: (a) possuir um *smartphone* compatível com os sistemas operacionais; (b) ter acesso à internet móvel; e (c) saber como usá-los. Nesse sentido, enfatizam que "esbarra-se em questões estruturais e filosóficas da educação brasileira, como a situação do acesso à internet nas escolas: quando existe, nem sempre está disponível" (CORRÊA et al., 2014a, p. 9). Por fim, Corrêa e colaboradores (2014a) salientam que os achados do estudo revelam o potencial inclusivo dos aplicativos nos âmbitos escolar e social, em se tratando de amenizar processos de segregação social, de modo especial quanto à interação, ampliação de vocabulário, constituição identitária e autonomia do sujeito surdo.

O estudo de Corrêa e colaboradores (2014b) intitulado *Aplicativos de tradução para Libras e a busca pela validade social da tecnologia assistiva* discorre sobre os aplicativos Hand Talk e ProDeaf Móvel enquanto tecnologias assistivas digitais e inclusivas com o objetivo de analisar, individualmente, o aplicativo ProDeaf Móvel quanto à sua constituição multimidiática, multimodal e acerca da socialização do sujeito surdo apoiada em recursos digitais, em uma perspectiva sociointeracionista. A pesquisa de abordagem qualitativa contou com a participação de 76 sujeitos de pesquisa, entre eles 34 professores ouvintes, 35 surdos e 7 intérpretes de Libras. As narrativas resultantes das interações entre surdos e ouvintes sobre o uso dos aplicativos foram analisadas com vistas a identificar a emergência de conceitos-chave quanto ao caráter de inclusão social, aprendizagem e usabilidade.

O estudo de Corrêa e colaboradores (2014b) apresenta as principais funcionalidades dos aplicativos Hand Talk e ProDeaf Móvel, sendo que, a partir da análise das narrativas dos sujeitos, foram estabelecidas seis categorias definidas como potencialidades: (a) potencial inclusivo; (b) ampliação do arcabouço linguístico da língua portuguesa para o sujeito surdo; (c) utilização do dicionário presente nos aplicativos; (d) facilidade de uso; (e) ampliação da autonomia do sujeito surdo; e (f) constituição íntima do sujeito surdo. Essas categorias representaram o caráter tecnológico-inclusivo dos aplicativos, em se tratando do uso em situações inclusivas com caráter de aprendizagem formal (escolar) e informal (social). Outras cinco categorias definidas como fragilidades também foram apresentadas: (g) dicionário de sinais restrito e a consequente prática do português sinalizado (datilolo-

gia); (h) dificuldades técnicas; (i) ausência do parâmetro de expressão facial/corporal; (j) custo de um *smartphone* ou *tablet*; e (k) traduções incorretas. Em relação aos recursos multimídias do aplicativo ProDeaf Móvel, não foi identificada existência de sobrecarga cognitiva, ou seja, a sobreposição de mais de um modo sensorial para a recepção de informações em concomitância.

Os autores concluem que as narrativas analisadas evidenciaram a promoção de processos de escolarização inclusivos, indicando uma melhora na comunicação entre surdos e ouvintes. Nesse âmbito, ressaltam que os aplicativos, tomados como tecnologias assistivas, permitem especialmente que os sujeitos surdos concretizem interações sociais de maneira mais equânime. Além disso, ressaltam que as fragilidades linguísticas (substituição de sinais equivalentes na tradução PB-Libras por datilologia) e tecnológicas identificadas devem-se ao recente surgimento dos aplicativos, o que possivelmente será amenizado por mais pesquisas científicas e pela identificação das demandas da comunidade surda. Os autores ressaltam que o aplicativo ProDeaf Móvel cumpre sua função de sociabilização de seus usuários, assegurando, assim, sua validade social.

Tradução automática na educação de surdos

O estudo de Colling e Boscariolli (2014) intitulado *Avaliação de tecnologias de tradução português-Libras visando o uso no ensino de crianças surdas* investiga, entre outros recursos digitais, os aplicativos Hand Talk, ProDeaf Móvel e Rybená quanto à qualidade de suas traduções automáticas, tomando como *corpus* de análise pequenas frases extraídas de histórias infantis. A pesquisa qualitativa realizada pelos autores contou com a participação de seis TILS e de duas crianças surdas (sem faixa etária informada). Inicialmente, foram selecionadas palavras das frases de histórias infantis, que foram submetidas à tradução automática feita pelos aplicativos Hand Talk, ProDeaf Móvel e Rybená. Depois, as traduções foram avaliadas por seis TILS quanto à acurácia do processo tradutório, assim como à qualidade da articulação dos sinais pelo agente animado, ou seja, a produção dos parâmetros manuais que formam os sinais (orientação da mão; locação; configuração de mão; movimento) e não manuais (expressões não manuais).

Colling e Boscariolli (2014) evidenciam que o aplicativo Hand Talk destaca-se quanto à qualidade de sua tradução automática, em comparação aos demais, em todos os parâmetros analisados, sendo seguido pelo aplicativo Rybená e, por último, pelo aplicativo ProDeaf Móvel. Os autores enfatizam a presença de sinalizações errôneas ou regionalizadas e a ausência de expressões faciais, sendo esta última compreendida como uma das principais falhas. Entretanto, os autores reiteram que "o nível de corretude dos parâmetros apresenta-se alto, com exceções às sinalizações incorretas e regionalizadas" (COLLING; BOSCARIOLLI, 2014, p. 7). No que concerne à avaliação, envolvendo duas crianças surdas, com vistas a verificar o grau de inteligibilidade das frases em contexto interpretativo, Colling e Boscariolli (2014) analisaram a compreensão destas quando da tradução automática das sentenças inicialmente selecionadas, constatando o entendimento pelas crianças sobretudo quando houve o auxílio de TILS. De acordo com Colling e Boscariolli (2014, p. 7), os resultados apontaram para a "dificuldade de compreensão das traduções geradas pelos *softwares*".

A compreensão das sentenças por parte das crianças surdas evidenciou diferentes percentuais: Hand Talk, entre 17 e 30%; Rybená, entre 10 e 20%; e ProDeaf Móvel, entre 2,5 e 10%. A pesquisa de Colling e Boscariolli (2014) revela a ausência de *softwares* direcionados a crianças surdas em fase de aprendizagem e sugere a necessidade de adequa-ções linguísticas às traduções automáticas realizadas pelos aplicativos analisados.

Qualidade da tradução automática

O estudo de Vieira e colaboradores (2014b) intitulado *Análise de expressões não manuais em avatares tradutores de língua portuguesa para Libras* examina o desempenho dos avatares (termo utilizado por Vieira e colaboradores com o mesmo sentido de "agentes animados 3D") dos aplicativos Hand Talk e ProDeaf Móvel quanto à consistência de parâmetros não manuais em Libras, especificamente em relação às expressões faciais de afeto e às expressões de negação e interrogação. A pesquisa qualitativa e exploratória (a) apresenta fragmentos discursivos de sujeitos surdos e ouvintes, que trouxeram à tona a efetiva referência a fragilidades nas expressões faciais dos avatares animados dos aplicativos Hand Talk e ProDeaf Móvel, enquanto expressões não manuais; (b) realiza um levantamento de aplicativos tradutores automáticos PB-Libras e descreve suas características, reiterando que os aplicativos disponíveis não são robustos como o Hand Talk e o ProDeaf Móvel; (c) analisa expressões não manuais em caráter de emoções, assim como estruturas negativas e interrogativas, a partir de um referencial teórico oriundo da literatura da Libras e evidencia fragilidades em ambos os aplicativos quanto ao tema investigado; e (d) apresenta diretrizes para implementação de expressões não manuais referentes à negação e interrogação para avatares animados.

Segundo Vieira e colaboradores (2014b), foi constatado que, em relação às expressões não manuais referentes à negação, o aplicativo Hand Talk atendeu a todos os parâmetros propostos na teoria adotada, enquanto o aplicativo ProDeaf Móvel mostrou-se deficitário em relação à variável "cabeça", pois não houve movimento desta durante a sinalização de tais construções linguísticas. Já no que diz respeito às expressões não manuais de interrogação, verificou-se que os dois aplicativos mostraram-se divergentes ao aporte teórico adotado e sinalizaram todas as questões interrogativas elaboradas pelos pesquisadores, para fins de avaliação, usando o mesmo conjunto de expressões faciais, não correspondente ao que está previsto na literatura da área para determinadas estruturas interrogativas. Para tanto, os autores sugerem a implementação, nos aplicativos Hand Talk e ProDeaf Móvel ou em outros a serem lançados, de um conjunto composto por 11 variáveis, que poderão contribuir para a qualificação de expressões não manuais em aplicativos de tradução automática PB-Libras.

Os autores evidenciam que as expressões não manuais, voltadas ao contexto semântico (emoção), apresentam menor fragilidade quando comparadas às encontradas em relação ao sintático (negação e interrogação). Vieira e colaboradores (2014b) concluem o estudo afirmando que fragilidades relativas aos parâmetros não manuais geram inadequações na produção dos sinais e que a

> [...] ineficácia na operacionalização da sinalização realizada por avatares conversores de língua portuguesa para Libras pode simbolizar a continuidade de processos sociais não totalmente inclusivos. (VIEIRA et al, 2014b, p. 181)

No entanto, os autores reiteram que, devido ao caráter inovador dos aplicativos, as fragilidades encontradas estão vinculadas à complexidade do processo de tradução automática do português (código de entrada) e da Libras (código de saída).

O estudo de Corrêa, Gomes e Ribeiro (2017) intitulado *Aplicativos de tradução português-Libras na educação bilíngue: desafios frente à desambiguação* investiga como termos homônimos são traduzidos pelos aplicativos Hand Talk e ProDeaf Móvel, pelo fato de considerar que traduções automáticas incorretas podem gerar problemas de comunicação e a internalização do sinal produzido. Os autores afirmam que o desafio relativo à oferta de traduções de qualidade, ou seja, a mais naturalística possível,

compete à área do processamento de línguas naturais (PLN). Para os autores, os aplicativos estão compreendidos como inovações disruptivas, as quais possibilitam mudanças interacionais, relativas à qualidade de vida das pessoas surdas que, sem esses recursos digitais, teriam acesso mais restrito à Libras no formato digital.

A pesquisa qualitativa e exploratória realizada por Corrêa, Gomes e Ribeiro (2017) inicialmente analisou as respostas fornecidas por dez professores de uma escola bilíngue para surdos do Rio Grande do Sul, entre eles surdos e ouvintes. O questionário semiestruturado propôs questões a respeito da formação docente, fluência tecnológica e uso dos aplicativos Hand Talk e ProDeaf Móvel.

A análise de respostas em relação à qualidade da tradução automática dos aplicativos Hand Talk e ProDeaf Móvel foi considerada negativa, pois os professores teceram críticas à qualidade da tradução automática PB-Libras. Após aplicação do referido questionário, os autores testaram e analisaram a qualidade da tradução de 38 termos homônimos (perfeitos e homógrafos) da língua portuguesa para Libras, provenientes de apostilas para o ensino de Libras. Constatou-se a incidência de traduções divergentes, sob as categorias Convergência, Divergência, Datilologia e Erro, geradas pelos aplicativos.Os resultados revelaram que

> [...] o aplicativo ProDeaf Móvel apresentou índices superiores de problemas associados à divergência, datilologia e erros de tradução, se comparado aos índices relativos ao aplicativo Hand Talk. (CORRÊA; GOMES; RIBEIRO, 2017, p. 9-10)

Os autores ressaltam que a tradução automática dos aplicativos, relativa a termos homônimos, exige tarefas de desambiguação por meio da implementação de sistemas específicos.

Eles propõem que, para fins de desambiguação de termos homônimos, possa ser relevante

[...] o uso de mais de uma animação (entrada) para cada termo, de modo a demonstrar mais de um significado para o mesmo termo. (CORRÊA; GOMES; RIBEIRO, 2017, p. 9)

Diante dos resultados, afirmam que ainda se está distante de traduções automáticas e estratégias de desambiguação que contemplem a polissemia inerente à língua portuguesa e à Libras e que, portanto, a utilização dos aplicativos analisados, em contexto educacional bilíngue para alunos surdos, deve levar em conta os elevados índices divergentes e datilológicos.

Em outro estudo de Corrêa, Gomes e Cruz (2018) intitulado *A desambiguação de palavras homônimas em sentenças por aplicativos de tradução automática português brasileiro-Libras* analisa a tradução automática de palavras homônimas isoladas e inseridas em sentenças realizada pelos aplicativos Hand Talk e ProDeaf Móvel. Essa pesquisa qualitativa e exploratória retoma os achados iniciais de um estudo feito por Corrêa, Gomes e Ribeiro (2017) sobre a investigação de um conjunto de 38 palavras homônimas analisadas isoladamente com uso dos aplicativos Hand Talk e ProDeaf Móvel, que apontou para a ausência de estratégias de desambiguação, emprego de datilologia e erros de tradução. Assim, Corrêa, Gomes e Cruz (2018) avaliam a tradução dessas 38 palavras em 76 sentenças, constituídas por pares homônimos, de modo a verificar se os significados de cada palavra homônima seriam traduzidos corretamente para Libras e, portanto, se na tradução das palavras homônimas nas sentenças seria constatada a desambiguação das palavras testadas.

O estudo foi dividido em três etapas, com vistas a verificar o processo de tradução automática: (a) o significado de cada palavra homônima traduzida; (b) o significado de cada palavra traduzida em cada uma das 76 sentenças e no par de sentenças com palavras homônimas; e (c) se o significado

traduzido na consulta por palavra (correto ou incorreto) seria mantido na tradução em sentenças.

A análise realizada revelou que na tradução automática de palavras isoladas os aplicativos geraram a tradução de apenas um dos significados das palavras homônimas (Hand Talk, 89%; ProDeaf Móvel, 63%). Já no que tange à aplicação destas em sentenças, foi constatado que o percentual de acerto do significado das palavras foi menor (Hand Talk, 55%; ProDeaf Móvel, 41%) do que na tradução automática por palavra isolada e ainda mais reduzido na desambiguação de palavras homônimas (Hand Talk, 13%; ProDeaf Móvel, 11%). De acordo com os autores, as limitações identificadas no estudo foram: (a) presença de datilologia (alfabeto manual); (b) traduções incorretas; (c) traduções com sinais desconhecidos; e (d) traduções sem tratamento da ambiguidade.

Dessa forma, o uso dos aplicativos em contextos educacionais bilíngues demanda a orientação de professores proficientes em Libras, tendo em vista as fragilidades evidenciadas no estudo, a fim de que a utilização dessas tecnologias digitais ocorra da melhor forma possível. Os autores reiteram ao final do estudo a necessidade de aperfeiçoamento do sistema de processamento de línguas naturais dos aplicativos, com vistas à desambiguação de palavras homônimas, o que pode promover a oferta de traduções automáticas mais análogas à Libras em níveis semântico e sintático.

CONSIDERAÇÕES FINAIS

O estudo aqui apresentado deixa evidente que – desde o surgimento do primeiro aplicativo de tradução automática PB-Libras em 2012 – houve expansão na oferta dessa ferramenta tecnológica encontrada em lojas virtuais para diferentes dispositivos móveis. O surgimento dessas tecnologias ainda é recente, considerando que a Libras teve reconhecimento por meio da Lei nº 10.436 (BRASIL, 2002) somente em 2002.

Por outro lado, cabe considerar que a presença comum de *smartphones* e *tablets* no Brasil, dotados de recursos múltiplos como hoje se conhece, concretizou-se notadamente entre os anos de 2012 e 2013 e, portanto, efetivamente, pode-se conceber que o período áureo para o lançamento de aplicativos de tradução PB-Libras se consolidou em momento oportuno, muito embora se tenha conhecimento de projetos-piloto que não se tornaram aplicativos gratuitos como os aqui analisados. Além disso, a descrição das características operacionais e das funcionalidades dos aplicativos permite ressaltar que dentre eles, até o presente momento, somente o Hand Talk passou a ganhar contornos supostamente mais voltados ao segmento educacional bilíngue, a saber em razão da funcionalidade de vídeos temáticos para surdos e ouvintes.

Este direcionamento para o âmbito educacional amplia as possibilidades de uso da ferramenta e revela a possível tomada de consciência da empresa desenvolvedora do aplicativo quanto à ausência de tecnologias digitais pensadas para o público surdo e ouvinte. Ao se levar em consideração que esse tipo de recurso digital inclusivo perpassa os muros da escola e pode estar presente em qualquer lugar e a qualquer tempo, tem-se aí uma ferramenta digital que pode contribuir para a interação entre surdos e ouvintes, mas também para a possibilidade de realização das mais variadas interações sociais, mesmo que diante dos entraves linguísticos e tecnológicos ainda presentes em aplicativos de tradução PB-Libras, conforme visto nos estudos apresentados neste capítulo.

Acredita-se que, nos anos vindouros, outros aplicativos de tradução PB-Libras surgirão e, com eles, sistemas operacionais, talvez, que contemplem de forma mais precisa a produção articulatória dos sinais da Libras e que possibilitem traduções automáticas de melhor qualidade. Assim, como os atuais aplicativos contemplados nas pesquisas apresentadas, podem ter suas fragilidades tecnológicas e linguísticas redesenhadas por suas empresas desenvolvedoras.

Quanto às pesquisas brasileiras sobre os aplicativos Hand Talk, ProDeaf Móvel, Rybená e VLibras, constataram-se somente sete pesquisas publicadas desde o surgimento dos primeiros aplicativos de tradução PB-Libras (Hand Talk e ProDeaf Móvel). Diante disso, depreende-se que há muito a pesquisar sobre essas tecnologias digitais, objetivando contribuir para a eficácia desses aplicativos a fim de promover o rompimento de barreiras comunicacionais, conforme é divulgado pelas empresas desses aplicativos de tradução.

Quanto ao emprego dos aplicativos, fica reiterado o entendimento de que eles, diante das fragilidades identificadas, podem ser utilizados em contextos educacionais, porém de modo supervisionado, a fim de que toda e qualquer inadequação relativa ao seu uso em sala de aula seja contornada por profissionais proficientes em Libras.

Nesse sentido, entende-se que é necessário o engajamento inter(trans)disciplinar dos profissionais das áreas de linguística aplicada, educação, ciências da computação e *design* de interfaces digitais, a fim de que juntos tornem mais eficientes os sistemas computacionais de tradução automática PB-Libras. Para isso, é necessário cruzar os limites teóricos de cada área, abandonar a ideia de que cada profissional tem um lugar inabitável aos demais e formar um corpo uno de pesquisa, de modo que a *expertise* advinda de uma área possa dialogar com as postulações teóricas de outras. Se, por um lado, a tradução automática PB-Libras apresenta-se como uma tarefa científica complexa e desafiadora, por outro, compreende-se que sua descomplexificação depende de múltiplas mãos "sinalizando" para o mesmo objetivo.

REFERÊNCIAS

AMORIM, M. L. C.; SOUZA, F. F.; GOMES, A. S. *Educação a distância para surdos*: acessibilidade de plataformas virtuais de aprendizagem. Curitiba: Appris, 2016.

BADLER, N. I. Virtual humans for animation, ergonomics, and simulation. In: THE IEEE WORKSHOP ON NON-RIGID AND ARTICULATED MOTION, 1997. *Proceedings...* 1997, p. 28-36. Disponível em: <http://repository.upenn.edu/hms/42>. Acesso em: abr. 2017.

BERBER SARDINHA, A. P. (Org.). *A língua portuguesa no computador*. Campinas/São Paulo: Mercado de Letras/FAPESP, 2005. 296 p.

BIDARRA, J. First steps towards a bilingual parallel corpus geared to the treatment of lexical ambiguity on the interface Portuguese - Libras. *Cad. Trad.*, v. 35, n. 1, p. 225-250, jan./jun. 2015.

BIDERMAN, M. T. C. *Teoria linguística*: linguística quantitativa e computacional. Rio de Janeiro/São Paulo: LTC, 1978. 356 p.

BRASIL. Lei 10.436, de 24 de abril de 2002. Dispõe sobre a língua brasileira de sinais - Libras e dá outras providências. *Diário Oficial da União*, Brasília, Seção 1, n. 79, p. 23, 25 abr. 2002.

CASTELLS, M. *A sociedade em rede*. São Paulo: Paz e Terra, 1999. v. 1.

CHO, K. et al. Learning phrase representations using RNN encoder-decoder for statistical machine translation. In: CONFERENCE OF EMPIRICAL METHODS IN NATURAL LANGUAGE PROCESSING, Doha. *Proceedings...*, Doha: EMNLP, 2014. p. 1724-1734.

CHOWDHURY, G. Natural language processing. *Annual Review of Information Science and Technology*, v. 37, 2003.

COLLING, J. P; BOSCARIOLI, C. Avaliação de tecnologias de tradução português-Libras visando o uso no ensino de crianças surdas. *RENOTE - Revista Novas Tecnologias na Educação*, v. 12, n. 2, 2014.

CORRÊA, Y.; GOMES, R. P.; CRUZ, C. R. A desambiguação de palavras homônimas em sentenças por aplicativos de tradução automática português brasileiro-Libras. *Revista Trabalhos de Linguística Aplicada*, n. 1, 2018.

CORRÊA, Y.; GOMES, R. P.; RIBEIRO, V. G. Aplicativos de tradução português-Libras na educação bilíngue: desafios frente à desambiguação. *RENOTE - Revista Novas Tecnologias na Educação*, v. 15, n. 2, p. 1-10, 2017.

CORRÊA, Y. et al. Tecnologia assistiva: a inserção de aplicativos de tradução na promoção de uma melhor comunicação entre surdos e ouvintes. *RENOTE - Revista Novas Tecnologias na Educação*, v. 12, p. 1-10, 2014a.

CORRÊA, Y. et al. Aplicativos de tradução para Libras e a busca pela validade social da tecnologia assistiva. In: SIMPÓSIO BRASILEIRO DE INFORMÁTICA NA EDUCAÇÃO, 25., 2014. *Anais...* Dourados: Sociedade Brasileira de Computação SBC, 2014b. p. 164-173. Disponível em: <https://goo.gl/rPNCth>. Acesso em: 16 fev. 2018.

DI FELIPPO, A.; DIAS-DA-SILVA, B. C. O processamento automático de línguas naturais enquanto engenharia do conhecimento linguístico. *Calidoscópio*, v. 7, n. 3, p. 183-191, 2009.

DIAS-DA-SILVA, B. C. *A face tecnológica dos estudos da linguagem*: o processamento automático das línguas naturais. 1996. Tese (Doutorado)-Universidade Estadual Paulista, Araraquara, 1996. 272 p.

EL MAAZOUZI, E. Z.; EL MOJAHIR, B. E.; AL ACHHAB, M. A systematic reading in statistical translation: from the statistical machine translation to the neural translation models. *JourJournal of ICT*, v. 16, n, 2, p. 408-441, 2017.

GALLEY, M.; et al. What's in a translation rule? In: HUMAN LANGUAGE TECHNOLOGY CONFERENCE AND MEETING OF THE NORTH AMERICAN CHAPTER OF THE ASSOCIATION FOR COMPUTATIONAL LINGUISTICS, 4, Edmonton. *Proceedings...*, Edmonton: HLTNAACL, 2004. p. 273-280

GAUCHE, S. *Aspectos linguísticos da tradução automática da língua portuguesa para a língua brasileira de sinais (Libras)* - uma reflexão inicial. Monografia (Especialização em Revisão de Textos)- Centro Universitário de Brasília, Brasília, 2013.

GULCEHRE, C. et al. On using monolingual corpora in neural machine translation. Disponível em: <https://arXiv preprint arXiv:1503.03535>. Acesso em: 15 fev. 2015.

GÜVENIR, H. A.; CICEKLI, I. Learning translation templates from examples. *Information Systems*, v. 23, n. 6, p. 353-363, 1998.

KALCHBRENNER, N.; BLUNSOM, P. Recurrent continuous translation models. In: CONFERENCE OF EMPIRICAL METHODS IN NATURAL LANGUAGE PROCESSING, Washington. *Proceedings...*, EMNLP, 2013. p. 1700-1709.

KELMAN, C. A. Multiculturalismo e surdez: respeito às culturas minoritárias. In: LODI, A. C. B.; MÉLO, A. D. B.; FERNANDES, E. (Orgs.). *Letramento, bilinguismo e educação de surdos*. 2. ed. Porto Alegre: Mediação, 2015.

LUONG, M.; PHAM, H.; MANNING, C. D. Effective approaches to attention based neural machine translation. In: ANNUAL MEETING OF THE ASSOCIATION FOR COMPUTATIONAL LINGUISTICS, 53, Lisboa. *Proceedings...*, ACL, 2015. p. 1412-1421.

LUONG, M. et al. Addressing the rare word problem in neural machine translation. In: ANNUAL

MEETING OF THE ASSOCIATION FOR COMPUTATIONAL LINGUISTICS, 53, Lisboa. *Proceedings...*, ACL, 2015. p. 11-19.

MELO, S. S. C. Tradução automática e competência tradutória: repensando interseções. *Rónai: Revista de Estudos Clássicos e Tradutórios*, v. 1. n. 1, p. 60-72, 2013

MODESTO, F. et al. Humanos virtuais e avatares. In: TORI, R.; KIRNER, C.; SISCOUTTO, R. (Org.). *Fundamentos e tecnologia de realidade virtual e aumentada*. Belém: SBC, 2006.

QUADROS, R. M.; KARNOPP, L. B. *Língua de sinais brasileira*: estudos linguísticos. Porto Alegre: Artmed, 2004.

RANGEL, G. M. M.; STUMPF, M. R. A pedagogia da diferença para o surdo. In: LODI, A. C. B.; MÉLO, A. D. B.; FERNANDES, E. (Org.). *Letramento, bilinguismo e educação de surdos*. 2. ed. Porto Alegre: Mediação, 2015.

SAMPIERI, R. H.; COLLADO, C. F.; LUCIO, M. P. B. *Metodologia de pesquisa*. Porto Alegre: Penso, 2013.

SEGALA, R. R.; QUADROS, R. M. Tradução intermodal, intersemiótica e interlinguística de textos escritos em português para a Libras oral. *Cad. Trad.*, v. 35, n. especial 2, p. 354-386, 2015.

SILVA, A. C. A representação social da surdez: entre o mundo acadêmico e o cotidiano escolar. In: LODI, A. C. B.; MÉLO, A. D. B.; FERNANDES, E. (Org.). *Letramento, bilinguismo e educação de surdos*. 2.ed. Porto Alegre: Mediação, 2015.

SOARES, F. M. R. O (não) ser surdo em escola regular: um estudo sobre a construção da identidade. In: LODI, A. C. B.; MÉLO, A. D. B.; FERNANDES, E. (Org.). *Letramento, bilinguismo e educação de surdos*. 2. ed. Porto Alegre: Mediação, 2015.

SUTSKEVER, I.; VINYALS, O.; LE, Q. V. Sequence to sequence learning with neural networks. In: INTERNATIONAL CONFERENCE ON NEURAL INFORMATION PROCESSING SYSTEMS, 27, Montréal. *Proceedings...*, Montréal: NIPS, 2014. p. 3104-3112.

VIEIRA, M. C. et al. Contribuições da teoria da aprendizagem multimídia e da usabilidade para aprendizagem de Libras e língua portuguesa por meio de aplicativos móveis. *RENOTE - Revista Novas Tecnologias na Educação*, v. 12, p. 1-10, 2014a.

VIEIRA, M. C. et al. Análise de expressões não manuais em avatares tradutores de língua portuguesa para Libras. *Nuevas Ideas en Informática Educativa*, v. 10. p. 172-183, 2014b. Disponível em: <https://goo.gl/Pk8AWn>. Acesso em: 16 fev. 2018.

WINOGRAD, T. *Understanding natural language*. New York: Academic Press, 1972. 654 p.

8

As tecnologias como ferramentas auxiliares na comunicação em língua portuguesa para usuários de língua brasileira de sinais

Nelson Goettert

As tecnologias têm se apresentado como ferramentas fundamentais para o desenvolvimento e a constituição dos sujeitos surdos. A partir do desenvolvimento e da ampliação do acesso às novas tecnologias digitais da informação e comunicação (TDIC), torna-se necessária a análise do papel delas na comunicação dos surdos. Levando em consideração essas questões, o presente capítulo está organizado em quatro eixos, nos quais se apresentam um breve histórico das TDICs utilizadas pelos surdos, as tecnologias digitais e a comunicação dos surdos, a construção da identidade por meio da comunicação e a comunicação mediada pelas tecnologias.

Os sujeitos surdos estão expostos a inúmeros materiais escritos, o que torna necessário o aprendizado da língua portuguesa. Parte da dificuldade de comunicação dos surdos se dá pela falta de conhecimento de palavras ou da estrutura da língua escrita. Nesse sentido, um trabalho específico de ensino da língua portuguesa escrita, respeitando o aprendizado dos surdos, a partir de sua primeira língua – a língua brasileira de sinais (Libras) –, possibilita o entendimento da dimensão significativa da linguagem.

As TDICs podem levar a um novo reconhecimento desse público, valorizando sua língua e sua cultura. Os momentos de interação em ambientes virtuais, além das legendas em programas televisivos, possibilitam a ampliação de vocabulário e a compreensão da escrita. As tecnologias digitais colaboram para a comunicação dos surdos, principalmente no acesso a informações e conhecimento da língua portuguesa escrita; entretanto, destaca-se a busca por informações visuais e de valorização e vitalidade da língua de sinais no uso das tecnologias.

Os surdos têm pensado no futuro, na organização de seus movimentos e em buscar melhorias na qualidade de vida. Ademais, já estão sendo estabelecidas discussões com a sociedade, em um esforço coletivo para a garantia de seus direitos de acesso ao conhecimento por meio de uma formação qualificada, possibilitando a entrada de surdos no mercado de trabalho, focando em objetivos individuais e coletivos para conquistas futuras.

Há bem pouco tempo, a comunicação para a organização dos movimentos dos surdos surgia nas escolas e nas associações de surdos. A presença de ouvintes era importantíssima, pois eram eles que faziam os contatos por telefone, e nem todos os surdos tinham acesso aos computadores e às tecnologias. As informações passavam de mão em mão, e era necessário o contato presencial para que a informação circulasse e os conhecimentos pudessem ser compartilhados.

Antigamente, para um surdo, só era possível acompanhar as programações televisivas e assistir a um filme brasileiro no cinema, por exemplo, decodificando as imagens que apareciam na tela – analisando as expressões faciais e o movimento dos personagens, podia-se ter noção do que estava ocorrendo na cena. Com a luta dos movimentos sociais, as conquistas legais começaram a ocorrer. A aprovação do Decreto nº 5.626/2005 que regulamenta a Lei nº 10.436/2002, por exemplo, oportunizou a inserção da legenda nos programas e, mais recentemente, com a Lei Brasileira de Inclusão, a utilização de janela de tradução em alguns contextos.

A utilização de legendas melhorou a qualidade do acesso às informações, e assim como o Braille amplia as possibilidades de acesso à informação escrita para os cegos, as legendas o fizeram com relação às informações audiovisuais. Porém, enquanto no Braille há uma transcodificação do texto escrito para o texto tátil, as legendas são transcritas a partir da língua falada. Dessa forma, apesar de ambas exigirem do leitor apropriação da língua escrita, trata-se de uma tecnologia com matriz na linguagem oral. O fato de o surdo se comunicar com base na língua de sinais exige dupla apropriação no que se refere ao texto escrito. Assim, não se trata, portanto, de uma simples transcodificação ou transcrição, mas também de tradução e interpretação.

A leitura de legendas, desde o seu surgimento, contribuiu para a apropriação da língua escrita pelos surdos, ao mesmo tempo em que tem instigado o aperfeiçoamento de suas estratégias de leitura. Os surdos passaram a se adaptar à leitura das informações e à velocidade com que o texto passa pela tela. Existe uma necessidade de saber o que está sendo dito e, na ausência das informações, o sentimento de apreensão é comum a esses usuários.

As mudanças alteram a forma de pensar e de viver no mundo. Assim, antes da obrigatoriedade das legendas, era comum os surdos observarem as imagens e tentarem entender o que ocorria. No entanto, quando se passa a conviver com mais independência, segurança e acesso à informação, não se aceita retrocesso. Assim como no caso das legendas, diversas TDIC têm estimulado os surdos a se apropriarem da língua escrita, no sentido de construção da independência comunicacional e informativa.

É com base na relação entre as tecnologias e a formação dos sujeitos surdos que Goettert (2014) desenvolveu a pesquisa *Tecnologias digitais e estratégias comunicacionais de surdos: da vitalidade da língua de sinais à necessidade da língua escrita*. A partir dessa pesquisa, constatou-se que as tecnologias digitais da informação e comunicação têm adentrado gradativamente na vida dos surdos, cujo impacto, além de cultural, é também pedagógico.

Ao se considerar que até o Congresso de Milão[1] somente se pensava na língua de sinais como meio de atingir a língua majoritária e que o período após o referido congresso trouxe uma perspectiva de oralização dos surdos, baseada na ideia da reabilitação desses sujeitos, vê-se que o ensino não denota alternativas que socializem o surdo na sua condição bilíngue, ou seja, que garantam a eles o acesso às informações, tanto por meio da língua de sinais quanto da língua portuguesa. Nas últimas décadas, em especial a partir dos anos 1960, com os estudos de Stokoe sobre a língua americana de sinais (ASL, do inglês *american sign language*), a compreensão da língua de sinais como a primeira língua dos surdos tem fortalecido as discussões sobre a produção de uma educação bilíngue para esses sujeitos.

A surdez pode ser analisada por meio de duas concepções: clínica e sociocultu-

---

[1]Segundo Strobel (2008), no ano de 1880, ocorreu o Congresso Internacional de Surdo-Mudez, em Milão, na Itália, onde o método oral foi votado como o mais adequado para se adotar nas escolas de surdos e a língua de sinais foi oficialmente proibida, alegando que ela destruía a capacidade da fala dos surdos, argumentando que os surdos eram "preguiçosos" para falar, preferindo usar a língua de sinais. Alexander Graham Bell teve grande influência nesse congresso, que foi organizado, patrocinado e conduzido por muitos especialistas ouvintes na área de surdez, todos defensores do oralismo puro (a maioria já havia se empenhado, muito antes do congresso, em fazer prevalecer o método oral puro no ensino dos surdos). Na ocasião da votação na assembleia geral realizada no congresso, todos os professores surdos foram impedidos de votar e excluídos, sendo que dos 164 representantes presentes ouvintes, apenas 5 dos Estados Unidos votaram contra o oralismo puro.

ral. A concepção clínica percebe os sujeitos surdos pela doença ou pela deficiência e, consequentemente, como sujeitos a serem normalizados. Nesse sentido, as tecnologias criadas por meio dessa perspectiva estavam voltadas para o uso de aparelhos auditivos ou de implantes cocleares, que atentam para a fala e a audição como única forma de comunicação. A concepção clínica desconsidera a existência da língua de sinais e valoriza somente a língua oral.

Já a concepção sociocultural define a surdez como uma marca cultural das comunidades surdas, ou seja, os surdos são compreendidos como sujeitos culturais em razão da língua de sinais e da cultura surda. Segundo Lorenzini (2004, p. 30), a concepção sociocultural

> [...] diz respeito a uma outra forma, oposta, de entendimento da surdez e das pessoas surdas. Esta outra visão acredita que os surdos constituem um grupo minoritário de pessoas que se agrupam para discutir e opinar sobre suas vidas, não apenas porque têm em comum o fato de que não escutam, mas porque necessitam de uma cultura visual para entendimento e apreensão do mundo, o que se traduz pelo reconhecimento, legalização e utilização da língua de sinais pelas pessoas que trabalham com os surdos.

Vinculado à ideia de cultural visual, observa-se que as tecnologias digitais da comunicação que surgiram – e que vêm se desenvolvendo – a partir da década de 1990 têm possibilitado o uso de imagens, além de permitir a utilização da língua de sinais como meio de comunicação dos surdos. Na realidade, o desenvolvimento de tais tecnologias visa atender a todos os usuários, não somente aos surdos, mas estes sujeitos passam a usufruir dos recursos imagéticos presentes nas tecnologias digitais.

As estruturas da língua portuguesa e da língua de sinais são diferentes, questão que se apresenta como um desafio para os sujeitos surdos. As discussões sobre a aquisição da primeira língua (L1), a Libras, e aprendizagem da segunda língua (L2), o português, têm sido uma das bandeiras de luta do movimento surdo; contudo, na comunicação entre pessoas que utilizam línguas diferentes em seu cotidiano, é necessário atentar-se a como serão compreendidas as informações.

Na comunicação entre dois surdos, a expressão escrita geralmente se dá de forma clara, pois a estrutura escrita será a da língua de sinais que é comum aos dois sujeitos envolvidos. Já na comunicação entre surdos e ouvintes, podem surgir problemas no uso da língua escrita, uma vez que adotam línguas com estruturas gramaticais diferentes. Essa estruturação da língua escrita pelos surdos está relacionada à língua em que ele produz o pensamento, ou seja, muitos surdos usuários da língua de sinais (L1), quando escrevem em língua portuguesa (L2), mantêm a estrutura gramatical em língua de sinais. Quadros e Karnopp (2004) apontam, no trabalho sobre os estudos linguísticos, diferentes formas de estruturação das frases em língua de sinais, assim como em outras línguas. Dessa forma, a escrita de muitos surdos se relaciona com a estrutura em que as frases são pensadas; por exemplo, em língua portuguesa se diz: "Você gosta de maçã?", ao passo que em língua de sinais, seria sinalizado como "Você gostar maçã?", e assim seria produzida a escrita.

Quando não compreendidos, os surdos podem sentir-se como estrangeiros no próprio país. A busca pela escrita correta tem ocorrido dentro dos grupos de usuários surdos do Facebook e do WhatsApp, porém as dificuldades em dominar duas línguas com estruturas gramaticais diferentes sintetizam um desafio aos usuários. O processo de construção da condição bilíngue é lento, e a busca deve ser contínua para alcançar a independência, inclusive com o auxílio das tecnologias digitais.

O uso da língua de sinais é natural para os surdos, porém, com o passar do tempo, as discussões sobre bilinguismo têm modificado o pressuposto de que somente a língua de sinais é importante para eles. Realmente, ela é essencial para o seu desenvolvimento por se tratar da sua primeira língua, mas a necessidade de acessar as informações, por meio da língua portuguesa, tem aumentado o interesse dos surdos em se constituírem como sujeitos bilíngues. Na sociedade, o encontro com ouvintes que não sabem a língua de sinais é normal, e a comunicação se desenvolve por meio da escrita. Nesse sentido, dominar as duas línguas torna-se importante para os surdos.

No contexto educacional, antigamente, as escolas educavam os surdos a partir da metodologia oralista, que primava pela fala da língua portuguesa, o que, no entanto, não apresentou resultados satisfatórios: poucos eram os sujeitos que obtinham sucesso por meio da oralização (PERLIN; STROBEL, 2008). Falar não era tarefa fácil, e muitos acabavam fracassando no processo de escolarização. Hoje, as escolas de surdos adotam uma metodologia que valoriza a língua de sinais como L1 e a língua portuguesa, na modalidade escrita, como L2.

A autonomia dos surdos é produzida na busca de respostas e caminhos que são construídos, de maneira mais independente e que, com o auxílio da tecnologia digital, promovem mudanças. A resolução das dúvidas agora está ao alcance dos surdos, seja por meio da língua de sinais ou da língua portuguesa.

BREVE HISTÓRICO DAS TECNOLOGIAS DIGITAIS DA INFORMAÇÃO E COMUNICAÇÃO UTILIZADAS PELOS SURDOS

As tecnologias de décadas passadas, que visavam promover a socialização e a independência do sujeito surdo, tornaram-se falhas, uma vez que, além de terem custo muito alto, não eram usadas amplamente. Para exemplificar, menciona-se o Telecommunications Devices for the Deaf (TDD), um telefone para surdos (**FIGURA 8.1**) de custo expressivo e sem mobilidade – uma vez que devia estar conectado a um telefone fixo – que acabou sendo substituído por outros recursos móveis, usados por surdos e ouvintes. Também houve o Mobi, que era um dispositivo eletrônico (bipe) que somente re-

FIGURA 8.1 ▶ TELECOMMUNICATIONS DEVICE FOR THE DEAF – O TELEFONE PARA SURDOS.
Fonte: Notisurdo (c2007, documento *on-line*).

cebia mensagens, então possibilitando que a pessoa respondesse no próprio aparelho.

Os referidos objetos caíram rapidamente em desuso, uma vez que foram substituídos pelo telefone celular e pelo computador. Quando os surdos passaram a utilizar o celular, permaneceu a questão do entrave linguístico em relação à língua portuguesa, porém a internet trouxe uma nova relação com a escrita para as pessoas surdas. A partir do momento em que as demandas de tradução surgiram em *sites* de notícias, redes sociais ou ambientes de aprendizagem, os surdos encontraram novos desafios na compreensão e transmissão de ideias.

Cabe dizer que a internet desencadeou uma espécie de necessidade em apropriar-se de conhecimentos da língua escrita, o que vem sendo observado pelos empreendedores do ramo das tecnologias digitais, sobretudo aqueles voltados ao desenvolvimento de aplicativos para *smartphones* e *tablets*. No momento em que disponibilizam suas tecnologias, eles desafiam direta e indiretamente os sujeitos surdos na aquisição da língua escrita, em suas práticas cotidianas. Sobre isso, Amorim (2012, p. 247) indica, em sua pesquisa, que:

> [...] tecnologias assistivas "são recursos e serviços que visam facilitar o desenvolvimento de atividades da vida diária

por pessoas com deficiência". Procuram aumentar capacidades funcionais e, assim, promover a autonomia e a independência de quem as utiliza. [...] poderia servir de ferramenta/*software* em um celular, capaz de capturar a voz humana e traduzir com um boneco, em sinais, na tela do aparelho portátil.

Assim como o conceito citado por Amorim (2012), alguns programas são elaborados para o público surdo, como é o caso do ProDeaf, um tradutor automático do português para a Libras. Contudo, o que realmente se ressalta é a apropriação, por parte dos surdos, dos produtos desenvolvidos para o público em geral e disponibilizados no mercado. A apropriação de programas pela comunidade surda tem demonstrado um caminho, no sentido da construção da autonomia e de maior possibilidade de interação entre surdos e ouvintes não usuários da Libras.

A primeira empresa a utilizar um sistema de comunicação por mensagem de texto via celular foi a Nokia, a pedido da Federação Mundial de Surdos (WFD, do inglês World Federation of the Deaf).[2] A WFD tem sua sede na Finlândia, assim como a empresa que desenvolveu o recurso, e seu objetivo é o de melhorar a qualidade de vida dos surdos em relação à acessibilidade comunicativa.

O primeiro *software* criado no Brasil (versão beta) para auxiliar na comunicação entre surdos e ouvintes foi o Rybená – um aplicativo gratuito que funcionava conectado à internet e que foi disponibilizado em 2001. Nele, o avatar empregava apenas o recurso da datilologia, sem utilizar os sinais em Libras e as expressões faciais. Não foi aceito nem incorporado no cotidiano dos surdos por sua limitação comunicativa, que apenas transcrevia o que estava em português para

o alfabeto em Libras, sem haver a tradução entre as línguas.

Os aplicativos representam um grande apoio para a divulgação da língua de sinais. Em ASL, há dicionários e programas disponíveis em diferentes sistemas operacionais para a divulgação da língua de sinais e a promoção da comunicação entre surdos e ouvintes. No Brasil, estão disponibilizados alguns programas em Libras para Android e iOS, como ProDeaf Móvel, Hand Talk, VLibras, ICOM, SpreadtheSign, Viavel Brasil, SMPED-CIL e Rybená. Contudo, espera-se que, com o tempo, outras tecnologias sejam desenvolvidas, uma vez que, em ASL, as pesquisas na área acontecem há mais tempo, se comparadas ao Brasil. No que se refere aos aplicativos para Android e iOS, a pesquisa nas lojas de aplicativos – Google Play e App Store – realizada pelo autor em 2018, utilizando os termos "Libras", "Surdo", "ASL", "Deaf" e "Sordo", foram localizados 307 aplicativos.

No que diz respeito ao estímulo às crianças surdas, quanto à leitura de textos em língua portuguesa, no *site* Acesso Brasil, são disponibilizadas as histórias em quadrinhos da Turma da Mônica com janela para tradutor e intérprete de Libras, conforme mostra a **FIGURA 8.2**.

Além disso, o primeiro desenho animado em Libras foi lançado recentemente (2018). O desenho animado *Min e as mãozinhas* foi criado por Paulo Henrique dos Santos e desenvolvido em parceria com professores e instrutores de Libras no Centro Municipal de Educação Alternativa de Itajaí (Cemespi).[3] O projeto do desenho prevê 13 episódios, sendo que o episódio piloto já foi produzido e está disponível no YouTube.[4]

A maioria das pessoas, quando busca informações sobre palavras, expressões ou sinais em Libras, utiliza um dicionário de

---

[2] A WFD é uma organização internacional não governamental, sem fins lucrativos, que representa cerca de 70 milhões de pessoas surdas, composta por representantes de 135 países nos cinco continentes. Mais informações estão disponíveis em: <https://wfdeaf.org/who-we-are/our-story/>. Acesso em: 23 out. 2018.

[3] Informações sobre o projeto podem ser acessadas em: <https://itajai.sc.gov.br/noticia/20347/primeiro-desenho-animado-brasileiro-em-libras-e-criado-em-itajai>. Acesso em 23 out. de 2018.

[4] Disponível em: <https://www.youtube.com/watch?v=zNCczm3jzgo>.

FIGURA 8.2 ▶ HISTÓRIAS EM QUADRINHOS DA TURMA DA MÔNICA TRADUZIDAS PARA LIBRAS.
Fonte: Turma da Mônica (2017, documento *on-line*).

Libras, no qual se encontram os sinais e significados das palavras.

Há dicionários disponíveis de forma *on-line* e de uso gratuito como o Libras – Dicionário da Língua Brasileira de Sinais (ACESSIBILIDADE BRASIL, 2011, documento *on-line*) e o SpreadTheSign (EUROPEAN SIGN LANGUAGE CENTER, c2018, documento *on-line*). O primeiro possibilita a consulta de sinais da Libras por meio da digitação de palavras em português, apresentando as palavras em ordem alfabética, por assunto e configuração de mão, conforme apresentado na **FIGURA 8.3**.

O segundo, SpreadTheSign (STS), é um dicionário *on-line*, internacional, disponibilizado em 2006, que torna acessíveis as línguas de sinais de diversos países. Trata-se de um projeto pioneiro, pois é o único dicionário com a característica de reunir várias línguas de sinais. Conforme Cruz, Goettert e Nogueira (2017, p. 195),

> O STS é uma ferramenta *on-line* e de uso livre, que pode ser acessado pelo *site* spreadthesign.com ou pelo aplicativo SpreadTheSign. A consulta aos sinais no STS pode ser realizada por meio de digitação da palavra equivalente ao sinal que está sendo pesquisado ou por meio da escolha de palavras que fazem parte de um "grupo" (sinais reunidos conforme um tema). Após a digitação da palavra ou seleção de uma palavra no grupo escolhido, na página, é apresentado o sinal em vídeo e bandeiras dos diferentes países que já disponibilizaram o sinal que está sendo pesquisado. Ao clicar nas bandeiras, é possível selecionar e assistir à apresentação do termo lexical escolhido de acordo com a língua de sinais de cada país.

Em 2013 foi lançado o *software* ProDeaf, um tradutor automático de língua portuguesa para Libras que tem como principal objetivo estimular a liberdade e a autonomia dos surdos, por meio de um aplicativo para celular, com versão para Android e iOS. Ele se propõe a minimizar as barreiras de comunicação existentes entre surdos e ouvintes não usuários da língua de sinais, promovendo a interação por meio da tradução entre a língua de sinais e a língua falada. Atualmente, o ProDeaf está disponível em três formatos:

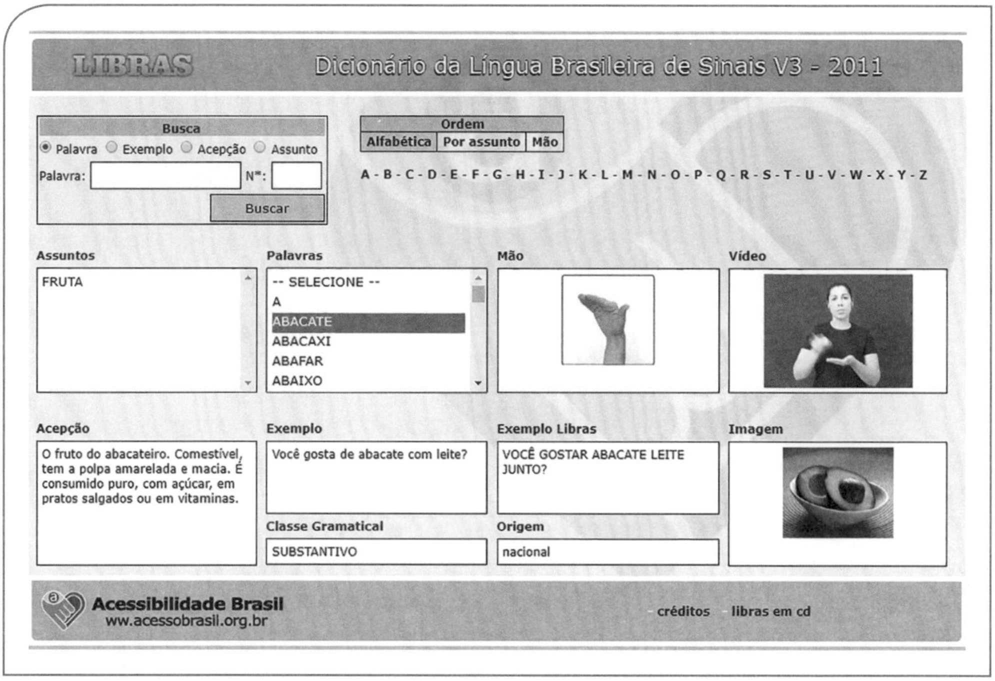

FIGURA 8.3 ▶ ACESSO *ON-LINE* DE DICIONÁRIO DE LIBRAS.
Fonte: Acessibilidade Brasil (2011, documento *on-line*).

ProDeaf Movel (aplicativo), ProDeaf WebLibras (*sites*) e ProDeaf Web (ferramenta em computador). O que diferencia essa tecnologia das primeiras lançadas – que valorizavam somente uma língua, como no caso dos aparelhos auditivos que estavam focados na oralização – é que o *software* garante a utilização de duas línguas – a língua de sinais e a língua portuguesa – e valoriza os surdos como sujeitos legítimos de um grupo linguístico. A imagem do aplicativo ProDeaf Móvel pode ser visualizada na **FIGURA 8.4**.

Atualmente, estão sendo desenvolvidas outros tipos de tradutores automáticos que propõem a captura dos movimentos da língua de sinais, como o Xbox e o Kinectic, da Microsoft. Entretanto, o funcionamento desses tradutores depende de os sinais estarem armazenados em banco de sinais e os movimentos serem feitos tal como constam nos arquivos, pois do contrário o programa não os reconhece.

FIGURA 8.4 ▶ APLICATIVO PRODEAF MÓVEL.
Fonte: Windows Team (c2018, documento *on-line*).

Em relação às tecnologias digitais que permitem a comunicação entre usuários de língua de sinais, está em desenvolvimento, desde 2010, um produto semelhante ao aparelho de celular – o MobileASL –, que realiza videochamadas com boa qualidade de imagem, de aparelho para aparelho, conforme a **FIGURA 8.5**.

FIGURA 8.5 ▸ SURDOS USANDO VÍDEO NO TELEFONE CELULAR PARA CONVERSAR POR MEIO DE SINAIS.
Fonte: Bonnington (2010, documento *on-line*).

Estudos certificam que o MobileASL garante qualidade de imagem e velocidade na comunicação. Sete voluntários da Universidade de Washington que testaram o equipamento relataram que os vídeos produzidos estão configurados em um formato mais leve, dinamizando a comunicação. De acordo com um estudante que participou dos testes, o MobileASL pode servir como alternativa, pois o envio de mensagens de texto SMS às vezes, é muito lento. Além disso, envia-se a mensagem e não há certeza de que ela foi lida. Com esse tipo de telefone, é possível conversar em tempo real (MOORE, 2010).

AS TECNOLOGIAS DIGITAIS E A COMUNICAÇÃO DOS SURDOS

Os registros em Libras por meio de filmagens sintetizam instrumentos importantes para preservar a clareza da mensagem do emissor, pois, quando não ocorre a compreensão em português, as filmagens em Libras diminuem a probabilidade de equívocos, além de valorizar a língua de sinais. Portanto, questiona-se: tais recursos tecnológicos poderiam contribuir para a melhoria nas comunicações dos surdos e, consequentemente, na sua autonomia?

Tomando a própria experiência do autor como exemplo, quando se sinaliza, não se verificam limitações de comunicação, mas em português escrito podem faltar as palavras adequadas. Para haver maior clareza na comunicação por mensagens de texto usando o português, as habilidades criativas são fundamentais para o surdo. Entre elas, está uma versão adaptada da escrita, utilizando-se a estrutura da língua de sinais e preservando-se os elementos da cultura surda.

A expressão "cultura surda" é definido por Strobel (2008, p. 24) da seguinte forma:

> [...] o jeito de o sujeito surdo entender o mundo e de modificá-lo a fim de torná-lo acessível e habitável ajustando-o com as suas percepções visuais [...]. Isto significa que abrange a língua, as ideias, as crenças, os costumes e os hábitos do povo surdo.

Os dicionários virtuais de Libras auxiliam os surdos, pois ampliam o inventário lexical em língua portuguesa e oportunizam novas possibilidades de uso das palavras. Os *sites* de busca oferecem imagens e facilitam a compreensão sobre os contextos em que as palavras pesquisadas podem ser utilizadas, e os *sites* de vídeo compartilham tutoriais com informações passo a passo que elucidam a resolução de problemas cotidianos.

Telefones celulares e *smartphones* conectados à internet facilitam o acesso à informação – não apenas a linguística, mas também de localização. Por serem visuais, os surdos conseguem facilmente compreender as informações de mapas disponibilizadas por GPS. Sendo assim, os aplicativos desenvolvidos para tais dispositivos móveis oferecem relativa segurança e autonomia. A possibilidade de conexão Wi-Fi em alguns lugares, às vezes gratuitamente, possibilita aos usuários surdos e ouvintes a ampliação da comunicação.

Na década de 1990, a língua de sinais se firmou no Brasil como a utilizada pelos surdos; pesquisas sobre sua aquisição deram respaldo para que, posteriormente, ela fosse reconhecida como a segunda língua oficial do país. Nos anos 2000, o maior acesso às tecnologias, sobretudo as digitais, ampliou a necessidade de os surdos se tornarem bilíngues. No entanto, a necessidade não aconteceu por imposição social, mas decorreu das dificuldades na resolução de questões cotidianas que, mediadas pela tecnologia, reforçaram a importância e o uso da língua portuguesa na modalidade escrita.

A participação em redes sociais, como o Facebook, o compartilhamento de conteúdo e a possibilidade de acesso a *chats* de safiam a pessoa surda a aprender a escrita da língua portuguesa como L2. Apesar de os surdos reconhecerem a necessidade de aprender a escrever em português, há a preferência pela comunicação em vídeo, a partir da qual podem expressar-se livremente. Já a escrita demanda que busquem palavras em sua L2, o que, em alguns momentos, é um elemento limitador, fazendo-os optarem por programas de videochamada, como WeChat, Tango, ooVoo e Skype.

Nos Estados Unidos, o acesso a redes Wi-Fi é disponibilizado em lugares públicos, o que permite que os surdos acessem conteúdos e informações sem precisar pagar pelo provedor. No Brasil, muitos surdos procuram por lugares nos quais haja Wi-Fi com

acesso gratuito. Nesse contexto de conectividade, um aplicativo que tem facilitado a comunicação é o WhatsApp, que envia mensagens de texto e vídeo, desde que o usuário esteja conectado à internet. Todavia, no Brasil o acesso à internet com velocidade que oportunize a transmissão de dados de vídeo, com clareza e custo mais acessível, ainda é problemático.

Em relação ao desenvolvimento de de aplicativos de tradução automática, os avanços são fundamentais para possibilitar a tradução adequada de termos na língua de sinais. Compreender a maneira como os surdos se expressam e a estrutura de sua língua propicia maior mobilidade social aos sujeitos, evitando que se sintam limitados. Não são poucas as situações em que os surdos enfrentam problemas em seu cotidiano relacionados à acessibilidade da comunicação, nas mais diferentes áreas, como educação, trabalho e lazer.

Adams e colaboradores (2013, p. 60) afirmam que as:

> "[...] tecnologias favorecem novas formas de interação social, novos estilos de vida, modificando a visão acerca da tecnologia no que diz respeito à sua importância, utilização e papel social".

A partir do acesso às redes sociais, é possível compartilhar informações, buscar e ler textos ou assistir a vídeos. A informação faz as pessoas crescerem e, principalmente, garante a interação social entre os diferentes indivíduos. Com mais informação, os surdos que têm acesso à tecnologia estabelecem trocas com os amigos, surdos e ouvintes, e são cada vez mais desafiados.

As novas versões dos programas e suas inovações desafiam a aprender sobre elas e possibilitam a comunicação entre sujeitos usuários – ou não – da língua de sinais; portanto:

> Além da dimensão tecnológica, a rede de internet se constitui também ferramenta e forma organizacional que distribui informação, poder, geração de conhecimento e capacidade de interco

nexão em todas as esferas de atividades. (LÉVY, 1999 apud ADAMS, 2013, p. 62)

As informações, quando compartilhadas, por exemplo, durante a troca de dúvidas e esclarecimentos em *chats* e vídeos no YouTube ou Facebook, transformam-se em conhecimento para os usuários. Os surdos usam o Facebook para compartilhar vídeos ou copiá-los e curtir; depois, realizam a divulgação entre surdos e ouvintes. Há acesso mais rápido à informação e, ao que tudo indica, a busca pelo conhecimento nos meios digitais tem sido uma nova via de constituição da identidade surda, além de proporcionara formação de uma identidade pessoal.

Por meio da internet, os surdos conseguem se relacionar facilmente com outras pessoas, o que não ocorria antes do advento de tais tecnologias. A comunicação era limitada, em razão da dificuldade de se utilizar uma ou outra língua. Nesse sentido, a tecnologia se apresenta como instrumento de interação social entre surdos e ouvintes.

Tendo em vista o que foi abordado até o momento, é evidente que existem pesquisas e iniciativas para o desenvolvimento de aplicativos e equipamentos, digitais ou analógicos, que prestem assistência comunicacional à pessoa surda. No entanto, nem sempre essas tecnologias são aceitas e nem todas são produzidas considerando a Libras e a cultura surda.

Diante do atual cenário de desenvolvimento cultural e tecnológico, é muito importante compreender os processos comunicacionais dos surdos que interagem usando diferentes modalidades (sinais e escrita) com suporte das tecnologias digitais.

A CONSTRUÇÃO DA IDENTIDADE POR MEIO DA COMUNICAÇÃO

A língua parece ocupar o lugar de agente de exclusão, uma vez que os surdos se sentem limitados ao buscar seu espaço e as informações de que necessitam. Aqueles que conhecem o a língua portuguesa,

seja na modalidade escrita ou oral, têm mais possibilidades de serem incluídos na sociedade ouvinte e serão aqueles com direito à educação e ao espaço de que precisam. Entretanto, os que se comunicam somente por meio da língua de sinais encontram dificuldades de acesso à informação e à inclusão social, uma vez que grande parte da sociedade desconhece o uso da língua de sinais. Isso faz com que a disputa por direitos perpasse o campo das políticas públicas.

Diante do descrito, surge a necessidade de expor como ocorre a aquisição da língua escrita pelos surdos, sob influência dessas práticas sociais comunicativas. As novas tecnologias propiciaram um novo tipo de exercício da escrita, facilitando a aprendizagem com base no ato de comunicar e na necessidade de clareza na comunicação a distância. Ao olhar para o passado, é possível perceber que se vive em um momento marcante na cultura surda, merecedor de pesquisas que permitam o acompanhamento dessas mudanças.

O espaço escolar deve ajudar professores e alunos na troca de ideias e conhecimento sobre a língua de sinais. Entre os elementos que compõem gramaticalmente essa língua, estão os movimentos, as expressões faciais e os parâmetros que dão o estatuto linguístico à Libras.

O professor que conhece a identidade e a cultura surda, em tese, tem mais condições de mostrar que o conhecimento da estrutura da língua portuguesa auxilia no desenvolvimento de conceitos historicamente elaborados pela sociedade e formalizados pela cultura escrita.

A partir dos estudos linguísticos de Stokoe, na década de 1960, a língua de sinais passou a ser legitimada, com todas as propriedades das línguas orais. Nesse sentido, por meio da língua de sinais, é possível tratar de qualquer assunto, qualquer conceito, qualquer teoria, não sendo apenas uma forma de comunicação imediata que abrange assuntos concretos. Para fins de mobilidade social e de independência dos sujeitos surdos, é preciso que eles aprendam a língua de seu país na modalidade escrita.

Quando as pessoas têm aquisição de linguagem na L1 de forma satisfatória – no caso dos surdos, o contato com as línguas de sinais desde muito cedo –, a aprendizagem de outra língua se torna acessível, pois os processos de comparação entre a L1 e a L2 são mais efetivos. Lodi e Moura (2006, p. 6) explicitam que:

> A Libras pode vir a se constituir como a L1 dos sujeitos se lhes for dada a oportunidade de conviver com pares fluentes nesta língua, de desenvolvê-la para uso nas diversas esferas de atividade humana e de esta língua ser valorizada e aceita como tendo o mesmo *status* da língua portuguesa, pois nesta relação entre pares e ao tornarem-se fluentes na língua, os surdos podem redefinir as bases ideológicas deles constitutivas pela linguagem. Melhor dizendo, pelo conhecimento da e pela Libras pode haver uma transformação do eu de cada um pelo olhar do(s) outro(s) e pelo reconhecimento de ser "falante" da Libras.

Como o processo de aquisição da língua de sinais acontece de forma tardia por muitos surdos, a defasagem pode prejudicar o aprendizado da L2 visto que o sujeito não tem um suporte linguístico que propicie a reflexão sobre outra língua, marcada nas suas diferenças. Os esforços utilizados durante o período histórico da oralização dos surdos passam, agora, para a necessidade de os surdos conhecerem a língua portuguesa escrita e serem capazes de traduzir para ela suas ideias da língua de sinais.

Surdos e ouvintes teriam as mesmas possibilidades de aprendizagem de outras línguas, porém, além do já descrito, ainda há questões metodológicas de ensino da língua portuguesa para surdos que nem sempre contemplam as especificidades desse aprendizado, pois realizam uma prática de ensino de português para surdos como L1.

A fluência em língua de sinais também prepondera no ensino da L2 para surdos. Da mesma forma que no processo de aprendi-zagem é fundamental o conhecimento da L1, para o ensino de outra língua, o conhecimento de ambas se torna imprescindível. Nem sempre se encontram essas condições nas escolas de surdos, nas quais os professores podem não ser fluentes em língua de sinais e desenvolver uma metodologia de ensino em que a comparação não é levada em conta, prejudicando a aprendizagem.

Surdos e ouvintes possuem as mesmas possibilidades de aprendizagem, mas as condições em que muitos surdos se desenvolvem, sobretudo em relação à exposição linguística que possibilita a aquisição da linguagem, marcam diferenças importantes no desenvolvimento de ambos.

Entende-se que a formação da identidade surda ocorre na construção de objetivos a serem alcançados, na certeza da própria capacidade, não se baseando somente na diferença entre surdos e ouvintes, mas na diferença entre as identidades surdas.

Perlin (1998) defende a possibilidade de novas identidades no contato com as diferentes identidades surdas, mediante compartilhamento de experiências permeadas pela cultura surda. A tecnologia colabora para a construção das diferentes identidades e contatos culturais. Os surdos podem acessar os elementos de sua cultura (p. ex., pelo YouTube), utilizando a língua de sinais na comunicação por videochamadas e desenvolvendo-se bilíngues, por meio de mensagens ou da busca de significados do conteúdo desenvolvido na internet, realizando a leitura da palavra escrita ou do recurso imagético.

A cultura intervém nas formas de produção e constituição dos sujeitos. Nessa perspectiva, identifica-se que os surdos passaram a se organizar em movimentos e a se mobilizar. Novas alternativas, para difundir sua cultura, iniciaram-se com os dicionários virtuais de Libras, a participação em *chats* e as videochamadas por *webcam*.

Portanto, observa-se que o contato com diferentes tipologias textuais leva a desenvolver sentidos referentes a textos, por exemplo: letras de música, manchetes em jornais, propagandas com legendas, entre outros (KOCK; BARROS, 1997). A trajetória das tecnologias de acesso à informação que foram criadas e que serviram de apoio aos surdos – ou que foram pensadas para surdos – evidencia um histórico longo e abrangente. Inovações tecnológicas têm sido uma constante na atualidade – e de forma cada vez mais rápida.

Importa adquirir, diariamente, novas informações e conhecimentos de novas palavras com o auxílio de recursos tecnológicos (p. ex., celulares, *webcams*, *tablets*, *notebooks* e computadores), mas também por meio de canais e grupos (p. ex., YouTube, *chats,* Facebook e outras redes sociais).

As informações visuais, o contato com um novo vocabulário e o estímulo constante colocam os surdos em situação de aprendizagem e oportunizam crescimento e desenvolvimento intelectual, principalmente por meio de videochamadas, que valorizam a utilização da língua de sinais e que produzem autonomia nos sujeitos surdos.

No caso da estimulação da língua escrita, uma alternativa seria desafiar os mais jovens, a partir de conversas em *chats*, em que precisem, por exemplo, reconhecer palavras para se comunicarem, tanto no mesmo ambiente (sentados lado a lado em uma sala de informática) como no meio digital (ao encaminharem mensagens um para o outro); e, ao surgirem dúvidas nessa tentativa de comunicação, eles poderiam compartilhar suas dúvidas na língua de sinais, ampliando seus conhecimentos nas duas línguas.

A COMUNICAÇÃO MEDIADA PELAS TECNOLOGIAS

Os computadores têm papel fundamental na transformação da vida dos surdos, uma vez que possibilitam o uso de diferentes recursos que ampliam o contato com a língua portuguesa e a utilização da língua de sinais. Sem acesso aos computadores, os surdos ficam à espera do contato presencial para interagir, o que ocorre, com frequência, no caso de cidades pequenas e/ou distantes dos centros urbanos, cujo acesso tecnológico é precário.

Com a tecnologia, o contato entre os sujeitos surdos pode ser cotidiano e estimular o desenvolvimento dos usuários.

Por meio dos computadores, os surdos são capazes de estabelecer relacionamentos, mediante *chats* (assalas de bate-papo), espaços nos quais os surdos podem ter contato com a língua portuguesa e com pessoas de outros lugares. Antes da existência dos *chats*, os contatos ocorriam de maneira presencial e, em muitos momentos, os surdos eram pouco expostos à língua portuguesa; ou seja a língua escrita não fazia tanto sentido, uma vez que não se encaixava no universo de uso frequente da língua de sinais na comunicação entre surdos.

É possível perceber que, a partir da década de 1990, houve desenvolvimento dos surdos no que concerne ao uso da língua portuguesa, em virtude das discussões sobre o bilinguismo e o emprego frequente de meios que utilizam a língua escrita para estabelecer a comunicação (CLAUDIO, 2016).

Da mesma forma que os computadores viabilizam o acesso às salas de bate-papo, atualmente também podem ser utilizadas outras tecnologias de comunicação, como os *smartphones*, que se apresentam como uma ótima ferramenta comunicativa por serem fáceis de transportar e possibilitarem a conexão à internet.

Os *smartphones* promovem o acesso a muitas informações, que circulam, assim como o rádio para os ouvintes, de maneira rápida e dinâmica. É possível verificar os *e-mails*, conferir o Facebook, realizar bate-papos, por meio de mensagens de texto ou de videochamadas, ou situar um local, com o uso de GPS, enfim, ter disponíveis todos os recursos que podem proporcionar a constituição da autonomia.

Desde cedo, é importante que os pais de surdos viabilizem aos seus filhos os recursos tecnológicos para que possam adquirir novos conhecimentos, informações e, assim, se desenvolverem mais rapidamente e garantirem a constituição de um sujeito inteligente e autônomo. Se os pais restringirem os recursos tecnológicos aos filhos surdos, a falta de acesso a novas informações pode ocasionar prejuízos na linguagem. Logo, a tecnologia poderá colaborar para o desenvolvimento da língua de sinais e da língua portuguesa, garantindo a autoestima na interação efetiva com ouvintes. Kenski (2008, p. 651) observa que:

> A evolução dos suportes midiáticos ampliou este desejo fundante de toda pessoa de se comunicar e de aprender. Os diferenciados meios comunicacionais – da escrita à internet – deram condições complementares para que os homens pudessem realizar mais intensamente seus desejos de interlocuções. Possibilitam que a aprendizagem ocorra em múltiplos espaços, seja nos limites físicos de sala de aula e dos espaços escolares formais, seja nos espaços virtuais de aprendizagem.

Os surdos de famílias com melhores condições financeiras têm mais oportunidades de acesso aos recursos tecnológicos e, consequentemente, ganham maior exposição às informações culturais, o que resulta em maior *status* dentro da sua própria comunidade. Entretanto, as diferenças sociais não devem ser tratadas como fator de exclusão, mas de busca pela igualdade de acesso aos recursos tecnológicos, objetivando favorecer a autonomia e a interação social.

Arcoverde (2006) sustenta que a falta de convívio social pode levar os surdos a desenvolverem doenças, como depressão. Argumenta, ademais, que a luta pela igualdade linguística é pautada pela aceitação da condição e pela afirmação das identidades, e que a luta dos surdos é histórica, pela diferença na modalidade linguística utilizada, uma vez que a língua de sinais é de modalidade visuoespacial, e a língua da maioria linguística é oral-auditiva.

Os surdos, por sua percepção visual, encontram nos símbolos e nos códigos maior identificação, porém é importante que haja o registro da linguagem e da cultura e sua associação à tecnologia, pois o registro permite a perpetuação para as outras gerações. O lançamento de novas tecnologias e as informações divulgadas na internet permitem que os surdos ampliem seus conhecimentos e seus horizontes, garantindo-lhes acesso às informações divulgadas na sociedade.

O acesso à informação, por sua vez, permite-lhes interação social e instrumentaliza-os no uso da língua portuguesa. Arcoverde (2006), por conseguinte, explica que cada sujeito percebe e se desenvolve de forma diferente, porque há os que preferem receber informações em Libras e os que optam por ler em Português:

> A língua de sinais é, para alguns, a primeira língua, que faz o surdo se reconhecer como sujeito social e enunciador efetivo, embora não haja para todos os surdos as mesmas condições de acesso e desenvolvimento linguísticos. No entanto, o português (no caso do Brasil) pode fazer do surdo o enunciador de seus discursos em uma segunda língua (na modalidade escrita) e, assim, também se inserir como sujeito na sociedade nacional. (ARCOVERDE, 2006, p. 257)

É notável o impacto que as tecnologias de informação tiveram na vida dos surdos em pouco mais de uma década. É pertinente que se façam, agora, algumas reflexões acerca desse impacto, frente a outras vivências dos surdos ao longo da história. Se considerarmos, por exemplo, que a medicina se debruçou amplamente na reabilitação dos surdos em uma perspectiva clínico-terapêutica, é constrangedor o nível de mudança real que tais práticas trouxeram aos surdos no que diz respeito à perspectiva sociocultural.

As tecnologias digitais da comunicação, principalmente por meio da internet, vieram como resposta aos anseios que os surdos vinham expressando há muito tempo. Sob esse ponto de vista, essas tecnologias vieram a se somar às lutas dos surdos, as quais foram acompanhadas pelas mudanças nas tecnologias.

Por exemplo, quando surgiu o TDD, telefone para surdos, em 1964, as pesquisas na área de língua de sinais estavam iniciando nos Estados Unidos, com William Stokoe. Anos depois, quando o movimento surdo da Universidade Gallaudet, localizada em Washington, D.C., pedia um reitor surdo, também se evidenciava em rede nacional uma mobilização da comunidade surda para garantir os direitos das pessoas surdas. Aqui no Brasil, muitas são as lutas e as reivindicações dos surdos pelo acesso à informação. As legendas nos filmes nacionais e nos programas de televisão e a janela do intérprete de Libras em programas políticos são alguns exemplos das mobilizações dos surdos por tecnologias de apoio ao acesso à informação.

Hoje, é importante e necessário ter boa leitura e escrita da língua portuguesa para que o surdo possa realizar uma tradução/ produção escrita em situações cotidianas, como no uso de *chats* e mensagens.

> Interessantemente, para Saussure, a língua é um fato social, no sentido de que é um sistema convencional adquirido pelos indivíduos no convívio social. Mais precisamente, ele aponta a linguagem com a faculdade natural que permite ao homem constituir uma língua. Em consequência, a língua se caracteriza por ser um produto social da faculdade da linguagem. (ALKMIM, 2011, p. 23)

Todos têm diferentes possibilidades, mas alcançar esses objetivos dependerá de diversos fatores: da sua constituição como sujeito, da sua formação, das suas experiências e das suas influências externas.

A comunicação por Skype e Facebook favorece o reconhecimento de termos da língua escrita entre diferentes regiões do Brasil, ampliando o vocabulário dos usuários. Isso acontece por meio de aspectos culturais que influenciam na expressão verbal ou sinalizada e, por fim, no registro escrito, o que não trata apenas das variações linguísticas, mas, também, da diferença cultural.

> As diferenças de pronúncia, de vocabulário e de sintaxe observadas por um

habitante de São Paulo, por exemplo, ao comparar sua expressão verbal à dos falantes de outras regiões, como Rio de Janeiro, Salvador, Recife, Belo Horizonte, muitas vezes o fazem considerar "horrível" o sotaque de algumas dessas regiões, "esquisito" seu vocabulário e "errada" sua sintaxe. Esses julgamentos não são levados em conta pelo linguista, cuja função é estudar toda e qualquer expressão linguística como um fato merecedor de descrição e explicação dentro de um quadro científico adequado. (PETTER, 2011, p. 17)

Então, apesar das diferenças regionais, a comunicação se torna possível por adaptações e estratégias criadas para esclarecer a conversa, e a *webcam* tem sido muito usada nesse sentido, como meio de comunicação rápida e compreensível. Por mais que existam diferenças regionais, como o caso do sotaque e das gírias presentes nas línguas orais, a língua de sinais apresenta variáveis possíveis de serem compreendidas, a partir do contato visual, pelas conversas em Libras.

O lançamento do Curso de Letras-Libras, na modalidade de educação a distância (EAD), pela Universidade Federal de Santa Catarina (UFSC), em 2006, inovou ao utilizar videoconferências para as universidades polo distribuídas em todo o país, o que possibilitou o acesso de surdos e ouvintes aos cursos de formação, ampliando e sistematizando o conhecimento da língua de sinais. Além de empregar videoconferências, o curso disponibiliza material em hipertexto, sendo que o conteúdo é apresentado em Libras e em português, ofertando a ampliação do vocabulário e do conhecimento em ambas as línguas. Assim como um sinal pode ser usado para mais de um significado, um significante pode ter mais de um sinal em diferentes regiões.

É fundamental perceber que tecnologias já foram – estão sendo e poderão ser – usadas visando à compreensão maior acerca das mensagens. Pelo fato de, por muitos anos, os surdos não terem tido a oportunidade de acessar, de maneira mais efetiva, os conteúdos das mídias em geral, com a criação das legendas nos programas televisivos, houve uma mudança repentina nesse acesso.

As legendas passaram a fazer os surdos se depararem, de forma repentina, com palavras com as quais nunca haviam tido contato, significando coisas distantes de sua realidade linguística. Além do vocabulário, também se defrontaram com frases em língua portuguesa, suas estruturas sintáticas e suas formas discursivas diversas, o que resultou em um ganho para os surdos de maneira geral, tanto no acesso às produções midiáticas como no aprendizado da língua portuguesa (LIRA, 2003).

É válido destacar que as legendas não consistem em um recurso facilmente utilizado pelas pessoas surdas. Reichert (2006) fala sobre como as imagens televisivas interpelam os surdos, produzindo significados, ao mesmo tempo em que as legendas dos programas fazem com que a recepção exija determinado ritmo de leitura das imagens. Assistir aos programas sem as legendas exige que o surdo decodifique as informações das imagens; já com a presença de legendas, há necessidade de impelir esforço para acompanhar a leitura e as imagens que passam, sendo muito difícil acompanhar o contexto apenas com a leitura das falas (REICHERT, 2006).

A forma como cada surdo desenvolve a capacidade de leitura é característica à sua formação e à sua influência social. A presença da legenda à disposição dos usuários da programação de televisão aberta poderia influenciar, de maneira positiva, o interesse pela língua portuguesa. Nesse ponto de vista, acredita-se que os surdos sentiriam-se provocados a compreender o que está sendo dito, ampliando o vocabulário na língua portuguesa e estabelecendo relações com a vida cotidiana.

O que determinará a eficiência da legenda na vida dos usuários será a forma como cada sujeito usufruirá do recurso. Os termos desconhecidos podem, geralmente, ser registrados para a busca de significados.

A troca de informações com seus pares pode qualificar a compreensão das informações, promovendo a construção de conhecimento, pelos sujeitos.

Não se pode esquecer que esse processo de aprendizagem da língua portuguesa é, para os sujeitos surdos, uma mudança considerável em termos de autoestima e valorização da pessoa surda pela sociedade. Pessoalmente, em comparação à época da infância, é possível recordar como é diferente o entendimento que têm os outros em relação aos surdos e de como se percebem as limitações enfrentadas. Para os alunos surdos se entenderem como sujeitos autônomos, importa que se percebam como capazes de aprender. O olhar social e antropológico sobre a educação de surdos mostra que há uma mudança de concepção (SILVA, 2004).

As tecnologias digitais contribuíram para o registro da língua de sinais e facilitaram o acesso dos surdos aos materiais que perpetuam histórias, piadas e contos, colaborando para que sejam conhecidos. Schallenberger (2010) realizou uma investigação detendo-se no YouTube como possibilidade de registro e troca de vídeos, valorizando e divulgando as produções dos surdos. Com essa valorização dos artefatos culturais dos surdos, o autor constatou o aumento do interesse deles pela própria cultura, pois passaram a ter mais autonomia em divulgar seus próprios vídeos ao publicá-los na internet.

As possibilidades de compartilhamento e trocas midiáticas na rede proporcionam diferentes formas de aprendizado e estimulam o interesse pela busca e autonomia do indivíduo. As trocas ampliam o conhecimento de mundo e fortalecem culturalmente as relações entre surdos e ouvintes.

A importância de aprender a língua portuguesa está relacionada ao convívio social e ao contato com ouvintes que desconhecem a língua de sinais, respeitada como primeira língua dos surdos. Cabe ressaltar a importância de que os surdos utilizem as duas línguas: sinalizem na sua comunidade e no contato com pessoas que conhecem a língua de sinais, da mesma forma que escrevam, quando necessitarem conversar com ouvintes que desconhecem a língua de sinais. O interesse poderá influenciar os sujeitos a conhecer outras línguas e ampliar, consequentemente, a possibilidade de comunicação.

> Para o surdo, a leitura do mundo se faz sua língua natural (língua de sinais) que lhe possibilita construir significados e formular uma noção de mundo, não de forma passiva, mas de forma interativa com o mundo através da qual possa dar vida aos significados. No desenvolvimento e apropriação da língua escrita e do letramento, é necessário o dinâmico movimento do mundo para o texto e do texto para continuidade da leitura do mundo. (VALENTINI; BISOL, 2011, p. 1)

Valentini e Bisol (2011) sinalizam que, da mesma forma que para viajar para determinado país é preciso ter conhecimento da língua, o estudo e as traduções poderão garantir esse conhecimento. Para os surdos, tornar-se bilíngue é ter conhecimento da escrita da língua portuguesa e, para a produção desse conhecimento, os sujeitos podem se utilizar de ferramentas tecnológicas disponíveis.

CONSIDERAÇÕES FINAIS

Por meio dos sinais, os surdos têm acesso à segunda língua, seja em dicionários *on-line*, em páginas na internet ou em diferentes formas de comunicação.

A marca da vitalidade da língua de sinais passa pelo seu uso para a conquista de novos conhecimentos, na articulação entre significantes e significados que se estabelece no contato entre culturas. O aprendizado estimula o interesse e orgulha quem passa a desfrutar dele.

As tecnologias envolvem surdos e ouvintes, porém as que utilizam os meios visuais fascinam, ainda mais, aqueles que almejam novos saberes. Dessa forma, o uso constante de imagens para compreender novas informações funciona como dispositivo na aquisição de saberes, de acordo com os pressupostos de Barros (2011). Tais constatações sugerem que as aprendizagens de uma segunda língua encontram maior receptividade e sucesso se considerarem as referências imagéticas das pessoas surdas e que a comunicação mediada pelas tecnologias digitais, devido à sua característica híbrida, permite ao surdo operar melhor no plano dos significantes e na sua expressão sensorial.

Cada sujeito busca formas de se sentir mais seguro em suas pesquisas. Há os que utilizam os jornais, outros, os aplicativos, porém o importante não parece ser o meio, mas a diversidade do uso das tecnologias, na intenção de melhorar a vida dos usuários.

A língua de sinais representa um elemento presente na compreensão das informações, e o uso da língua portuguesa, por meio das legendas e de celulares, pode garantir o desenvolvimento bilíngue dos surdos, contribuindo para sua autoestima. A partir do uso da língua portuguesa presente na tecnologia, os surdos sentem-se confiantes e capazes de utilizar tanto a língua de sinais como a língua portuguesa na sua comunicação, em diferentes espaços, garantindo a acessibilidade e colaborando na formação de surdos bilíngues.

REFERÊNCIAS

ACESSIBILIDADE BRASIL. *Dicionário da língua brasileira de sinais* V3. 2011. Disponível em: <http://www.acessibilidadebrasil.org.br/libras_3/>. Acesso em: 2 maio 2018.

ADAMS, T. et al. Tecnologias digitais e educação: para qual desenvolvimento? *Educação Unisinos*, v. 17, n. 1, p. 57-65, 2013. Disponível em: <http://revistas.unisinos.br/index.php/educacao/article/viewFile/edu.2013.171.07/1413>. Acesso em: 10 out. 2017.

ALEXANDER, G. B. In: *WIKIPEDIA*. 27 maio 2013. Disponível em: <http://pt.wikipedia.org/wiki/Alexander_Graham_Bell>. Acesso em: 22 jun. 2013.

ALKMIM, T. M. Sociolinguística. In: MUSSALIM, F.; BENTES, A. C. (Org.). *Introdução à linguística 1*: domínios e fronteiras. São Paulo: Cortez, 2011. p. 21-47.

AMORIM, M. L. C. Evolução de tecnologia assistiva para surdos no Brasil no mundo. In: PERLIN,

G.; STUMPF, M. (Org.). *Um olhar sobre nós surdos*: leituras contemporâneas. Curitiba: CRV, 2012. p. 247-268.

ARCOVERDE, R. D. L. Tecnologias digitais: novo espaço interativo na produção escrita dos surdos. *Cadernos Cedes*, v. 26, n. 69, p. 251-267, 2006.

BARROS, D. P. A comunicação humana. In: FIORIN, J. L. (Org.). *Introdução à linguística I*: objetos teóricos. São Paulo: Contexto, 2011. p. 25-53.

BONNINGTON, C. *MobileASL:* the first mobile phone for the deaf and hard-of-hearing. 2010. Disponível em: <https://gizmodo.com/5614291/mobile-asl-the-first-mobile-phone-for-the-deaf-and-hard-of--hearing>. Acesso em: 2 maio 2018.

BRASIL. *Decreto nº 5.626, de 22 de dezembro de 2005*. Regulamenta a Lei nº 10.436, de 24 de abril de 2002, que dispõe sobre a Língua Brasileira de Sinais - Libras, e o art. 18 da Lei nº 10.098, de 19 de dezembro de 2000. *Diário Oficial da União*, Brasília, 7 jul. 2005. Disponível em: <http://www.planalto.gov.br/ccivil_03/_ato2004-2006/2005/decreto/d5626.htm>. Acesso em: 20 dez. 2017.

BRASIL. *Lei nº 10.436, de 24 de abril de 2002*. Dispõe sobre a Língua Brasileira de Sinais - Libras e dá outras providências. *Diário Oficial da União*, Brasília, 25 abr. 2002. Disponível em: <http://www.planalto.gov.br/ccivil_03/leis/2002/L10436.htm>. Acesso em: 12 out. 2017.

CLAUDIO, J. P. *A cultura dos sujeitos comunicantes surdos*: construções da cidadania comunicativa e comunicacional digital no Facebook. 2016. Disponível em: <http://www.repositorio.jesuita.org.br/bitstream/handle/UNISINOS/6044/Jana%C3%ADna%20Pereira%20Claudio_.pdf?sequence=1>. Acesso em: 10 jan. 2018.

CRUZ, C. R.; GOETTERT, N.; NOGUEIRA, T. Coimbra. Spread the sign – Brasil: experiências no registro da língua de sinais brasileira. In: OLIVEIRA, G. M.; ROGRIGUES, L. F. (Org.). *Atas do VIII Encontro Internacional de Investigadores de Politicas Linguísticas*. Florianópolis: Universidade Federal de Santa Catarina, 2017.

EUROPEAN SIGN LANGUAGE CENTER. *Spred the sign*. c2018. Disponível em: <https://www.spreadthesign.com/pt.br/search/>. Acesso em: 2 maio 2018.

FIORIN, J. L. Teoria dos signos. In: FIORIN, J. L. (Org.). *Introdução à linguística I*: objetos teóricos. São Paulo: Contexto, 2011. p. 55-74.

GOETTERT, N. *Tecnologias digitais e estratégias comunicacionais de surdos*: da vitalidade da língua de sinais à necessidade da língua escrita. 2014. 104 f. Dissertação (Mestrado)-Unisinos, São Leopoldo, 2014.

KENSKI, V. M. Educação e comunicação: interconexões e convergências. *Educação e Sociedade*, v. 29, n. 104, p. 647-665, 2008. (Número especial).

KOCH, I. G. V.; BARROS, K. S. M. *Tópicos em linguística de texto e análise da conversação*. Natal: UFRN, 1997.

LIRA, G. A. *Educação do surdo, linguagem e inclusão digital*. 2003. Dissertação (Mestrado em Educação)--Faculdade de Educação, Universidade Estácio de Sá, São Paulo, 2003. Disponível em: <http://www.estacio.br/mestrado/educacao/dissertacoes/Resumo%20TICPE_Guilherme%20de%20Azambuja%20Lira.pdf>. Acesso em: 22 maio 2017.

LODI, A. C. B.; MOURA, M. C. Primeira língua a constituição do sujeito: uma transformação Social. *Educação Temática Digital*, v. 7, n. 2, p. 1-13, 2006.

LORENZINI, N. M. P. Aquisição de um conceito científico por alunos surdos de classes regulares do ensino fundamental. 2004. 156 f. Dissertação (Mestrado em Educação Científica e Tecnológica)-, Universidade Federal de Santa Catarina, Florianópolis, 2004.

MOORE, E. A. *Engineers test sign language on cell phones*. 2010. Disponível em <https://www.cnet.com/news/engineers-test-sign-language-on-cell--phones/>. Acesso em: 2 maio 2018.

NOTISURDO. c2007. Disponível em: <http://www.notisurdo.com.br/tecnohist.html>. Acesso em: 2 maio 2018.

PERLIN, G. T. T. Surdos: identidades surdas. In: SKLIAR, C. (Org.). *A surdez*: um olhar sobre as diferenças. Porto Alegre: Mediação, 1998. p. 51-73.

PERLIN, G.; STROBEL, K. *Fundamentos da Educação de Surdos*. (Trabalho da disciplina de Licenciatura e Bacharelado em Letras/ Língua Brasileira de Sinais). Florianópolis: Universidade Federal de Santa Catarina, 2008. Disponível em: < http://www.libras.ufsc.br/colecaoLetrasLibras/eixoFormacaoEspecifica/fundamentosDaEducacaoDeSurdos/assets/279/TEXTO_BASE-Fundamentos_Educ_Surdos.pdf>. Acesso em: 5 maio 2018.

PETTER, M. Linguagem, língua, linguística. In: FIORIN, J. L. (Org.). *Introdução à linguística I*: objetos teóricos. São Paulo: Contexto, 2011. p. 10-24.

QUADROS, R. M.; KARNOPP, L. *Língua brasileira de sinais*: estudos linguísticos. Porto Alegre: Artmed, 2004.

REICHERT, A. R. *Mídia televisiva sem som*. 2006. 100 f. Dissertação (Mestrado em Educação)-Faculdade de Educação, Programa de Pós-Graduação em Educação, Universidade Federal de Rio Grande do Sul, Porto Alegre, RS, 2006. Disponível em: <http://www.lume.ufrgs.br/handle/10183/10016>. Acesso em: 6 maio 2018.

SCHALLENBERGER, A. *Ciberhumor nas comunidades surdas*. 2010. 75 f. Dissertação (Mestrado em Educação)-Faculdade de Educação, Programa de Pós-Graduação em Educação, Universidade Federal de Rio Grande do Sul, Porto Alegre, 2010. Disponível em: <http://www.lume.ufrgs.br/handle/10183/27044>. Acesso em: 6 maio 2018.

SILVA, R. T. *Português como segunda língua para surdos*: contribuições para a implantação de um ensino bilíngue. 2004. 146 f. Tese (Doutorado em Letras) - Pontifícia Universidade Católica do Rio de Janeiro, Rio de Janeiro, 2004.

STROBEL, K. *As imagens do outro sobre a cultura surda*. Florianópolis: UFSC, 2008.

TURMA DA MÔNICA. [LIBRAS] Mônica, a famosa. *Youtube*. 2017. Disponível em: <https://www.youtube.com/watch?v=YBtWdx4xObs>. Acesso em: 2 maio 2018.

VALENTINI, C. B.; BISOL, C. A. *Surdez*: o desafio da leitura e da escrita. Objeto de aprendizagem incluir. Caxias do Sul, 2011. Disponível em: <http://www.grupoelri.com.br/Incluir/downloads/OA_SURDEZ_Escrita_Texto.pdf>. Acesso em: 5 nov. 2017.

WINDOWS TEAM. *ProDeaf é o melhor tradutor de LIBRAS para o seu Windows Phone*. c2018. Disponível em: <http://www.windowsteam.com.br/prodeaf-e-o-melhor-tradutor-de-libras-para-o-seu-windows-phone/>. Acesso em: 2 maio 2018.

9

Uma análise dos surdos como sujeitos bilíngues nas redes sociais

Tatiane Folchini dos Reis | Edgar Roberto Kirchof

O surgimento das mídias digitais e, mais especificamente, das redes sociais na internet vem modificando significativamente não apenas as formas de comunicação das comunidades de sujeitos surdos, mas também as suas formas de sociabilidade. Embora já exista um número expressivo de publicações e estudos sobre o impacto das redes sociais na sociedade contemporânea, de maneira geral, ainda há relativamente poucos estudos sobre o modo como os sujeitos surdos se inserem nesse contexto. Conforme ressaltam os pesquisadores Power, Power e Horstmanshof (2006, p. 80),

> [...] apesar da expansão do uso das tecnologias de comunicação por parte dos surdos, há poucas publicações sobre como eles utilizam a comunicação eletrônica em suas vidas sociais e no trabalho, bem como sobre as implicações disso em suas concepções de identidade e de comunidade.

Em nível internacional, embora em número reduzido, existem, desde os anos 2000, algumas pesquisas sobre a utilização que os surdos fazem de tecnologias móveis de comunicação. Alguns desses trabalhos apresentam comparações entre o emprego de aparelhos eletrônicos móveis por adolescentes ouvintes e adolescentes surdos (HENDERSON; GRINTER; STARNER, 2005), formas de uso das mensagens de texto (SMS) por surdos e suas motivações para a utilização dessa mídia (POWER; POWER; HORSTMANSHOF, 2006; SANTOS, 2010), o modo como surdos usam SMSs para ul-

trapassar as barreiras comunicativas entre surdos e ouvintes (POWER; POWER, 2004), entre outros.

No Brasil, apesar de poucos, também podem ser encontrados alguns trabalhos sobre a presença dos surdos nas redes sociais, como o trabalho de Machado e Feltes (2010) sobre identidade cultural surda em comunidades virtuais no extinto *site* Orkut, o trabalho de Ramos (2014) sobre as produções realizadas por surdos na rede social Facebook, e o trabalho de Viana e Lima (2016) sobre a escrita da língua portuguesa como segunda língua por surdos nas redes sociais, entre outros.

Diante desse contexto, o presente capítulo tem como objetivo apresentar os resultados preliminares de uma pesquisa, ainda em andamento, sobre o modo como um grupo de surdos representa sua relação com o uso da língua portuguesa em duas redes sociais: o WhatsApp e o Facebook.[1] As principais questões que tal pesquisa procura responder, a partir das falas e das interações dos sujeitos da pesquisa nos respectivos grupos de redes sociais, são "O que pensam os surdos sobre a língua portuguesa?" e "Qual o papel exercido pelas tecnologias da internet quanto ao modo como os surdos se apropriam desse idioma"? Os dados da pesquisa foram produzidos com base na participação

---

[1]A pesquisa de mestrado intitulada *Surdos, educação bilíngue e representações da língua portuguesa nas redes sociais* está sendo realizada por meio do Programa de Pós-Graduação em Educação da Universidade Luterana do Brasil (Ulbra/Canoas).

da autora/pesquisadora em dois grupos de redes, e a metodologia empregada para a geração dos dados foi inspirada nos procedimentos previstos no campo da etnografia virtual, a partir dos estudos de Hine (2004), e no campo denominado de "netnografia" por Kozinets (2014).

Para Hine, a etnografia virtual consiste na imersão do pesquisador no ambiente virtual, por um tempo determinado, no qual ele investiga e analisa as relações e representações produzidas pelos membros participantes nos grupos em que está imerso. Ainda segundo Hine, o etnógrafo habita esse ambiente na condição de um nativo e, ao mesmo tempo, um estranho, exercendo um papel intermediário, por certo tempo, e observando os relacionamentos e significados dos participantes nesse processo social. Nessa perspectiva, o pesquisador é ao mesmo tempo um membro ativo e um observador das práticas utilizadas dentro do ambiente digital, investigando como os membros se expressam e como dão sentido às suas práticas. Uma das vantagens dessa abordagem é que mantém certa simetria na exploração dos dados de pesquisa, porque o pesquisador utiliza os mesmos meios que seus informantes. Em suma, o estudo etnográfico de internet é completamente comprometido com a imersão e a interação do pesquisador com os demais membros de determinado espaço virtual.

Outro autor que dá suporte à metodologia deste trabalho é Kozinets (2014), que define a netnografia como um método interpretativo e investigativo para o comportamento cultural e de grupos *on-line* mediado por uma máquina com objetivo de compreender as representações culturais em mídias digitais. De forma resumida, a netnografia é uma pesquisa com foco qualitativo e interpretativo, adaptada das técnicas de pesquisas antropológicas etnográficas para o estudo das culturas e grupos *on-line*. Kozinets (2014) também afirma que, para o netnógrafo, algumas decisões são muito importantes antes do primeiro contato com um grupo *on-line*; por exemplo, antes de iniciar, o pesquisador precisa refletir quanto à escolha ou identificação

dos participantes da pesquisa e o modo como entrará ou criará o grupo. Também é relevante pensar sobre questões e temas que serão abordados, sobre a formulação da pergunta de pesquisa, entre outros passos metodológicos.

Ambos os grupos dessa pesquisa foram criados pela professora de língua portuguesa como segunda língua (L2) para surdos, autora deste capítulo, inicialmente com a finalidade de esclarecer dúvidas e ajudar alunos e ex-alunos surdos em suas dificuldades com a língua portuguesa. Hoje, o objetivo dos grupos é, além de auxiliar a resolver dúvidas sobre questões linguísticas, incentivar a discussão sobre e na língua portuguesa, embora, algumas vezes, também haja necessidade de manifestação em língua brasileira de sinais (Libras), por meio de vídeo sinalizado.

O grupo no WhatsApp foi o primeiro a ser criado, no dia 2 de junho de 2017 e, por ocasião da escrita deste capítulo, conta com 24 participantes, sendo 10 homens e 14 mulheres, (uma delas a própria professora-pesquisadora, única ouvinte do grupo). Todos os demais participantes são usuários de Libras como primeira língua (L1). As idades variam entre 16 e 30 anos, todos são do Rio Grande do Sul, sendo que uma pessoa se mudou para outro estado. O convite foi feito de forma individual pelo WhatsApp e algumas vezes foi necessário explicar pessoalmente, em Libras, o objetivo do grupo.

A participação no grupo é relativamente diária: sempre que surgem dúvidas, elas são postadas pelos próprios surdos por escrito em língua portuguesa; em seguida, os membros se manifestam espontaneamente, em geral procurando colaborar e auxiliar para resolver a dúvida que gerou o debate, de preferência em português. A pesquisadora também participa intermediando e colaborando com as discussões. Pouquíssimas vezes, o recurso do vídeo em língua de sinais é utilizado. No início da pesquisa, alguns membros que haviam aceitado o convite acabaram saindo do grupo e, quando interpelados, justificaram que já participavam de muitos grupos. Outros pediram para adicionar amigos surdos, desconhecidos da pesquisadora, mas que eram estudantes surdos de Cursos de Letras-Libras.

As discussões são sempre bem-humoradas e imersas em uma boa interação. A seguir, é possível visualizar uma das discussões que ocorreu no grupo (foram empregados nomes fictícios para fins de anonimato da identidade dos participantes).

> Camila, WhatsApp, 31/7/2017: *Qual é a diferença bom e boa?*
>
> Natie, WhatsApp, 31/7/2017: *Masculino e feminina. Pode ser kkk*
>
> Pesquisadora, WhatsApp, 31/7/2017: *Boa pessoa, bom menino, boa menina*
>
> Camila, WhatsApp, 31/7/2017: *Mas?? Boa noite. Noite é feminina?*
>
> Natie, WhatsApp, 31/7/2017: *Sim*
>
> Camila, WhatsApp, 31/7/2017: *Ou masculino*
>
> Pesquisadora, WhatsApp, 31/7/2017: *É feminino*

As dúvidas são diversas: muitas vezes, referem-se ao emprego de regras gramaticais; outras vezes, sobre o significado de certas palavras ou sobre o seu uso em um contexto determinado. Geralmente, a pesquisadora e outros membros procuram trazer exemplos de enunciados completos com as palavras solicitadas. A postagem de vídeo sinalizado costuma ocorrer quando alguém do grupo deseja saber o nome de um sinal da língua de sinais.

Visto que houve muitas solicitações por parte de surdos para entrarem no grupo, optou-se por criar também uma página fechada no Facebook, dessa vez com o objetivo de proporcionar um espaço para discussões mais amplas sobre temas de interesse da comunidade surda. Nesse espaço, diferentemente do que ocorre no WhatsApp, as questões são em geral levantadas pela pesquisadora e apenas depois discutidas pelos participantes.

Esse grupo no Facebook foi criado no dia 23 de junho de 2017 e, por ocasião da produção deste capítulo, contava com 145 membros; assim como no grupo do WhatsApp, a maioria dos participantes são ex-alunos, mas há também vários outros surdos,

de diferentes estados do Brasil, que solicitaram a participação de forma voluntária. O grupo é constituído por 76 mulheres e 69 homens, na faixa entre 16 e 50 anos, e a maioria dos participantes são oriundos do Rio Grande do Sul, mas também há participantes de Brasília, Bahia, Paraíba, Minas Gerais, Alagoas, Santa Catarina, além de um membro que atualmente mora nos Estados Unidos. A participação costuma ocorrer quando a pesquisadora lança perguntas no grupo, gerando a publicação de comentários por parte de participantes.

Para a análise apresentada neste capítulo, foram capturadas e arquivadas as conversas em ambos os grupos, desde junho de 2017 até fevereiro de 2018. Com o objetivo de resguardar a identidade dos participantes, os nomes citados foram alterados, e a referência às falas dos sujeitos da pesquisa, neste texto, é feita do seguinte modo: Nome do sujeito, Rede social, Data, como no seguinte exemplo: (Carlos, Facebook, 22/12/2017).

A CONDIÇÃO BILÍNGUE DOS SURDOS E SUA IMERSÃO NAS REDES SOCIAIS DA INTERNET

Visto que a língua materna dos surdos brasileiros é a Libras, e a língua portuguesa, na modalidade escrita, é a sua segunda língua, surgem várias questões e desafios quanto ao uso do português nas redes sociais. Por um lado, conforme ressaltado adiante, as tecnologias digitais facilitaram a vida dos surdos quanto às suas possibilidades de comunicação entre si e com os ouvintes; por outro lado, contudo, o fato de dominarem a língua portuguesa como segundo idioma traz dificuldades e ansiedade por não serem proficientes na segunda língua, embora também abra a possibilidade para se expressarem sobre essas questões.

O fato de que grande parte dos surdos brasileiros utiliza tanto a Libras como a língua portuguesa para se comunicarem os torna sujeitos bilíngues. O bilinguismo pode ser compreendido, na aproximação com estudos linguísticos, como a habilidade de usar duas línguas, em diferentes graus de competência, podendo o sujeito ter mais ou menos fluência em uma delas, com desempenhos diferentes nas línguas em função do contexto de uso e do propósito comunicativo (MÜLLER, 2016). Nas palavras de Peixoto (2006, p. 206),

> [...] embora o surdo esteja inserido em uma sociedade e em um núcleo familiar cuja maior parte utiliza a língua oral majoritária, ele também está ligado – direta ou indiretamente – a espaços e pessoas que se comunicam por uma língua de sinais. Reconhecer, portanto, a condição bilíngue do surdo implica aceitar que ele transita por essas duas línguas e, mais do que isso, que ele se constitui e se forma a partir delas.

De acordo com Skliar (1997, p.40),

> [...] a língua oral e a língua de sinais não constituem oposição, mas a presença de dois canais diferentes para a transmissão e a recepção da capacidade da linguagem.

A coexistência de duas línguas para as crianças surdas requer que elas estejam imersas em um ambiente linguístico bilíngue. Nesse sentido, Quadros (1997) enfatiza a ideia de que toda criança surda deveria crescer em um ambiente bilíngue, e tal concepção propõe tanto o uso da língua de sinais quanto da língua portuguesa oral (em sua modalidade escrita).

É importante ressaltar que, no caso dos surdos, o bilinguismo ocorre como um bilinguismo diglóssico, isto é,

> [...] duas línguas ou registros linguísticos funcionalmente diferenciados coexistem e, em situação de complementaridade e de interdependência, têm funções distintas para seus usuários, de acordo com a situação comunicativa e grupo social. (FERNANDES; MOREIRA, 2009 apud MÜLLER, 2016, p. 85)

À criança surda, deve ser garantida a imersão nesse ambiente diglóssico, pois, segundo Fernandes (1995), a não exposição à diglossia poderá trazer prejuízos e dificuldades significativas à aquisição das duas línguas.

Para o surdo, a questão de as línguas de sinais serem aceitas como seu idioma natural está fundamentalmente relacionada à possibilidade de esses sujeitos interagirem socialmente, organizarem suas experiências cognitivas e terem acesso à educação. Nesse caso, o conceito de acesso é diferenciado, pois significa o emprego de uma modalidade de linguagem com o uso complexo e concomitante entre um sistema de base visual e outro de base oral, representado pela escrita. Ou seja, para o surdo, a dificuldade de acesso tem dimensões múltiplas. Por isso, é importante considerar a existência de comunidades surdas com línguas específicas, fortalecendo a visão que o próprio surdo tem de sua linguagem.

A língua de sinais permitiu a formação de uma base linguística que viabiliza o desenvolvimento do indivíduo surdo como um todo. Para Quadros (1997), as línguas de sinais refletem a capacidade humana para a linguagem e surgem da mesma forma que as línguas orais, ou seja, a partir da necessidade específica e natural dos seres humanos de usarem um sistema linguístico para expressarem suas ideias, sentimentos e ações. Nesse contexto, Brito (1993) ressalta que, se a criança surda não for exposta desde cedo à língua de sinais, sofrerá consequências negativas, como não adquirir a independência da situação visual concreta. Sendo assim, é imprescindível que a primeira língua e língua escolar do surdo seja a língua de sinais.

Na educação de surdos, não é necessário determinar os espaços que as línguas ocupam, mas sim fazer uma reflexão. É preciso conhecer o que representam as línguas para os próprios surdos. Segundo Quadros (1998), as línguas que fazem parte da vida dos surdos na sociedade apresentam papéis e representações diferenciadas, caracterizando uma forma bilíngue de ser, o que pode ser definido como um processo simbólico de negociação política. Nas palavras de Lacerda (2000, p. 54),

> [...] a proposta de educação bilíngue, ou bilinguismo, como é comumente chamada, tem como objetivo educa-

cional tornar presentes duas línguas no contexto escolar no qual estão inseridos alunos surdos.

Para refletir sobre o modo como os surdos, enquanto sujeitos bilíngues, se comunicam nas redes sociais, é preciso ter em mente que enquanto a língua portuguesa, em sua modalidade oral, é um sistema sonoro-temporal – o que torna essa modalidade inacessível para um sujeito surdo –, as línguas de sinais são visuoespaciais. Sucintamente, a substância da expressão utilizada para a fala, na língua portuguesa, é o som produzido pelas cordas vocais e captado pelo aparelho auditivo; em sua modalidade escrita, essa substância é constituída pelo conjunto das letras do alfabeto e os demais signos visuais que as acompanham, sobretudo os sinais de pontuação. As línguas de sinais, por sua vez,

> [...] são produzidas com um conjunto de elementos linguísticos manuais, corporais e faciais necessários para a articulação do sinal em um determinado espaço de enunciação, e sua percepção ocorre através da visão. (MÜLLER, 2016, p. 87)

Em síntese, tanto a modalidade escrita da língua portuguesa quanto as línguas de sinais estão baseadas na visualidade como canal perceptivo por parte do sujeito que se comunica, o que as torna acessíveis para sujeitos surdos. Nesse sentido, Skliar (1998) conclui que os surdos experimentam o mundo essencialmente pela visão, por meio das imagens e movimentos que os cercam, realidade que aponta para a existência de uma cultura surda construída a partir de um mundo visual, próprio e diferente daquele do mundo ouvinte.

Como afirma Reichert (2006), as palavras dos surdos, quando emitidas pelo código das línguas de sinais, são "flutuadas", pois dançam de mão em mão. O autor ainda afirma que os sinais não são facilmente arquiváveis e que os surdos tidos como sujeitos culturais são despojados de uma identidade fixa ou permanente. Karnopp (2011, p. 19) é outra autora que ressalta que:

> [...] a experiência visual está relacionada com a cultura surda, representada pela língua de sinais, pelo modo diferente de ser, de se expressar e de conhecer o mundo.

Resumidamente, o principal marcador da cultura surda é a língua de sinais, embora o aspecto visual da escrita também permita a inserção dos surdos no universo linguístico dos ouvintes, na medida em que aprendem a escrita como segunda língua.

Com o avanço das tecnologias de informação, as trocas culturais entre surdos deixaram de ocorrer apenas de forma presencial, conforme ressalta Karnopp (2011, p. 27):

> As possibilidades de registros visuais estabelecem uma relação singular tempo-espaço, abrindo outras possibilidades de encontros em que compartilhamento e trocas de significações são potencializadas entre as comunidades surdas, tanto presencialmente quanto em espaços virtuais.

Ao mesmo tempo, como ressaltado adiante, as tecnologias digitais e de telemática abriram novos caminhos para a comunidade surda se expressar. Se, no passado, o registro escrito era usado de modo bastante limitado pelos surdos – que preferem se expressar, sempre que possível, em sua língua materna –, agora, com a facilidade proporcionada principalmente pelos aparelhos móveis de comunicação, os surdos encontraram novos espaços e novas formas de se comunicar não apenas entre si, mas principalmente com a comunidade de ouvintes, o que aumenta o interesse em aprofundar seus conhecimentos de língua portuguesa na modalidade escrita.

AS NOVAS TECNOLOGIAS, AS REDES SOCIAIS E OS SURDOS

Ao longo da história, o ser humano sempre utilizou tecnologias para armazenar informações e, desse modo, ampliar a capacidade de se comunicar, pois a voz, no caso dos ouvintes, por mais eficiente que possa ser para a comunicação face a face, tem uma duração efêmera. Algumas das tecnologias mais antigas usadas para fixar informações são a pintura rupestre em cavernas, a escrita cuneiforme desenvolvida pelos sumérios, os hieróglifos desenvolvidos pelos egípcios e a própria escrita baseada em alfabetos, que é utilizada ainda hoje. Uma das inúmeras vantagens da tecnologia da escrita é que ela permite a comunicação assíncrona e a distância. No processo de comunicação que ocorre por meio de uma carta, por exemplo, os sujeitos que enviam e que recebem a mensagem não estão compartilhando, necessariamente, o mesmo espaço e tampouco o mesmo tempo.

Os suportes utilizados para a produção de imagens também variaram muito ao longo do tempo: desde placas de argila, papiro, pergaminho, até o papel e as atuais telas dos aparelhos de computação. No século XIX e início do século XX, houve uma revolução na área das tecnologias de informação devido ao uso da eletricidade, que tornou possível o surgimento de meios eletrônicos como o telégrafo, o rádio, a televisão, o cinema. Até então, era possível registrar apenas imagens estáticas. As câmeras de cinema, por sua vez, permitiram registrar imagens em movimento, o que levou à produção dos registros fixos de situações comunicativas com línguas de sinais, possibilitando, dessa forma, a comunicação assíncrona e a distância também para surdos.

Na segunda metade do século XX, por sua vez, ocorreu uma nova revolução: primeiro, devido ao desenvolvimento das tecnologias de computação, que tornaram possíveis as mídias digitais, como a fotografia digital, os livros digitais, os *sites*, os *blogs*; segundo, devido ao aperfeiçoamento da telemática, permitindo a difusão e a circulação de informação digitalizada pela internet, o que levou ao surgimento de mídias como *e-mails*, SMSs, vídeos (YouTube), redes sociais (Facebook, WhatsApp, Twitter, Instagram) e inúmeros aplicativos que permitem fazer circular informações pela rede.

Em um primeiro momento, uma das principais vantagens dessas tecnologias para a comunidade surda é o fato de permitir reproduzir e colocar em circulação, com muita facilidade e rapidez, imagens em movimento. Se, para as línguas faladas, a escrita

representa a possibilidade de fixar registros de situações comunicativas que ocorreram originalmente de forma oral, para as línguas de sinais, esse tipo de registro só é possível com gravações em vídeo. Antes das tecnologias digitais, já era possível realizar tal tipo de registro, de forma analógica. No entanto, tratava-se de um procedimento caro – era necessário adquirir câmeras e aparelhos de reprodução acessíveis a poucas pessoas. Já na era digital, sobretudo depois da popularização dos aparelhos móveis a partir dos anos 2000, uma grande parcela da população mundial passou a adquirir esses aparelhos, o que tornou a produção, a circulação e o consumo de vídeos algo popular e barato. Nas palavras de Koskinen (2008, p. 246),

> [...] parece haver pelo menos um grupo que se beneficiou mais do que os outros dos vídeos móveis. Os surdos podem utilizar sua língua materna, a língua de sinais, pelos videofones.

Ao mesmo tempo em que essa facilidade significou uma revolução para os sujeitos que usam as línguas de sinais como L1, ela também representou uma restrição da comunicação ao contexto exclusivo dos membros dessa mesma comunidade; surdos e pessoas ouvintes que dominam línguas de sinais. Por essa razão, não demorou muito para que os surdos se dessem conta do imenso potencial que existe na comunicação baseada em mensagens de texto, mesmo que isso signifique um movimento mais forte na direção de sua(s) segunda(s) língua(s), em detrimento de sua língua materna. De fato, segundo Henderson, Grinter e Starner (2005), já em 1982, Barbara Wagreich, uma profissional surda e cega da computação, escreveu um artigo chamando atenção para as possibilidades e benefícios do *e-mail* para pessoas deficientes, principalmente para os surdos. Ela desenvolveu um estudo, entre 1978 e 1981, no qual foram distribuídos terminais e acesso a servidores de mensagens eletrônicas, endereçados tanto a surdos quanto a ouvintes, na região metropolitana de Boston, Estados Unidos, para facilitar a comunicação assíncrona e não presencial entre esses sujeitos.

Ao utilizarem serviços de *e-mail* e SMS, os surdos passam a interagir diretamente com sujeitos ouvintes (sem a necessidade de intermediários, como tradutores), além de terem acesso, também sem necessidade de intermediação, a uma gama de serviços *on-line* como transporte de passageiros, *home-banking*, serviços de tele-entrega, compras, etc. Em poucas palavras, como ressaltam Power e Power (2004, p. 335), os serviços de mensagens eletrônicas de texto "[...] permitem que os surdos funcionem de modo mais independente no mundo dos ouvintes". Para completar, Santos realizou uma síntese sobre alguns dos principais benefícios desses serviços para os sujeitos surdos:

> Um dos pontos mais interessantes no que diz respeito ao uso de SMS por surdos é que é exatamente o mesmo serviço que é utilizado por ouvintes. Isso é importante para a autoestima dos jovens surdos. Nesta fase da vida, é importante ser como todos os outros. A necessidade de tratamento especial é um anátema em alguns aspectos.
> O fato de usarem o SMS como toda a gente pode transmitir sentimentos de independência e de pertença. Outros dispositivos têm sido desenvolvidos para ajudar os surdos (por exemplo, aparelhos auditivos, legendagem, e telefones com função de texto), no entanto o SMS é único porque não foi especialmente criado para os surdos. Pelo contrário, é uma tecnologia disponível à maior parte das pessoas e que é muito popular junto de jovens ouvintes. (SANTOS, 2010, p. 41)

Algumas das mídias digitais mais populares atualmente, para surdos e ouvintes, são os *sites* de redes sociais, como Facebook, Instagram, Twitter, WhatsApp, entre outros, uma vez que permitem a circulação rápida tanto de mensagens de vídeo quanto de texto, além de fomentarem a criação de grupos e comunidades sociais. É importante ter claro, de início, que as redes sociais sempre existiram, mesmo antes do surgimento das tecnologias digitais, porém, as pessoas se inseriam nessas redes a partir de espaços como clubes, igrejas e comunidades de trabalho, criando laços por meio de conversas, cartas, encontros, entre outras tantas possibilidades. No caso dos surdos, antes da era digital, foram de suma importância as associações de surdos, bem como espaços escolares e de igrejas, onde se reuniam para socializarem.

Na era das tecnologias digitais, contudo, ficou muito mais fácil criar e participar de redes sociais, pois, como esclarece a pesquisadora Raquel Recuero (2012, p. 603),

> [...] enquanto no mundo *off-line*, manter uma conexão social, seja forte ou fraca, necessita investimento de atenção, sentimento e etc. tanto para a sua criação quanto para a sua manutenção, nos *sites* de rede social as conexões são inicialmente mantidas pela própria ferramenta [...]. Mesmo que nenhuma interação ocorra, a menos que um dos atores delete a conexão, esta, uma vez estabelecida, permanece.

Os *sites* de rede social, portanto, influenciam as nossas redes sociais na medida em que possuem modos particulares de funcionamento. Devido ao fato de contarem com tecnologia digital e agregarem uma grande quantidade de pessoas conectadas em redes, esses *sites* proporcionam uma facilidade antes impensada de compartilhamento de informações, transformando-se, assim, em um dos espaços mais importantes da atualidade para a difusão de todos os tipos de conteúdo, desde notícias muito relevantes até informações deliberadamente falsas e discursos violentos.

Na atualidade, existem muitos estudos, em diversas áreas e de diferentes ordens, sobre as redes sociais. Os pesquisadores Bonin, Kirchof e Ripoll (2018) apresentam uma síntese de alguns dos principais temas abordados nesses estudos, como o uso das redes para fins publicitários, estudos sobre a interação de usuários com os perfis oficiais de empresas (em especial quando querem reclamar de algum produto, serviço ou postura corporativa) e sobre a interação de fãs com os perfis de celebridades, pesquisas sobre discursos políticos produzidos nesses ambientes, o emprego das redes sociais como "ferramentas de apoio" ao ensino, bem como a violência simbólica nas redes – principalmente pela produção de discursos de racismo, xenofobia e preconceito. Nesse contexto, também deve ser ressaltado o estudo de Paula Sibilia (2016), que procura demonstrar que as redes sociais incentivam o narcisismo e o culto ao eu, valores que têm se tornado cada vez mais fortes na sociedade atual, voltada para o consumo.

Alguns pesquisadores (RECUERO, 2012) também têm demonstrado que as redes sociais são um espaço onde se produz e se adquire capital social, um tipo de valor ou benefício obtido pelo pertencimento a um ou vários grupos sociais. Esse aspecto aponta para o imenso potencial dos *sites* de redes sociais como espaço para a educação, para o crescimento pessoal e para o desenvolvimento da carreira profissional.

Se as várias vantagens e facilidades oferecidas pelos serviços de mensagens de texto e das redes sociais vêm atraindo progressivamente os sujeitos surdos para dentro do universo digital, elas também estão colocando novos desafios. Um dos mais inquietantes, a julgar pelas várias postagens dos surdos que participaram dessa pesquisa, foi a questão do domínio, do uso e do lugar que a língua portuguesa – na modalidade escrita – ocupa não apenas nesses espaços, mas em todas as dimensões da sociedade. O domínio da escrita não é fácil nem mesmo para os ouvintes, que precisam ser escolarizados durante anos para esse fim. Para os surdos, essa dificuldade é ainda maior, visto que o alfabeto e as dimensões gramaticais e discursivas da língua portuguesa não equivalem ao sistema de expressão de sua língua materna, a língua de sinais.

O QUE DIZEM OS SURDOS SOBRE AS REDES SOCIAIS DA INTERNET E A LÍNGUA PORTUGUESA?

Ao serem questionados sobre o modo como veem e usam as redes sociais, a maioria dos surdos participantes desta pesquisa fez afirmações bastante positivas, ressaltando, entre outras qualidades, o poder socializador das

redes, o potencial que elas possuem para proporcionar a aquisição de informação e conhecimento, além de propiciarem maior interação dos surdos com os sujeitos ouvintes. No trecho a seguir, por exemplo, Camila se refere ao poder das redes sociais para conectar as pessoas, retirando-as de seu isolamento:

> Camila, WhatsApp, 30/1/2018: *Sem what-sApp pessoas ficam isolados.*
>
> Bento, WhatsApp, 30/1/2018: *O WhatsApp é muito importante pra se comunicar com os amigos e família.*

Além disso, eles também afirmaram que essa rede social ajuda bastante na troca de informações e no aprendizado com os ouvintes, como comenta Víctor no trecho a seguir:

> Vítor, Facebook, 31/10/2017: *Consegui comunicar e escrever com ouvintes onde eu estudo ou trabalho, fica mais fácil de comunicar para mim. Não consigo comunicar com clientes no público tipo lojas, bancos, médicos etc. Acredito que não é difícil, na sociedade tem limitação pra comunicar com pessoas surdas!*
>
> Carlos, WhatsApp, 6/11/2017: *Comunico com ouvintes como colaboradores, amigos e a família*
>
> Márcio, WhatsApp, 12/10/2017: *Fico feliz de ter ver quando você conversa com teus pais no whatsapp*
>
> Camila, WhatsApp, 4/11/2017: *Minha prima OUVINTE falou isso*

A comunicação via aplicativos faz os surdos se aproximarem mais dos ouvintes e, dessa maneira, sentirem-se encorajados a escrever mais e de forma mais frequente. Assim, nas redes sociais, o uso da língua portuguesa é tão intenso quanto o da Libras e, muitas vezes, os surdos desejam usar palavras ditas por ouvintes nas redes sociais. Isso pode ser percebido, por exemplo, na conversa entre Bento e Camila, reproduzida na sequência:

> Bento, WhatsApp, 18/12/2017: *Vou atrás de uma pessoa que me der valor, tá certo?*
>
> Camila, WhatsApp, 18/12/2017: *Vou atrás de uma pessoa que me dê valor*
>
> Bento, WhatsApp, 18/12/2017: *Acho é der*
>
> Camila, WhatsApp, 18/12/2017: *Não*
>
> Bento, WhatsApp, 18/12/2017: *Vi no Facebook o ouvinte falou der*

Ao serem questionados sobre qual é a rede social que mais utilizam, a maioria deixou clara sua preferência pelo WhatsApp, e o principal motivo apresentado foi o fato de ser a que permite maior rapidez e agilidade na comunicação, além de ajudar a aprender a escrita do português. Esses argumentos podem ser verificados, por exemplo, nas falas de Lívia, Carlos e Fred, reproduzidos a seguir.

> Lívia, WhatsApp, 30/1/2018: *Uso mais no whats, é melhor pra comunicar...*
>
> Carlos, WhatsApp, 6/11/2017: *Muito mesmo!! Uso mais whatsapp.*
>
> Fred, WhatsApp, 30/1/2018: *Eu acho que redes sociais são importantes para as pessoas podem aprender melhor e qualquer coisa para dúvidas, podem troca... Qual mais uso é whatswapp. porque eu uso mais whatswapp do que Facebook? Fácil acesso para pergunta e responde.*

Algumas vezes, os participantes se reportaram à utilização de outras mídias da internet, como o Google, por exemplo, que é caracterizado como um espaço para solução de dúvidas. Nos trechos a seguir, por exemplo, Carlos e Lúcio se referem ao uso que fazem do Google:

> Carlos, WhatsApp, 18/10/2017: *Google tem tudo sobre verbo.*
>
> Lúcio, WhatsApp, 26/11/2017: *Agora entendi... obrigada... me comparei pela a internet do google e demorei pra me entender haha.*

Outra pergunta que os surdos foram desafiados a responder diz respeito ao motivo de sua participação nos grupos dessa pesquisa: a maioria respondeu que seu principal objetivo é aprimorar a escrita da língua portuguesa mediante prática e interação com a professora e com os demais membros do grupo. Alguns sujeitos – como Lisiane, no trecho reproduzido a seguir – chegaram a mencionar objetivos específicos a serem alcançados com o aprendizado do português, como passar em concursos e na prova do Exame Nacional do Ensino Médio (Enem).

> Priscila, Facebook, 13/10/2017: *Meu objetivo é pra aprender escrever o contexto certo, isso é mais importante pra aprender as palavras.*
>
> Lisiane, Facebook, 13/10/2017: *Meu objetivo aprender de português p me facilitar entendimento leitura pelo concurso, enem e outros tipo pelo trabalho e também fazer projeto.*
>
> Márcio, Facebook, 13/10/2017: *O meu objetivo é importante pra aprender as palavras, ajudar e crescer juntos! é importante isso.*

Por outro lado, apesar de muitos dos comentários serem positivos, também houve postagens que apontaram para os riscos implicados em seu uso indevido. Como é possível perceber a partir da conversa entre Lívia e Flora, reproduzida no excerto a seguir.

> Lívia, WhatsApp, 30/1/2018: *As redes sociais nos influenciar para perder a vontade de ler os livros ou aprender as coisas de verdade.*
>
> Flora, WhatsApp, 30/1/2018: *Igual a vc.*
>
> Pesquisadora, WhatsApp, 30/1/2018: *Por que perdem a vontade?*
>
> Flora, WhatsApp, 30/1/2018: *Facebook é influência forte, pessoas não querem estudar para as provas. Não consegue afastar Facebook. É bom sim mas precisa ter limite no tempo. Aproveita ler no livro. Facebook fez para afastar. É minha opinião.*
>
> Lívia, WhatsApp, 30/1/2018: *Eu ia falar isso.*

Uma das principais discussões realizadas em ambos os grupos tratou a questão do aprendizado da língua portuguesa por parte dos surdos. Na maioria dos comentários, os sujeitos da pesquisa enfatizaram fortemente que o português não é a sua própria língua e, sim, a língua do outro, no caso, dos ouvintes, dessa forma revelando a consciência de que sua própria identidade está vinculada à língua de sinais. Também ficou muito evidente, em várias postagens, o desconforto causado pelo fato de que os surdos precisam viver em um mundo dominado pela língua portuguesa como idioma hegemônico. Na postagem a seguir, por exemplo, é possível perceber claramente as frustrações que emergem quando sujeitos de uma minoria linguística são obrigados a viver em um mundo no qual predomina outro idioma.

uma espécie de denúncia do sistema linguístico hegemônico da academia – e da sociedade, em geral –, ao qual os surdos estão sujeitos e dentro do qual estão em franca desvantagem em relação aos ouvintes. Ao perguntar "será que é certo assim?", Mel está colocando em dúvida a escrita de artigos acadêmicos em língua portuguesa por parte dos surdos como requisito para que façam parte da academia.

Como foi possível perceber, uma das questões mais recorrentes entre os participantes desta pesquisa é a imensa dificuldade vivenciada para dominar a língua portuguesa enquanto segundo idioma, o que, por vezes, se traduz em sentimento de frustração e, inclusive, de raiva. Nos excertos adiante, encontram-se alguns exemplos de como os próprios surdos se expressam sobre essa dificuldade:

> Mel, Facebook, 23/06/2017: *[...] Eu sou surda, tem mais outros surdos que vivemos aqui, mas nós falamos em primeira língua de sinais, segunda língua é portuguesa, certo? Quis dizer que é tão difícil para chegar a escrita portuguesa bem perfeito, não é? É muito difícil mesmo. Acredito que é muito menos os 5% surdos conseguiram escrever e ler perfeitamente, muito menos 5%, mas resto os 95% surdos não conseguiram, ou meia boca.*
> *Mas os 95% surdos tem capacidades para criar "ARTIGO" para algum ensino superior, ou outros ensinos, mas é obrigatório para fazer artigo, será que é certo assim? Pois as citações são através livros, internet, outros. Elas [citações] são super a escrita portuguesa, tem várias palavras desconhecidas pelos surdos, até contexto está perdido por causa as palavras desconhecidas.*
> *Eu desabafo porque tenho tanto dificuldade para fazer artigo quando procuro as citações, até escrever. E agora? Será que eu sou incapacidade para fazer artigo? Estou totalmente insegura, incompleta, perdida, raiva.*

> Renato, Facebook, 24/8/2018: *Falando de escrever, sinceramente, eu não escrevi muito bem, não 100%, eu diria 43% ou algo assim.*

> Mel, WhatsApp, 3/8/2017: *Português é contrário para libras.*
> Bento, WhatsApp, 20/12/2017: *Tenho dúvida [...] Fiquei complicado.*
> Renato, Facebook, 24/8/2017: *Estou falando de eu mesmo, eu não escrevi muito bem, eu mal escrevi, estou tentando melhorar.*
> André, WhatsApp, 1/7/2017: *Eu não sei, não conheci palavra.*

> Sofia, Facebook, 24/10/2017: *Geralmente vcs falam eu não escrevo bem em português é mesmo? Sabe porque eu tenho problema de audição! Tenho dificuldade pra escrever em português pq a cultura dos surdos são diferentes aos ouvintes. Alguns ouvintes escrever errado também, por exemplo verbo, palavras confundiram, e sei lá... Então vou te dizer uma palavra: ninguém é perfeito! não sei muito português mas se vc quiser q eu te ensino libras eu posso te ensinar com vc também. com todo o respeito.*

Na postagem de Mel, mais do que uma mera justificativa sobre a dificuldade dos surdos com a língua portuguesa, existe

Em algumas postagens, como no texto recém-citado de Sofia, existe um desejo de que os ouvintes sejam sensibilizados quanto à condição dos surdos enquanto uma minoria linguística, o que poderá ocorrer caso o ouvinte se coloque no seu lugar, aprendendo o seu idioma e também sobre a cultura surda. No excerto que segue, por exemplo, Renato expressa o desejo de que todas as pessoas conheçam a cultura surda.

> Renato, Facebook, 24/8/2017: *Eu estou um escrevendo, bem diferente, eu quero que mundo surdo sente imaginações como mundo ouvinte sente quando aparece Harry Potter, minhas personagens são imaginações que são surdas, é muito legal, eu mal espero que todo mundo verá a cultura surda.*

Esse mesmo desejo de serem vistos e reconhecidos pelos ouvintes se revela na fala de Oliva, que afirma estar chocada com o desconhecimento dos ouvintes em relação aos surdos e sua cultura. A postagem se refere aos comentários feitos, por ouvintes, no Twitter, após a realização da redação do Enem 2017, que versava sobre a cultura surda.

> Oliva, WhatsApp, 6/11/2017: *Acabei de ver as mensagens dos ouvintes que falando sobre surdos, mudos, cegos, etc. no Twitter! Isso me incomodando demais, tive pensando as vezes que os surdos tem que organizar para apresentar quem são.*

Por outro lado, em muitas postagens, também sobressaem falas e atitudes que apontam para soluções e alternativas quanto às dificuldades com a língua portuguesa, como a aprendizagem colaborativa nas próprias redes sociais, por exemplo. Nos grupos dessa pesquisa, um dos integrantes lança suas dúvidas ou alguma ideia, e os demais opinam e expressam suas ideias e argumentos, na modalidade escrita, para solucionar a dúvida. Essa prática pode ser considerada um exercício concreto de aprendizagem e

colaboração nas redes sociais. A julgar pela grande adesão dos participantes, trata-se de uma prática capaz de mobilizar sua vontade de participar e de aprender. No trecho a seguir, por exemplo, Débora expressa seu desejo de ajudar a corrigir o texto de um colega surdo. Já Flora, ajuda outro membro a entender o uso do pronome dentro do contexto da frase lançada por Vanessa.

> Débora, WhatsApp, 10/11/2017: *Eu te ajudo a corrigir. [...] esse texto é bagunça. Não entendi nada. Tentei escrevendo pra explicar mais clara" "se quer falar com colegas é melhor mandar o vídeo por aqui.*
>
> Vanessa, WhatsApp, 19/8/2017: *Minhas família querer conhecer com você?? certo?*
>
> Flora, WhatsApp, 19/8/2017: *Minha família quer te conhecer*
>
> Flora, WhatsApp, 19/8/2017: *Porque te = já tem significa você*
>
> Flora, WhatsApp, 19/8/2017: *Então é a frase minha família quer te conhecer*
>
> Vanessa, WhatsApp, 19/8/2017: *Ah entendi*

Embora a participação de todos seja incentivada pela pesquisadora sempre que surge alguma dúvida, em muitos casos, os surdos parecem esperar que a pesquisadora – única ouvinte dos grupos – forneça a resposta final. Nas discussões reproduzidas a seguir, por exemplo, é possível perceber o modo como essa dinâmica ocorre:

> Bento, WhatsApp, 17/7/2017: *Jamais desistir do meu sonho?!*
>
> Oliva, WhatsApp, 17/7/2017: *Jamais desisto do meu sonho ou desistirei do meu sonho*
>
> Oliva, WhatsApp, 17/7/2017: *Jamais desistirei***
>
> Bento, WhatsApp, 17/7/2017: *Mas já tem dois verbos*
>
> Bento, WhatsApp, 17/7/2017: *Será*
>
> Bento, WhatsApp, 17/7/2017: *Vamos ver*
>
> Oliva, WhatsApp, 17/7/2017: *Dois verbos do que?*

> Camila, WhatsApp, 17/7/2017: *Vc quer dizer futuro ou presente?*
>
> Bento, WhatsApp, 17/7/2017: *Presente*
>
> Oliva, WhatsApp, 17/7/2017: *Jamais desisto do meu sonho*
>
> Camila, WhatsApp, 17/7/2017: *É isso*
>
> Bento, WhatsApp, 17/7/2017: *Desistir não é a mesma coisa???*
>
> Oliva, WhatsApp, 17/7/2017: *Eh mesma o que?*
>
> Camila, WhatsApp, 17/7/2017: *Mas é verbo*
>
> Bento, WhatsApp, 17/7/2017: *Jamais desistir do meu sonho*
>
> Bento, WhatsApp, 17/7/2017: *Vamos ver a Tati responder*
>
> Camila, WhatsApp, 17/7/2017: *Jamais não é verbo*
>
> Camila, WhatsApp, 17/7/2017: *Ta bom vms ver*

> Rita, WhatsApp, 15/8/2017: *Amo para cantar em libras*
>
> Bento, WhatsApp, 15/8/2017: *Amo contar a música de libras eu acho*
>
> Mel, WhatsApp, 15/8/2017: *Contar? Ou cantar*
>
> Bento, WhatsApp, 15/8/2017: *Errei*
>
> Mel, WhatsApp, 15/8/2017: *Kkkkk*
>
> Bento, WhatsApp, 15/8/2017: *Amo de contar a música de libras eu acho*
>
> Bento, WhatsApp, 15/8/2017: *Cantar** Débora, WhatsApp, 15/8/2017: *Amo cantar em libras*
>
> Bento, WhatsApp, 15/8/2017: *Será*
>
> Bento, WhatsApp, 15/8/2017: *Eu me lembro, a Tati falou sempre a palavra gostar tem que usar de*
>
> Mel, WhatsApp, 15/8/2017: *Mas "amar" não tem "de"*
>
> Débora, WhatsApp, 15/8/2017: *Ok! Vamos ver a Tati vai falar que...*

Durante uma das conversas, também foi discutido sobre quem teria mais chances de conseguir um bom desempenho na escrita. Naquele contexto, alguns participantes da pesquisa afirmaram que quem já parou de frequentar a escola ou de estudar tem mais dificuldades em comparação com surdos que ainda estão realizando seus estudos. No trecho adiante, Débora chega a se justificar pelo fato de não estar mais frequentando a escola:

> Débora, WhatsApp, 17/7/2017: *Não temos culpa porque nós saimos na escola e paramos de estudar isso. Nós tentamos relembrar o português.*

Outra questão importante e recorrente nas conversas entre os membros dos grupos da pesquisa é a leitura e a compreensão de livros em língua portuguesa. A pesquisadora lançou uma pergunta sobre o gosto pela leitura de livros, e as respostas foram diversas: alguns afirmaram que gostam de ler, outros que não gostam, embora considerem a leitura algo necessário. Nos trechos a seguir, Mel e Vítor se expressam sobre as dificuldades que surgem quando um surdo procura ler livros em língua portuguesa, como o desconhecimento do sentido das palavras escritas e a preferência pela leitura de imagens.

> Mel, Facebook, 23/6/2017: *Principalmente que os livros me deixam irritar pq não consigo ler completo como filme, não é como confortável para ler... só me deixou tanta raiva, porque tem várias palavras que não conheço, assim que eu estudei e descobri a palavra mas amanhã já vou esquecer. Que raiva...*
>
> Vítor, Facebook, 31/10/2017: *Os livros? Bah, minha dificuldade de ler nos livros, mas sempre quero ler, principalmente as palavras desconhecidas, consigo ler mínimo de 5 folhas, nem consigo ler de tudo. Me deixou irritado as palavras desconhecidas. Gosto de ler com desenho ou imagem!*

No excerto adiante, Mel também revela a estratégia de tentar compreender o contexto mais amplo do texto, utilizada para superar o desconhecimento de algum vocábulo específico:

> Mel, Facebook, 22/9/2017: *É obviamente que algumas palavras que eu não conheço, pulei a palavra para continuar a ler, assim que consigo entender ao contexto.*

CONSIDERAÇÕES FINAIS

Ainda que a pesquisa esteja em andamento, e os dados aqui apresentados sejam limitados, é possível perceber que, assim como ocorre no caso dos sujeitos ouvintes, também os surdos vêm aderindo de maneira cada vez mais intensa à utilização das mídias com base em tecnologia digital, sobretudo as redes sociais; nesse contexto, o domínio da língua portuguesa na modalidade escrita adquire grande importância.

Embora a motivação dos surdos para o emprego dessas tecnologias seja muito semelhante à motivação dos ouvintes – como a possibilidade de socialização e interação via redes sociais, entretenimento, busca de informação, uso de serviços disponíveis na internet –, no caso dos surdos, essa adesão lhes permite uma participação mais direta no mundo dos ouvintes, principalmente por meio de mensagens de texto. Conforme notaram Lopes e Goettert (2015, p. 359), a adesão dos surdos às tecnologias digitais não ocorre

> [...] por imposição social, mas decorre, muitas vezes, das dificuldades na resolução de questões cotidianas que, mediadas pela tecnologia, reforçaram a importância e o uso da língua portuguesa na modalidade escrita como L2.

A partir das falas dos sujeitos surdos que participam dos grupos dessa pesquisa, é possível concluir que, de um lado, a sua imersão nas redes sociais estimulou uma vontade crescente de aprender o português como língua escrita adicional à Libras. A maioria dos sujeitos da pesquisa demonstra interesse em aprender mais e se tornar capaz de realizar tarefas como fazer provas

ou participar de concursos, por exemplo. Afirmam principalmente a necessidade da interação e das trocas que ocorrem no ambiente virtual para seu crescimento e para adquirirem o conhecimento linguístico que possa ajudá-los na comunicação escrita em outros ambientes.

Por outro lado, essa participação não ocorre de forma pacífica. Em muitas falas aqui apresentadas, os surdos manifestaram grande desconforto com o fato de serem uma minoria linguística, o que os obriga a aprender português como condição para que possam ter acesso a uma série de benefícios e facilidades já naturalizados para os ouvintes. Além disso, os surdos também deixaram bastante claras as imensas dificuldades envolvidas no processo de aprendizagem do português como segunda língua, gerando muitas vezes sentimentos como ansiedade e frustração.

Assim sendo, para concluir, é possível afirmar que, de certo modo, ao mesmo tempo em que a adesão dos surdos ao mundo digital pode ser vista como uma vantagem – na medida em que os insere mais diretamente no mundo dos ouvintes –, também torna ainda mais evidentes as desvantagens que estão implicadas na sua condição de minoria linguística. Nas postagens realizadas para esta pesquisa, ao mesmo tempo em que os surdos demonstram claramente o desejo de se aproximarem do universo dos ouvintes por meio da aprendizagem do português, também reclamaram fortemente por maior reciprocidade entre esses dois universos. Em síntese, a adesão dos surdos ao mundo digital e ao aprendizado da língua portuguesa não significa que estejam dispostos a abrir mão de sua própria língua e identidade.

REFERÊNCIAS

BONIN, I. T.; KIRCHOF, E. R.; RIPPOLL, D. Disputas pela representação do corpo indígena no twitter. *Revista Brasileira de Estudos da Presença*, v. 8, n. 2, 2018.

BRITO, L. F. *Integração social e educação de surdos*. Rio de Janeiro: Babel, 1993.

FERNANDES, S. F. Desenvolvimento linguístico e cognitivo em casos de surdez: uma opção de educação com bilinguismo. In: STROBEL, K. L.; DIAS, S. M. S. (Org.). *Surdez*: abordagem geral - FENEIS. Curitiba: Apta, 1995. p. 55-57.

FERNANDES, S.; MOREIRA, L. C. Desdobramentos político-pedagógicos do bilinguismo para surdos: reflexões e encaminhamentos. *Revista Educação Especial*, v. 22, n. 34, p. 225-236, 2009.

HALL, S. The work of representation. In: HALL, S. (Org.). *Representation:* cultural representations and signifying practices. London: Sage, 1997. p. 2-73.

HINE, C. *Etnografia virtual*. Barcelona: Editorial UOC, 2004. 199 p. (Colección Nuevas Tecnologias y Sociedad).

HENDERSON, V.; GRINTER, R.; STARNER, T. *Electronic communication by deaf teenagers*: Technical Report GIT-GVU-05-34. Georgia: Georgia Institute of Technology, GVU Center, College of Computing. 2005.

KARNOPP, L. B.; KLEIN, M.; LAZZARIN, M. L. L. (Orgs.). *Cultura surda na contemporaneidade*: negociações, intercorrências e provocações. Canoas: ULBRA, 2011. 336 p.

KOSKINEN, I. Mobile multimedia: uses and social consequences. In: KATZ, J. E. *Handbook of mobile communication studies*. Cambridge: MIT, 2008. p. 241-256.

KOZINETS, R. V. *Netnografia*: realizando pesquisa etnográfica online. Porto Alegre: Penso, 2014. 203 p.

LACERDA, C.; GÓES, M. (Org.). *Surdez*: processos educativos e subjetividade. São Paulo: Lovise, 2000.

LOPES, D. Q.; GOETTERT, N. Tecnologias digitais e estratégias comunicacionais de surdos: a inclusão digital numa perspectiva bilíngue. *Revista Educação*, v. 38, n. 3, p. 358-368, 2015.

MACHADO, F. M. Á.; FELTES, H. P. M. Comunidade surda e redes sociais: práticas de regionalidade e identidades híbridas. *Conexão – Comunicação e Cultura*, v. 9, n. 17, 2010.

MÜLLER, J. *Língua portuguesa na educação escolar bilíngue de surdos*. 2016. 295 f. Tese (Doutorado em Educação)-Programa de Pós-Graduação de Educação, Faculdade de Educação, Universidade Federal de Rio Grande do Sul, Porto Alegre, 2016.

PEIXOTO, R. C. Algumas considerações sobre a interface entre a língua brasileira de sinais e a língua portuguesa na construção inicial da escrita pela criança surda. *Cadernos Cedes*, v. 26, n. 69, p. 205-229, 2006.

POWER, M. R.; POWER, D.; HORSTMANSHOF, L. Deaf people communicating via SMS, TTY, relay service, fax, and computers in Australia. The Journal of Deaf Studies and Deaf Education, v. 12, n. 1, p. 80-92, 2006.

POWER, M. R.; POWER, D. Everyone here speaks TXT: deaf people using SMS in Australia and the rest of the world. *Journal of Deaf Studies and Deaf Education*, v. 9, n. 3, p. 333-342, 2004.

QUADROS, R. M. *Educação de surdos*: a aquisição da linguagem. Porto Alegre: Artmed, 1997.

QUADROS, R. O contexto escolar do aluno surdo e o papel das línguas. *Revista Espaço*, 1998.

RECUERO, R. O capital social em rede: como as redes sociais na internet estão gerando novas formas de capital social. *Contemporânea*, v. 10, n. 3, p. 597-617, 2012. Disponível em: <http://www.portalseer.ufba.br/index.php/contemporaneaposcom/article/viewArticle/6295>

SANTOS, C. S. *Os jovens surdos e a comunicação interpessoal via SMS*. Dissertação (Mestrado)- Escola Superior de Educação de Lisboa, Lisboa, 2010.

SIBILIA, P. *O show do eu*: a intimidade como espetáculo. Rio de Janeiro: Contraponto, 2016.

SKLIAR, C. A educação para surdos entre a pedagogia especial e as políticas para as diferenças. In: SEMINÁRIO DESAFIO E POSSIBILIDADES NA EDUCAÇÃO BILÍNGUE PARA SURDOS. Rio de Janeiro: INES/Lítera Maciel, 1997. p. 32-47.

SKLIAR, C. (Org.). *A surdez*: um olhar sobre as diferenças. Porto Alegre: Mediação, 1998.

SWINBOURNE, C. Why Facebook has become so important to the sign language community. *BBC News*, 21 jan. 2016. Disponível em: <http://www.bbc.com/news/disability-35103292>. Acesso em: 15 fev. 2018.

RAMOS, F. M. A comunidade surda e o facebook. *Revista Ampliar*, v. 1, n. 1 p. 1-15, 2014. Disponível em: <http://gravatai.ulbra.tche.br/jornal/index.php/revistaampliar/article/view/31/50>. Acesso em: 15 fev. 2018.

REICHERT, A. R. *Mídia televisiva sem som*. Dissertação ((Mestrado em Educação) 2006. 100 f. Universidade Federal de Rio Grande do Sul. Porto Alegre.

VIANA, M. M. C.; LIMA, V. S. A escrita da língua portuguesa como segunda língua para surdos nas redes sociais. *Revista de Letras*, v. 35, v. 1, 2016.

10

A construção comunicativa digital dos sujeitos comunicantes surdos: estratégias metodológicas

Janaína Pereira Claudio

O presente capítulo propõe-se a fazer uma reflexão inicial sobre as análises metodológicas adotadas e as experiências da autora durante a sua tese de doutorado (CLAUDIO, 2016), cuja temática é a busca do entendimento e do reconhecimento do uso, da apropriação e das práticas sociais nos processos comunicativos digitais dos sujeitos comunicantes surdos brasileiros. Esse processo permitiu pensar e estudar um modo de desenvolvimento do objeto de pesquisa que se constituem nas práticas acerca do uso da rede social Facebook pelos sujeitos comunicantes surdos.

Optou-se pela metodologia estruturada em combinações técnicas, como a análise de materiais de arquivo nos ambientes digitais, que são fruto de uma observação sistemática, além da aplicação de questionários, como blocos temáticos e entrevistas etnográficas (ANGROSINO, 2009), com os relatos de trajetórias de vida dos quatro entrevistados surdos que vivenciam deslocamentos territoriais digitais e novas formas de comunicação em comunidades surdas no Brasil. Assim, a importância do uso das mídias nesse método promove reflexões sobre os conhecimentos e experiências dos sujeitos comunicantes surdos usuários do Facebook.

Por outro lado, o desafio metodológico da pesquisa de campo serve também para tentar preservar os detalhes enriquecedores provenientes da observação do campo etnográfico no ambiente digital e da participação integrada nas comunidades digitais que possuem atores surdos no Facebook. Assim, entende-se que a pesquisa etnográfica envolve a descrição holística de uma ou mais comunidades e de seu modo ou estilo de vida e acredita-se que uma narrativa sobre a comunidade digital em processo de estudo auxilia o pesquisador a perceber as experiências vividas nessa comunidade em relação aos sujeitos comunicantes surdos. Portanto, para situar a pesquisa etnográfica digital, é preciso que o pesquisador tenha um planejamento dos dados que deseja buscar durante o processo da pesquisa. Hine (2004, p. 80, tradução nossa) explica que:

> [...] a etnografia virtual funciona como um módulo que problematiza o uso da internet: em vez de ser inerentemente sensível, o universo www adquire sensibilidade em uso. O estado da rede como uma forma de comunicação, como um objeto dentro da vida das pessoas e como um local de estabelecimento das comunidades sobrevive por meio dos usos, interpretados e reinterpretados, que se fazem dela.

O uso da internet tem uma razão especial: uma rede social é formada por diversos participantes ativos e, com ela, é possível comunicar-se (trocar ideias e informações), sentir a presença das pessoas, estar organizados em comunidades, enfim, tudo está em movimento contínuo em função do uso da internet. Segundo Hine

(2000, p. 4, tradução nossa), "[...] a etnografia da internet pode olhar em detalhes para as formas pelas quais a tecnologia é experienciada em uso".

Como a etnografia foi a forma escolhida para realizar essa pesquisa, a autora ativou seu perfil do Facebook com o objetivo de acessar as comunidades digitais para o estudo, a fim de compreender determinadas práticas sociais cotidianas. Portanto, a autora reconhece que não foi realizado somente um recorte das narrativas dos sujeitos comunicantes surdos pertencentes às comunidades surdas digitais, pois, durante o percurso de análise, também foi necessário fazer uma reflexão crítica de qualidade e realizar uma observação cuidadosa para amadurecer o conhecimento do objeto da pesquisa.

SUJEITOS COMUNICANTES SURDOS E FACEBOOK: DIÁLOGOS E PROCEDIMENTOS INVESTIGATIVOS

No processo de escolha das comunidades para a pesquisa, considerou-se que elas deveriam apresentar os seguintes critérios: possibilidade de localizar os perfis ativos de surdos que residissem na cidade de Porto Alegre (RS), que atuassem como professores de língua brasileira de sinais (Libras) e, além disso, que as suas narrativas etnográficas tivessem envolvimento com temáticas como a língua de sinais, a cultura surda, a comunidade surda e a cidadania comunicativa surda. Com isso, os três ambientes digitais selecionados foram a Associação da Comunidade Surda Brasileira do Facebook (ACSBF), a Comunidade Surda (Deaf / Sordo) (CS) e a Comunidade e Cultura Surda do Rio Grande do Sul (CCSRS).

Na **FIGURA 10.1**, é possível verificar as mudanças no número de participantes das comunidades durante três anos (2013, 2014 e 2016): a ACSBF tinha 266 participantes e perdeu 95 participantes em 2014, permanecendo 171 participantes em 2016 (essa comunidade tem apenas um administrador); a CS apresentou resultado positivo, tendo mais de 5.975 novos membros em 2014 e outros 2.307 a mais em 2016 (essa comunidade é coordenada por cinco administradores); já a CCSRS é uma comunidade nova, criada em 2016, contando com 962 membros por ocasião da escrita deste capítulo (essa comunidade tem três administradores).

As **FIGURAS 10.2 A 10.4** apresentam as três comunidades surdas selecionadas, proporcionando a visualização e o conhecimento acerca da construção da plataforma desses objetos da pesquisa.

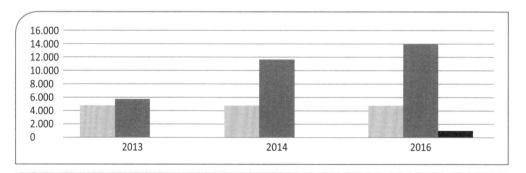

FIGURA 10.1 COMPARATIVO DO NÚMERO DE PARTICIPANTES DAS COMUNIDADES SURDAS DO FACEBOOK: ASSOCIAÇÃO DA COMUNIDADE SURDA BRASILEIRA DO FACEBOOK (ACSBF) (CINZA CLARO), COMUNIDADE SURDA (DEAF / SORDO) (CS) (CINZA MÉDIO) E COMUNIDADE E CULTURA SURDA DO RIO GRANDE DO SUL (CCSRS) (PRETO).
Fonte: Elaborada com base em dados coletados no Facebook em 26 jun. 2016.

LÍNGUA BRASILEIRA DE SINAIS E TECNOLOGIAS DIGITAIS **159**

FIGURA 10.2 PÁGINA DO ASSOCIAÇÃO DA COMUNIDADE SURDA BRASILEIRA DO FACEBOOK.
Fonte: Associação da Comunidade Surda Brasileira do Facebook, em 30 jun. 2014.

FIGURA 10.3 PÁGINA DA COMUNIDADE SURDA (DEAF/SORDO).
Fonte: Comunidade Surda (Deaf / Sordo) no Facebook, em 30 jun. 2014.

FIGURA 10.4 PÁGINA DA COMUNIDADE E CULTURA SURDA DO RIO GRANDE DO SUL.
Fonte: Comunidade e Cultura Surda do Rio Grande do Sul no Facebook, em 20 jun. 2016.

A seleção dos três grupos voltados para a comunidade surda no Facebook foi um dos processos de observação da pesquisadora. Dentro desses cenários, foi fundamental acompanhar e observar os participantes surdos nas suas relações com diferentes apropriações nas comunidades surdas digitais. Então, a fim de coletar informações úteis para pesquisa, houve necessidade de tornar-se membro de tais grupos, sendo este o meio de observação das comunidades surdas digitais.

Para a seleção das amostras de sujeitos comunicantes surdos foram estabelecidos os seguintes critérios: ser surdo usuário de Libras e, quanto à atuação profissional, ser professor de Libras. A partir desses critérios foram selecionados e contatados quatro sujeitos comunicantes surdos para serem entrevistados, sendo que alguns deles haviam mudado de cidade ou de estado para residir na capital do Rio Grande do Sul.

Para realizar uma boa pesquisa é fundamental que os entrevistados forneçam informações relacionadas ao tema proposto. Segundo Duarte (2006, p. 68-69), é possível "entrevistando um pequeno número de pessoas, adequadamente selecionadas, fazer um relato bastante consistente sobre um tema bem definido".

Quanto ao número de entrevistados, pensando na realização da entrevista em profundidade, decidiu-se por dois participantes do Facebook do gênero masculino e dois do gênero feminino. Manteve-se o sigilo em relação às identidades dos entrevistados, que foram identificados da seguinte forma:

- ES1 (homem, professor de Libras de universidade federal, 45 anos).
- ES2 (homem, professor de Libras de universidade federal, 40 anos).
- ES3 (mulher, professora de Libras de universidade federal, 48 anos).

- ES4 (mulher, professora de Libras de universidade privada e de escola estadual, 36 anos).

As entrevistas foram conduzidas com questionários sinalizados,[1] e as perguntas[2] feitas pelo entrevistador aos sujeitos comunicantes surdos estavam distribuídas em seis blocos temáticos: (1) tipo de sujeito comunicante surdo; (2) construção cultural do sujeito comunicante surdo; (3) produção de exercícios de cidadania comunicativa surda; (4) apropriações midiáticas; (5) linguagens das comunidades digitais; e (6) identificação de cultura e cidadania comunicativa surda.

Os três primeiros blocos temáticos contêm 28 questões relacionadas com as características dos sujeitos comunicantes surdos, além das suas práticas socioculturais com experiências marcantes. Nos outros três blocos temáticos, há 11 perguntas sobre sua relação com a mídia, objetivando reconhecer as suas jornadas no uso das produções e construções, principalmente no Facebook.

Quanto aos outros procedimentos metodológicos utilizados nas entrevistas, cabe explicitar que estas foram gravadas com uma filmadora, e os vídeos foram arquivados em pastas digitais para que a pesquisadora pudesse revê-los e traduzi-los da Libras para a língua portuguesa por textualidade escrita,[3] tornando-se um registro para análise da entrevista. O procedimento de registro da conversa em vídeo, ao vivo,[4] visou à apropriação de

interações naturais dos entrevistados, permitindo à pesquisadora o entendimento intralinguístico da sinalização em Libras, como os gestos e as expressões faciais e corporais presentes nas produções das narrativas na modalidade visuoespacial. Nesse contexto, é essencial verificar o argumento da pesquisadora Pereira (2010, p. 147), quando afirma que:

> "[...] cada entrevista também é um exercício para avaliar possibilidades de retomada de temas e refinar as formas de indagação, enfim, aperfeiçoar a construção de dados".

MEDIAÇÃO COMUNICACIONAL E CULTURAL NA MIDIATIZAÇÃO: USOS E APROPRIAÇÕES NO FACEBOOK

As práticas sociais cotidianas acontecem em todos os lugares; os sujeitos surdos se encontram, se olham, narram e compartilham informações visuais que vêm construindo o seu vínculo de pertencimento na comunidade surda. Isso também constitui a identificação política, cultural e comunicacional, o que inclui diferentes opiniões nos grupos.

Durante as entrevistas, foram investigadas as competências interativas dos sujeitos comunicantes surdos no uso das mídias e do Facebook, para compreender as possibilidades adquiridas dos entrevistados. Assim como as reflexões dos estudos acerca do conceito de cibercultura, proposto por Rifiotis (2012) e Santaella (2003), a autora deste capítulo compreende que se criam laços de interação entre a cultura, a mídia e o cidadão comunicante. O sujeito comunicante surdo irá se formar ou pertencer a uma sociedade estruturada no campo digital, oferecendo o maior potencial comunicativo visual, estimulando a troca de informações em diversos sistemas sociotécnicos. Rifiotis (2012, p. 572) descreve que:

> No campo dos estudos da "cibercultura", a vontade do saber sociotécnico está expressa nas descrições dos modos

---

[1] Esse termo significa que os surdos responderam em Libras.

[2] As perguntas utilizadas nas entrevistas podem ser encontradas no apêndice da tese de doutorado da autora, disponível em: <http://www.repositorio.jesuita.org.br/handle/UNISINOS/6044>. Acesso em: 18 fev. 2018.

[3] Primeiramente foi traduzida para a estrutura da língua portuguesa sinalizada, e depois retraduzida para a língua portuguesa com a gramática normativa.

[4] A proposta é que uma entrevista se torne um bate-papo ao vivo, procurando fazer com que o indivíduo entrevistado sinta – como representante da comunidade surda e do ambiente digital do Facebook – a importância das narrativas.

de "iniciação" ou "socialização" dos "usuários", e nas possibilidades que tais descrições abrem para a compreensão das modalidades de "apropriação" ou "representação", entre outras palavras-chave correntes nos nossos trabalhos. É assim que a descrição da plataforma (sempre presente e com lugar de destaque) é entendida como uma apropriação pelos sujeitos.

O campo dos estudos de cibercultura está situado no cenário do sistema sociotécnico em formação da socialização dos usuários/atores. Nesse modelo sociotécnico, se encontrou uma organização, não como um sistema único, mas como um sistema composto de muitos sistemas interdependentes em funcionamento e com o mesmo objetivo/meta. O processo do sistema sociotécnico inclui sujeitos, tecnologia, informações, habilidades e saberes acerca do sistema, relacionados ao subsistema técnico e social.

Neste contexto, pode-se observar o conceito de midiatização proposto por Mata (1999), que compreende a midiatização da sociedade, como mudanças culturais em processo contínuo, com o o papel de construir os significados de produção do coletivo, como a integração nos meios de comunicação e nas informações.

O acesso dos sujeitos comunicantes surdos ao universo digital conduz ao encontro de sua cultura com diversas outras, possibilitando que eles formem novas relações sociais, inclusive na rede social (CASTELLS, 2011). Os sujeitos comunicantes surdos, portanto, quando se encontram nesse universo digital, estão preparados para se apropriarem de diversidades culturais, e as ciberculturas fazem parte desse universo.

A partir disso, foi possível observar que os entrevistados surdos que comentaram a respeito das oportunidades dos recursos midiáticos para o seu processo comunicacional os consideram formas de exercer participação com qualidade e de vencer as barreiras à acessibilidade. Esses pontos estiveram presentes durante as entrevistas com o objetivo de ampliar os saberes da realidade de como o cidadão comunicante surdo se sente em relação às mídias criadas no seu tempo, de modo que sua interpretação seja feita sob uma visão refletiva e crítica.

No imensurável fluxo de informações e comunicação nas mídias, os sujeitos comunicantes surdos que participam de diferentes mídias, especialmente do Facebook, são conscientes de que não encontrarão informações somente em sua língua materna, a Libras, pois sabem que há outros meios de comunicação, como a língua portuguesa escrita ou falada.

No entanto, não importa a forma eles recebem as informações digitais encontradas no Facebook, seja nas modalidades escrita, de leitura da língua portuguesa ou em vídeos legendados, dublados e sinalizados, pois são ferramentas que permitem a compreensão do que encontram, mesmo que haja conflitos de comunicação e barreiras. Em muitos locais, assim como nas páginas do Facebook são encontradas muitas barreiras, e os surdos reconhecem essa falta de acessibilidade em textos com palavras complexas, vídeos dublados sem legendas entre outros. Assim, ainda se trata de um campo com limitações comunicacionais e que funciona como fronteira comunicacional para as pessoas surdas.

A língua portuguesa e a língua de sinais são duas línguas com as quais os sujeitos comunicantes surdos convivem por toda a vida, e, portanto, quando confrontados com a língua portuguesa, eles são desafiados a encontrar as suas respostas ou alguma explicação sobre palavras acerca das quais não têm conhecimento ou ideia do que significam em Libras.

Com base nas respostas dos entrevistados sobre as suas experiências no Facebook em relação à comunicação, foi possível compreender como eles adotam o uso comunicacional nessa rede social e refletir sobre as suas narrativas descritas. Dessa forma, aproximam-se os leitores dos pensamentos e dos acontecimentos dos entrevistados, revelando como foram construídas as interações dos atores nas comunidades digitais ou no próprio perfil do Facebook.

Ao entrevistar ES1, a pesquisadora sabia que ele estava morando sozinho, pois ele sinalizou que vinha utilizando bastante o Facebook para obter dicas e ideias de decoração, móveis, reformas, etc. As dificuldades encontradas por surdos em lugares públicos devem-se à falta de usuários de Libras e de conhecimento sobre como atender/receber os clientes surdos.

> O Facebook tem me ajudado na minha vida de moradia, alguns assuntos são legais, mostra as ideias que posso fazer para minha casa, um desafio muito bom, pois com ela posso pensar o que devo arrumar e fazer algo. Sem isso, não tenho ideias! Por exemplo, quando vou para loja, não consigo comunicar com o vendedor, no Facebook tem todas as informações necessárias, é como fosse um curso. [...] Não preciso ir nas lojas, porque todos não sabem comunicar em Libras (ES1, 45 anos, sinalizado na entrevista).

É interessante notar que o entrevistado ES1 prefere manter a sua privacidade, evitando mencionar assuntos pessoais no Facebook, tendo decidido se comunicar com a entrevistadora por meio da escrita e, portanto, não postar os seus vídeos. Ele explica: "[...] utilizo mais na modalidade escrita da língua portuguesa, não quero publicar os meus vídeos, porque tenho vergonha" (ES1, 45 anos, sinalizado na entrevista). O entrevistado avalia o Facebook como um recurso valioso para a comunidade surda, pois pode utilizá-lo para resolver todas as necessidades e interações comunicativas que possibilitam maior conexão com outros surdos. Além disso, também avalia que os botões de *curtir* e os *emojis* se apresentam como características de controle, manipulação e poder. Logo, alerta para o perigo do uso dos botões de sentimento (curti, amei,

hahaha, uau, triste, raiva): podem criar armadilhas, confusão e problemas.

Sabe-se que a leitura e a escrita em língua portuguesa nos momentos necessários possibilitam a comunicação dos sujeitos surdos. Para a entrevistada ES4, a prática da escrita da língua portuguesa em vídeos do YouTube afeta a imaginação visual, motivo pelo qual ela tem optado por utilizar vídeos onde a sua língua natural, a língua visual, seja expressada de forma livre.

> Depende de mim, às vezes quando vejo os vídeos, decido escrever a minha estrutura natural da escrita nos comentários e não sigo as regras gramaticais da língua portuguesa. É impossível! Tento me adaptar para praticar e aprender a minha escrita. Se eu ficar em dúvidas ao escrever, resolvo postar mais os meus vídeos sinalizando em Libras, que consigo contextualizar os comentários dos outros (ES4, 36 anos, sinalizada na entrevista).

A princípio, os entrevistados surdos reconhecem que, na realidade atual, a cultura e a cidadania são essenciais, e que o fato de saber e de se sentir cidadão surdo de uma comunidade surda pode ajudar a motivar outros indivíduos surdos a se unirem e pertencerem a esse universo. Dessa forma, os surdos – como usuários da Libras – já estão preparados para lutar, defender e levantar a bandeira em favor da aceitação da comunidade surda pela sociedade.

Para os entrevistados que lembravam do tempo em que não existia o Facebook, e que agora têm melhores possibilidades de compreender o que acontece no mundo, consideram o Facebook um sistema comunicacional, não apenas uma rede social, mas algo que pode até estar no *smartphone* e em outros recursos midiáticos. Segundo Consoni (2013, p. 113), a

> "[...] coversa é uma atividade humana na qual as pessoas interagem entre si e é considerada a primeira forma de linguagem a que o homem é submetido em sua vida".

Por meio desse sistema comunicacional é permitido aos sujeitos comunicantes surdos se comunicar, conversar, combinar e agendar tudo digitalmente, sem barreiras comunicacionais.

ESTUDO DE UMA REDE SOCIAL A PARTIR DA CULTURA: COMUNIDADES SURDAS DIGITAIS

Com base na produção cultural dos sujeitos comunicantes surdos na rede social Facebook, foi possível observar que as comunidades surdas digitais são apoiadas por sistemas, plataformas ou interfaces; portanto, as redes sociais respondem a uma compreensão da interação de atores digitais e conexões, sendo constituídas como uma forma de se fazer a sociedade em rede.

Assim, citando o livro *A galáxia da internet,* em que o pesquisador Castells (2003, p. 34) diz que "a cultura da internet é a cultura dos criadores da internet", entende-se que são os usuários/atores/produtores que produzem e criam suas culturas na internet. Ainda conforme Castells (2003, p. 34),

> "[...] a cultura é uma construção coletiva que transcende preferências individuais, ao mesmo tempo em que influencia as práticas das pessoas no seu âmbito, neste caso os produtores/usuários da internet".

Diante disso, Castells (2003, p. 166) compreende que são as mentes humanas as responsáveis pelo processamento da cultura:

> Nossas mentes – não nossas máquinas – processam cultura, com base em nossa existência. A cultura humana só existe em e através de mentes humanas, em geral conectadas a corpos humanos. Portanto, se nossas mentes têm a capacidade material de acessar a totalidade da esfera das expressões culturais – selecioná-las, recombiná-las – na verdade temos um hipertexto: o hipertexto está dentro de nós, ou antes, está em nossa capacidade interior de recombinar e atribuir sentido dentro de

nossas mentes a todos os componentes do hipertexto que estão distribuídos em muitas diferentes esferas de expressão cultural. A internet nos permite fazer precisamente isso.

Assim, são as nossas mentes que possibilitam, por meio das máquinas, a construção do conhecimento em rede na internet, com todos os tipos de hipertexto – com as imagens, as cores, os sons, os silêncios, as letras, os idiomas e de toda a esfera da expressão cultural e simbólica. Na internet, é permitido expressar e utilizar a mente para construir um hipertexto, feito de expressões culturais selecionadas e recombinadas à procura de novos significados. E como somos uma sociedade em rede (CASTELLS, 2011), as mentes estão ligadas nos ambientes sociais e digitais, de modo que se buscam trocas de experiências da vida cotidiana.

Uma rede social é considerada um sistema social composto por diferentes sujeitos, instituições e outros, que são conectados por vários tipos de relações sociais, políticas e econômicas que compartilham seus valores culturais e senso comum. A partir disso, o Facebook é percebido como uma rede social ou "[...] um conjunto de participantes autônomos, unindo ideias e recursos em torno de valores e interesses compartilhados" (MARTELETO, 2001, p. 72). Assim, Portugal (2007, p. 10) comenta:

> "[...] o que diversos estudos sobre redes sociais mostram é o modo como o desenho das redes condiciona o acesso dos indivíduos a diferentes recursos".

E para Recuero (2009, p. 22),

> [...] uma rede, assim, é uma metáfora para observar os padrões de conexão de um grupo social, a partir das conexões estabelecidas entre os diversos atores. A abordagem de rede tem, assim, seu foco na estrutura social, onde não é possível isolar os atores sociais e nem suas conexões. [...]
> Para estudar essas redes, no entanto, é preciso também estudar seus elementos e seus processos dinâmicos.

Ao examinar as redes sociais, deve-se estudar os elementos, que são os atores que representam os nós, ou nodos, além de observar e investigar os sujeitos envolvidos no uso da rede social. Gerar a construção de conexões serve como pista; as pessoas seguem os andamentos/processos/eixos de interesses, gostos e informações pelos quais são atraídos, geralmente uma forma de busca das características dessas pessoas, como fotos, idade, sexo, tipos de interesses/objetivos, relações civis, e outros que acabam se encaixando em novos grupos sociais e digitais. Essas necessidades são importantes para trazer as pessoas ao mundo digital, como o Facebook e outras redes sociais. Sabe-se que no sistema do Facebook, os atores são identificados pelos seus perfis e,

> "[...] através da observação das formas de identificações dos usuários na internet, é possível perceber os atores e observar as interações e conexões entre eles" (RECUERO, 2009, p. 28).

O que, por sua vez, significa que os conjuntos de interações sociais são vistos como formas de relações sociais.

A *rede social* se refere a uma comunidade digital com relações sociais, e a *mídia social* se refere a um meio de comunicação. Para compreender o conceito de *comunidade*, Recuero (2005, p. 11) explica que se constitui em

> "[...] uma construção sociológica e evoluiu, através dela, de um sentido quase 'ideal' de família, comunidade rural, passando a integrar um maior conjunto de grupos humanos com o passar do tempo".

Esse termo também é empregado para designar segmentos sociais como comunidade surda, comunidade negra, comunidade religiosa, comunidade científica e outras. Além disso, *comunidade* pode ser entendida como um sistema social ou organização social.

O posicionamento acerca da cultura surda por parte dos sujeitos comunicantes nos ambientes digitais, que aparecem nas práticas sociais e linguísticas da língua de sinais, tem funcionado como um sistema de representações, o que determina a fluência e os conhecimentos sobre a cultura surda, que também consiste nas crenças, na linguística, nos valores e nos costumes legitimados pela ordem da comunidade surda. O entrevistado ES2 percebe os diferentes níveis da fluência e do conhecimento quando o sujeito sinaliza em vídeos.

Os surdos que sinalizam em Libras possuem sua cultura e consideram a identidade surda, como eu percebo eles. Os intérpretes de Libras quando sinalizam depende a sua fluência e o seu conhecimento sobre a cultura surda, pois alguns sinalizam português sinalizados. Também DA (deficiência auditiva) sinalizam falando juntos ao mesmo tempo e desisto de assistir esses vídeos. [...] Prefiro os vídeos que os surdos sinalizem Libras naturalmente em diferentes grupos, estão inseridos na cultura surda. [...] A aquisição da linguagem visual desenvolve a cultura surda. [...] Porque Libras é expressada livremente sem ordem do português, isso é cultura. A mesma coisa que acontece na escrita do português de forma incorretamente pelos surdos também faz parte da cultura surda. [...] os usos das expressões faciais, corporais e classificadores que são componentes da Libras como melodias perfeitas (ES2, 40 anos, sinalizado na entrevista).

Assim, além das entrevistas realizadas durante o período da coleta de dados (primeiro semestre de 2016), a pesquisadora acessava as comunidades surdas digitais do Facebook e, quando encontrava algum material, guardava em uma pasta de arquivo e salvava no computador. Após a seleção, foram feitas análises e interpretação dos dados dos recortes escolhidos. Devido à quantidade de materiais disponíveis, dois recortes foram selecionados para cada comunidade surda digital, ou seja, seis recortes para o desenvolvimento das transmetodologias.

A primeira comunidade surda digital investigada foi a ACSBF. Os dois recortes, apresentados nas **FIGURAS 10.5 E 10.6**, foram escolhidos para desenvolver uma comparação de dois vídeos com o uso da Libras, construindo uma interpretação lógica, para fazer dos leitores e pesquisadores sujeitos aptos a reconhecer e compreender como o sistema de comunicação visual é um dos pontos mais importantes para a comunidade surda. Nesses dois vídeos foram aplicados os quatro princípios básicos do sistema de comunicação visual: a qualidade, a clareza, a fluência e a compreensão.

A **FIGURA 10.5** mostra a postagem de um vídeo de 3 minutos, compartilhado no grupo da ACSBF por Sávio Wanderley em 8/7/2016, e que já totalizava 3.718 visualizações na época. O ponto fraco foi o início do vídeo, pois não contava com interpretação ou legenda avisando que o material continha música. Como a interpretação para Libras só apareceu alguns segundos depois, pode-se afirmar que faltou a conexão entre a acessibilidade e a comunicação. A fluência das duas pessoas interpretando em Libras foi um processo muito bom, porém novamente foram encontrados pontos fracos: o corte e o *zoom* (diminuição e aumento da tela) durante as interpretações. Isso provocou, principalmente nos surdos, a perda do foco, pois a comunicação visual para eles é muito importante, motivo pelo qual se deve ter cuidado com a forma da gravação: cores, fundo, iluminação, legendas e outros detalhes. Quase no final do vídeo, a qualidade melhorou bastante. Foi mostrada a tabela de horários para visitas guiadas com intérpretes, além do número de contato para envio de mensagens pelo WhatsApp, o que foi muito criativo e contribuiu para uma melhor compreensão dos sujeitos comunicantes surdos sobre as informações dadas no vídeo.

A **FIGURA 10.6** mostra um vídeo de 50 minutos postado em 20/6/2016 pela vereadora Fabielle Barbosa, que também é intérprete de Libras. Ao acessar sua página, observou-se que o mesmo vídeo tinha uma descrição elaborada para os cegos, como é mostrado na **FIGURA 10.7**. Esse vídeo já havia tido, até então, 14.104 visualizações. Apresentava uma interpretação clara e fluente da Libras, com a seguinte proposta: no lado esquerdo, a fala em língua portuguesa e, no

FIGURA 10.5 NOTÍCIA SOBRE ACESSIBILIDADE COMUNICACIONAL POSTADA POR SÁVIO WANDERLEY EM VÍDEO NA ACSBF.
Fonte: Associação da Comunidade Surda Brasileira do Facebook no Facebook, em 28 ago. 2016.

LÍNGUA BRASILEIRA DE SINAIS E TECNOLOGIAS DIGITAIS **167**

FIGURA 10.6 NOTÍCIA POSTADA EM VÍDEO POR FABIELLE BARBOSA EM PORTUGUÊS E EM LIBRAS NA PÁGINA DA ACSBF.
Fonte: Associação da Comunidade Surda Brasileira do Facebook no Facebook, em 19 ago. 2016.

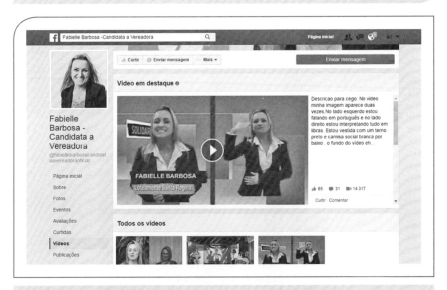

FIGURA 10.7 PÁGINA DE FABIELLE BARBOSA NO FACEBOOK.
Fonte: Fabielle Barbosa no Facebook, em 26 ago. 2016.

lado direito, a interpretação em Libras. Tal proposta é muito interessante, uma vez que apresenta uma ideia inicial a ser usada na televisão com a opção de duas janelas na mesma tela para os telespectadores surdos. Na televisão, em razão de limitação de espaço, as janelas de intérpretes de Libras são pequenas, o que dificulta a compreensão.

A segunda comunidade investigada foi a Comunidade Surda (Deaf / Sordo) (CS). Foram coletados dois recortes, conforme mostram as **FIGURAS 10.8** e **10.9**, sobre a comunicação com avatar, além do recorte mostrado na **FIGURA 10.10**, sobre o palhaço surdo.

O vídeo mostrado na **FIGURA 10.8** foi postado em 13/8/2016. Apesar de ter a duração de apenas 1 minuto e 37 segundos, na data do acesso já havia recebido mais de 59.843 visualizações. Realmente, o número de visualizações foi uma grande surpresa e, por isso, esse vídeo foi escolhido para uma breve investigação. O sujeito

FIGURA 10.8 NOTÍCIA POSTADA EM VÍDEO NA CS SOBRE CHAT LIBRAS BRADESCO.
Fonte: Comunidade Surda (Deaf / Sordo) no Facebook, em 19 jul. 2016.

FIGURA 10.9 NOTÍCIA POSTADA EM VÍDEO NA CS SOBRE INTERAÇÃO ENTRE SURDO E AVATAR.
Fonte: Comunidade Surda (Deaf / Sordo) no Facebook, em 28 ago. 2016.

FIGURA 10.10 NOTÍCIA POSTADA EM VÍDEO NA CS SOBRE O DIA INTERNACIONAL DAS PESSOAS SURDAS.
Fonte: Comunidade Surda (Deaf / Sordo) no Facebook. (BOSSIO, 2015, documento *on-line*).

comunicante surdo no vídeo foi testar a comunicação em Libras de um avatar[5] desenvolvido pelo Chat Libras Bradesco.[6] No vídeo, um jovem começa a conversa como um bate-papo, sinalizando "Boa tarde!". Em alguns segundos, o avatar responde sinalizando o mesmo cumprimento. O sujeito comunicante surdo já prepara outro desafio, e sinaliza perguntando o nome dela; ela comenta que não tem e solicita a opinião dele para batizá-la com um nome. Ele começa a refletir, percebendo que o desafio era complexo, porém a batiza de Karoline. O avatar repete o nome e agradece sinalizando "Que legal!", e logo realiza um convite para tirarem uma foto juntos, como é apresentado na **FIGURA 10.9**. Nessa parte do vídeo, de fato, mesmo de pé em frente a uma tela enorme, houve a possibilidade de participar, comunicar, fazer perguntas, permitindo uma forma diferente de interação entre o avatar e o sujeito comunicante surdo. Portanto, a partir da possibilidade desta apropriação da comunicação com o avatar e o sujeito comunicante surdo, também foi possível avaliar o grau de interatividade entre ambos.

A **FIGURA 10.10** mostra um vídeo divulgado em 26/1/2016, com 5 minutos de duração e que havia sido visualizado por 13.052 pessoas. O vídeo foi compartilhado pelo próprio artista e o tema utilizado foi *Payaso Sordo* (Palhaço Surdo). Segundo ele, seu objetivo foi ajudar a motivar os telespectadores a assistir e dar risada. Durante o vídeo, o palhaço surdo soube aproveitar a maquiagem simples para valorizar o significado das suas expressões faciais e corporais, e utilizou as luvas brancas para narrar em língua de sinais americana (ASL, do inglês *american sign language*) a comemoração do dia internacional das pessoas surdas. Na câmera, usou o espaço de forma divertida para dar um beijo, sendo que todo o vídeo transcorreu com bastante humor.

---

[5] A pesquisadora entende como importante a criação de um corpo com forma humana para existir em uma realidade digital.

[6] Mais informações sobre o Chat Libras Bradesco estão disponíveis em: <https://www.youtube.com/watch?v=2OKLRWT2iTc>. Acesso em: 28 ago. 2016.

Na terceira comunidade investigada, a Cultura Surda do Rio Grande do Sul (CCSRS), os recortes coletados são apresentados nas FIGURAS 10.11 e 10.12. O primeiro vídeo havia recebido 2.563 visualizações, tendo sido postado em 16/7/2015 pelo próprio Hugo

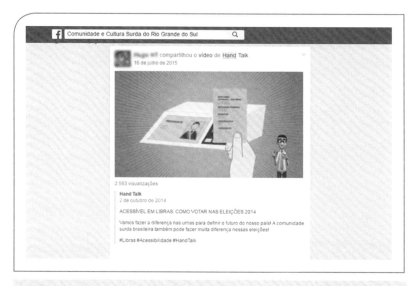

FIGURA 10.11 NOTÍCIA EM LIBRAS POSTADA EM VÍDEO NA CCSRS SOBRE COMO VOTAR.
Fonte: Comunidade e Cultura Surda do Rio Grande do Sul no Facebook. Hand Talk (2014, documento *on-line*).

FIGURA 10.12 NOTÍCIA SOBRE A IMPORTÂNCIA DA LÍNGUA DE SINAIS POSTADA EM VÍDEO NA CCSRS.
Fonte: Comunidade e Cultura Surda do Rio Grande do Sul no Facebook, em agosto de 2016.

HT.[7] Esse vídeo, com duração de 1 minuto, produzido pela empresa Hand Talk,[8] tinha o objetivo de mostrar para a comunidade surda brasileira os procedimentos de como votar nas eleições de 2014. Nele, o avatar da Hand Talk assume o papel de intérprete de Libras, sendo que durante a interpretação suas expressões faciais não se alteravam e alguns sinais não ficavam claros por falta de fluência na língua de sinais. Foi preciso assistir várias vezes para entender os sinais representados e perceber qual o contexto em cada frase, pois não havia pausa para separar as frases, e as imagens que passavam no fundo atrapalhavam os telespectadores, que perdiam o foco de atenção na interpretação. Além disso, seria fundamental haver a legenda automática para que o telespectador que não conhece os sinais produzidos, por ser de outra região,[9] pudesse compreender a mensagem.

A **FIGURA 10.12** mostra um vídeo de 47 segundos (que alcançou, na época, 10.769 visualizações) compartilhado da página Libras do Facebook por Demir Rildo Alves em 22/11/2014. Esse vídeo mostra o momento em que os pais de uma menina recebem a notícia de que sua filha é surda; com o passar do tempo, eles procuram uma saída e descobrem que ela pode se comunicar em língua de sinais. Com essa língua, ela pode expressar os seus sonhos, desejos e esperanças. Os pais se sentem confiantes, acreditando que a língua de sinais seja uma ponte ideal para a comunicação com a filha surda. Isso prova que ninguém irá impedir os sonhos da menina, pois com a língua de sinais é possível construir o que sempre desejou. O objetivo desse vídeo foi possibilitar que a sociedade adquira este conhecimento: o de que a língua de sinais é um elemento importante para a comunicação dos surdos. Além disso, os sujeitos comunicantes surdos podem escolher uma profissão e realizar qualquer coisa, mesmo não ouvindo, pois são pessoas normais.

A partir dos seis recortes coletados para investigação, a observação da pesquisadora como participante permitiu analisar as notícias em vídeos ou imagens de maior visualização e que foram postadas nas três comunidades surdas digitais. Essa foi uma oportunidade de utilizar o estudo de interpretação dos vídeos para demonstrar como um sujeito comunicante surdo pensa, se emociona, se vê e como essas possibilidades da acessibilidade comunicacional digital refletem nele. A maioria dos vídeos publicados nas comunidades analisadas buscou se relacionar com as práticas sociais dos sujeitos comunicantes surdos e de outras pessoas que não os surdos.

Cada vídeo representa uma conexão de interação com os diversos atores do Facebook para que possam compartilhar a manifestação de conhecimentos, valores, gostos e experiências, entre outros. O acesso aos vídeos possibilitou a observação dos processos de apropriação, mediação e globalização nas diversidades culturais e nas acessibilidades comunicacionais, que têm determinado uma proposta de reflexão para a construção das narrativas dos sujeitos comunicantes surdos, como visto nas entrevistas presenciais.

CONSIDERAÇÕES FINAIS

Os resultados dos depoimentos citados pelos entrevistados sobre a relação entre a comunidade surda e a sociedade confirmam a existência de uma barreira de comunicação na escrita (leitura) da língua portuguesa e mostram a dificuldade das interações comunicativas. No entanto, apesar das possíveis dificuldades comunicacionais que ocorrem diariamente no cotidiano dos surdos, mesmo sabendo que as estruturas gramaticais são diferentes na Libras e no português, quando são clientes surdos, algumas pessoas se esforçaram para entender e se comunicar

---

[7]Disponível em: <https://www.facebook.com/profile.php?id=100004415133994>. Acesso em: 28 ago. 2016.

[8]Aplicativo que permite traduzir do português para Libras, lançado em julho de 2013; é possível fazer o *download* gratuitamente no *site* <www.handtalk.me/app>. Acesso em: 28 ago. 2016.

[9]A língua de sinais apresenta variações regionais e linguísticas (STROBEL; FERNANDES, 1998).

de alguma forma. Foi possível observar que a comunicação entre duas línguas diferentes no mesmo território já é uma comunicação complexa em ambas as línguas.

Identifica-se a luta dos sujeitos comunicantes surdos pela comunicação, e compreende-se que a língua portuguesa e a Libras ofereçam acesso à informação comunicacional pela convivência das duas línguas em todos os lugares, inclusive nos ambientes digitais. Por meio de relatos narrados pelos entrevistados, conclui-se que o Google foi um dos recursos mais utilizados para ajudar a interpretar os significados das palavras que não conheciam. Consideram-no como se fosse um dicionário, pois com ele é possível buscar as imagens interpretativas das palavras que desconhecem.

Muitas redes sociais estão espalhadas na internet, porém o Facebook é uma das que mais promove encontros de saberes e de informações; portanto, pode-se afirmar que os sujeitos comunicantes surdos preferem essa rede como sistema interativo e comunicacional, além de servir como ponto de encontro que permite as mediações de fronteiras de comunicação e de informação. Para saber a respeito do funcionamento no Facebook, foi necessário analisar a fala dos entrevistados para buscar sua compreensão e visão sobre o assunto. A conclusão é de que os entrevistados veem o Facebook como um elemento bastante importante para os sujeitos comunicantes surdos por terem se adaptado melhor aos recursos disponíveis. Os mais utilizados são aqueles que possibilitam a visualização dos assuntos que mais os atraem ou os de busca das informações do seu interesse.

A partir de apropriações interativas por meio do ambiente da estrutura do Facebook, também observou-se durante o processo de observação estrutural que o Facebook foi visto como uma ferramenta ideal, clara e de fácil entendimento pelos sujeitos comunicantes surdos. Já a criação das comunidades digitais organizadas por diferentes assuntos, para reunir as comunidades surdas mistas ou não, e daquelas que têm os mesmos interesses, vem crescendo muito.

O Facebook parece ter ocupado o lugar do jornal, da televisão e do rádio, pois nele pode ser encontrado tudo o que esses noticiários trazem para a sociedade em geral. Antes de avançar na análise interpretativa desses entrevistados, é importante observar que, em relação ao modo de presença do ambiente do Facebook, as possibilidades de interação e de mediação promovem e trazem diferentes perspectivas para a apropriação, para o uso e para a construção comunicativa.

Não há dúvidas de que o Facebook tem sido uma grande ajuda na interação de amigos que vivem em outras cidades ou outros estados e países. Com ele foi possível cruzar e até viver na fronteira da mundialização[10] digital. Com isso, o que mais interessa é o acesso de contato interativo e a facilitação de compartilhamento comunicacional. Inclusive, conforme salientou um dos entrevistados, a elaboração de compartilhamentos, das divulgações, o uso das ilustrações e dos vídeos têm sido os recursos mais proveitosos. E como alguns surdos realizam poucas atividades cotidianas de produção escrita, a maioria dos entrevistados afirmou que a aquisição de informação visual (as ilustrações e os vídeos) é o principal recurso comunicativo.

Os entrevistados sinalizam a internet, e em especial o Facebook, como um espaço favorável para os compartilhamentos de informações relacionadas aos seus interesses, com a finalidade de poder participar, se manter informados, defender ideias, e também conhecer outras pessoas e outros produtos.

A autora identificou o Facebook, para os sujeitos comunicantes surdos, como um processo de artefato cultural que oferece o caminho para a construção das suas subjetividades, dentro das possibilidades de integrar diferentes personalidades, culturas,

---

[10]Conceito utilizado por Ortiz: "A mundialização deve ser entendida como um processo que se reproduz e se desfaz incessantemente no contexto das disputas e aspirações dos atores sociais. Mas que se reveste de uma dimensão abrangente, englobando outras formas de organização social: comunidades, etnias e nações". (ORTIZ, 2003, p. 96)

identidades e outras. Logo, pode-se afirmar que os artefatos culturais estão relacionados ao processo de comunicação.

E para finalizar, pode-se concluir que na comunidade surda mista, os meios de comunicação digitais são como espaços que configuram as ciberculturas cotidianas, representam os pensamentos das diferentes culturas, e também situam a construção da cidadania comunicativa. Nesse sentido, compreende-se a importância da comunicação digital no cotidiano para o sujeito comunicante surdo, pois o ajuda a manter-se bem informado, como se estivesse assistindo à televisão ou escutando o rádio.

No âmbito das análises interpretativas, esse ambiente digital, o Facebook, é um espaço de diálogos, informações, inovações, interações, mediações, ou seja, uma organização do sistema de interatividade e de visualidade digital. Enfim, um percurso que abriu as portas para suas práticas cotidianas, para que pudesse buscar novos rumos e que estabelecesse novos vínculos das comunidades surdas mistas.

REFERÊNCIAS

ANGROSINO, M. V. *Etnografia e observação participante*. Porto Alegre: Artmed, 2009.

BOSSIO, A. Sorpresa. *Youtube*. 2015. Disponível em: <https://www.youtube.com/watch?v=LLNAoYEP-maM>. Acesso em: 26 ago. 2016.

CASTELLS, M. *A sociedade em rede*. São Paulo: Paz e Terra, 2011. v. 1.

CASTELLS, M. *A galáxia internet:* reflexões sobre internet, negócios e sociedade. Rio de Janeiro: Zahar, 2003.

CLAUDIO, J. P. *A cultura dos sujeitos comunicantes surdos: construções da cidadania comunicativa e comunicacional digital no Facebook*. 2016. 293 f. Tese (Doutorado em Ciências da Comunicação)-Universidade do Vale do Rio dos Sinos, São Leopoldo, 2016. Disponível em: <http://www.repositorio.jesuita.org.br/handle/UNISINOS/6044>. Acesso em: 30 jul. 2018.

CONSONI, G. B. Conversação on-line nos comentários de blogs: organização e controle das conversas nas interações dialógicas no blog melhores do mundo. In: PRIMO, A. (Org.). *A internet em rede*. Porto Alegre: Sulina, 2013. p. 111-142.

DUARTE, J. Entrevista em profundidade. In: DUARTE, J.; BARROS, A. T. et al. *Métodos e técnicas de pesquisa em comunicação*. 2. ed. São Paulo: Atlas, 2006. p. 62-83.

HAND TALK. *Facebook*. 2014. Disponível em: <https://www.facebook.com/handtalkBR/videos/722310121182054/>. Acesso em: 28 ago. 2016.

HINE, C. *Etnografía virtual*. Barcelona: Editorial UOC, 2004. (Colección Nuevas Tecnologías).

HINE, C. *Virtual ethnography*. London: Sage, 2000.

MATA, M. C. De la cultura massiva a la cultura mediática. *Diálogos de la comunicación*, p. 80-91, 1999. Disponível em: <http://cmapspublic2.ihmc.us/rid=1131318757078_1471265778_1179/Marita%20Mata%20De%20la%20cultura%20masiva%20a%20la%20cult%20mediatica.pdf>. Acesso em: 21 maio 2016.

MARTELETO, R. M. Análise de redes sociais: aplicação nos estudos de transferência da informação. *Ciência da Informação*, v. 30, n. 1, p. 71-91, 2001. Disponível em: <http://www.scielo.br/pdf/ci/v30n1/a09v30n1.pdf>. Acesso em: 26 maio 2016.

ORTIZ, R. *Mundialização e cultura*. São Paulo: Brasiliense, 2003.

PEREIRA, C. R. A. *Processos comunicacionais kaingang: configurações e sentidos da identidade cultural, memória e mídia em perspectiva histórica*. 2010. 273 f. Tese (Doutorado em Ciências da Comunicação)-Universidade do Vale do Rio dos Sinos, UNISINOS, São Leopoldo, 2010.

PORTUGAL, S. Contributos para uma discussão do conceito de rede na teoria sociológica. *Oficina do CES*, n. 271, 2007. Disponível em: <http://www.ces.uc.pt/publicacoes/oficina/271/271.pdf>. Acesso em: 25 maio 2016.

RECUERO, R. C. *Comunidades virtuais em redes sociais na internet:* uma proposta de estudo. 2005. Disponível em: <http://www.raquelrecuero.com/seminario2005.pdf>. Acesso em: 21 maio 2016.

RECUERO, R. *Redes sociais na internet*. Porto Alegre: Sulina, 2009. (Coleção Cibercultura). Disponível em: <http://www.ichca.ufal.br/graduacao/biblioteconomia/v1/wp-content/uploads/redessociaisnainternetrecuero.pdf>. Acesso em: 9 dez. 2015.

RIFIOTIS, T. Desafios contemporâneos para a antropologia no ciberespaço: o lugar da técnica. *Civitas, Revista de Ciências Sociais*, v. 12, n. 3, p. 566-578, 2012.

SANTAELLA, L. Da cultura das mídias à cibercultura: o advento do pós-humano. *Revista Famecos*, n. 22, p. 23-32, 2003. Disponível em: <http://www.revistas.univerciencia.org/index.php/famecos/article/viewFile/229/174>. Acesso em: 04 maio 2016.

STROBEL, K. L. ; FERNANDES, S. *Aspectos linguísticos da Libras*.Curitiba: SEED/SUED/DEE, 1998. Disponível em: <http://www.librasgerais.com.br/materiais-inclusivos/downloads/Aspectos-linguisticos-da-LIBRAS.pdf>. Acesso em: 28 ago. 2016.

11

Novas tecnologias e suas contribuições para o registro e a divulgação das línguas de sinais: uma discussão sobre o projeto SpreadTheSign no Brasil

Angela Nediane dos Santos | Karina Ávila Pereira | Tatiana Bolivar Lebedeff

Este capítulo apresenta uma discussão sobre as contribuições das novas tecnologias para o registro e a divulgação das línguas de sinais a partir do desenvolvimento do projeto SpreadTheSign no Brasil, entrelaçando o estudo sobre o impacto das novas tecnologias no registro das línguas de sinais e a experiência de divulgação e registro da língua brasileira de sinais (Libras) no dicionário internacional de línguas de sinais SpreadTheSign.

O IMPACTO DAS TECNOLOGIAS DE INFORMAÇÃO E COMUNICAÇÃO PARA A COMUNIDADE SURDA

É inegável a contribuição que o desenvolvimento das tecnologias de informação e comunicação (TICs) proporcionam, hodiernamente, para a humanidade. Nunca foi tão fácil e tão rápido se conectar, se encontrar, se comunicar e compartilhar o conhecimento produzido:

> É recorrente a visão de que as novas tecnologias da informação e comunicação são capazes, por elas mesmas, de promover informação, comunicação, interação, colaboração e, em consequência disso, de construir novos conhecimentos. É fato o vertiginoso aumento da velocidade na transmissão de informações; é fato, também, a ampliação da possibilidade da comunicação entre diferentes países e povos do planeta; e é verdade que é possível, hoje, colocar diferentes pessoas em contato, ao mesmo tempo, rompendo barreiras geográficas e temporais. (MAMEDE-NEVES; DUARTE, 2008, p. 771)

A facilidade e a velocidade, conforme comentado, não encontram barreiras geográficas nem culturais e, muito menos, linguísticas. Com relação aos surdos,[1] as TICs contribuíram com a inestimável possibilidade de se comunicar em sua própria língua. As TICs, para Stumpf (2010), tiveram um impacto incomensurável na vida das pessoas surdas, pois possibilitaram aos surdos a ampliação e efetivação de experiências visuais, bem como a divulgação e a afirmação das línguas de sinais como línguas das comunidades surdas. Nesse sentido, Stumpf (2010, p. 1) comenta que:

> Do ponto de vista dos surdos, o uso do computador e da internet inaugurou uma nova dimensão às suas possibilidades de comunicação, pois são tecnologias acessíveis visualmente. Se, para os ouvintes, elas abriram perspectivas que levaram a modificações profundas nos usos e costumes de toda a sociedade, para os surdos, essas mudanças podem ser ainda mais significativas.

---

[1] Pessoa surda é a que, "[...] por ter perda auditiva, compreende e interage com o mundo por meio de experiências visuais, manifestando sua cultura principalmente pelo uso da Libras" (BRASIL, 2005, documento *on-line*).

Até há pouco tempo, as tecnologias de captura e compartilhamento de vídeos eram caras e de difícil utilização. Atualmente, qualquer *smartphone* captura e compartilha o vídeo em tempo real. Além das facilidades de comunicação entre surdos, as TICs passaram a fazer parte do dia a dia da escola e da universidade para dar conta da demanda de dispositivos e estratégias visuais para o ensino e a produção do conhecimento. A possibilidade de produzir e disponibilizar vídeos na rede internacional de computadores permite, hoje, a produção de uma série de artefatos culturais em línguas de sinais, no Brasil, em língua brasileira de sinais (Libras), como literatura,[2] monografias[3] de final de curso, periódicos científicos,[4] cursos de língua *on-line*,[5] programas de televisão na *web*,[6] entre outros.

Além disso, são inúmeros os *softwares* bilíngues (língua de sinais-língua oral) disponíveis para o ensino de pessoas surdas e para a aprendizagem de línguas de sinais. Dentre os artefatos desenvolvidos, este capítulo discute o processo de produção e as possibilidades de uso de um dicionário virtual específico, o SpreadTheSign (STS).

A importância dos dicionários tanto no ensino de língua materna como no de língua estrangeira tem sido enfatizada por diversos autores (BINON; VERLINDE, 2000; COURA SOBRINHO, 2000; LEFFA, 2000; PEREIRA, 2017; entre outros). Contudo, o uso de dicionários em sala de aula ainda não recebeu, ou recebe, um papel de destaque. Esse descaso pode se dar por diversas causas: pelo mau estado, pela defasagem dos exemplares impressos ou, ainda, pelo número reduzido de exemplares em sala de aula (PEREIRA, 2017). Além disso, os professores não tiveram, em sua formação, conteúdos sobre o uso de dicionário em sala de aula (DURAN; XATARA, 2007); ademais, os dicionários disponíveis não correspondem ao nível de proficiência do aprendiz (COURA SOBRINHO, 2000), entre outras causas.

No caso das línguas de sinais, a questão se amplifica pelo fato de que a modalidade visuoespacial demanda por características de produção não adaptáveis à versão impressa, as quais são discutidas adiante.

REGISTROS DE LÍNGUAS DE SINAIS E PRODUÇÃO DE DICIONÁRIOS

As línguas de sinais foram consideradas, por muito tempo, línguas ágrafas. Seu registro, inicialmente, era feito por meio de desenhos de sinais. O primeiro registro feito no Brasil da língua de sinais foi produzido por Flausino José da Gama, no livro *Iconografia dos signaes dos surdos-mudos*, em 1875, conforme se observa na **FIGURA 11.1**.

Tais desenhos foram sendo aperfeiçoados e perduraram por muito tempo como forma de registro das línguas de sinais. No entanto, por se tratar de uma língua visuoespacial, composta por movimentos faciais e corporais, especialmente das mãos, tais registros enfrentavam a barreira de uma única dimensão.

Em 1974, de acordo com Quadros (1999), Valerie Sutton criou um sistema de escrita para descrever a coreografia de danças chamando a atenção de linguistas e pesquisadores da língua de sinais dinamarquesa. Esse

---

[2]A Editora Arara Azul possui uma produção significativa de livros tanto no formato de *e-book* como formato digital em DVD: <http://editora-arara-azul.com.br/site/catalogo_completo>. Outro exemplo é o *site* <http://literaturasurda.com.br>, que se destaca pela disponibilização de inúmeros vídeos em Libras de literatura surda.

[3]O Grupo de Pesquisa Educação, Mídias e Comunidade Surda do Departamento de Ensino Superior do Instituto Nacional de Educação de Surdos (INES) desenvolveu um manual para produção de monografias em Libras e disponibiliza as monografias em vídeo: <https://edumidiascomunidadesurda.wordpress.com/producoes-academicas/nossas-producoes/>.

[4]Revista Brasileira de Vídeos Registros em Libras: <http://revistabrasileiravrlibras.paginas.ufsc.br/>.

[5]A Universidade de São Paulo (USP) disponibiliza, gratuitamente, um curso de Libras totalmente *on-line*: <http://eaulas.usp.br/portal/course.action?course=6085>.

[6]A TVINES é a primeira WEBTV Bilíngue Estatal (Libras-Português) brasileira, disponível em: <http://tvines.ines.gov.br/>.

FIGURA 11.1 REGISTRO DA LÍNGUA DE SINAIS PRODUZIDO POR FLAUSINO JOSÉ DA GAMA EM 1875.
Fonte: Alves Filho (2011).

sistema ficou conhecido como *Dancewriting*. A partir dele, então, surgiu o *Signwriting*, um sistema de escrita de línguas de sinais (**FIGURA 11.2**). Os primeiros registros escritos da língua de sinais foram, dessa forma, da língua de sinais dinamarquesa.

No entanto, o sistema de Sutton, apesar de estar se expandindo, não é acessível para muitos surdos, e muito menos para ouvintes, tendo em vista que, segundo Stumpf (2005),

FIGURA 11.2 EXEMPLO DA DESCRIÇÃO DO *SIGNWRITING*.
Fonte: Mallmann (2009, documento *on-line*).

é preciso conhecer uma língua de sinais para depois aprender seu código escrito.

Nos últimos anos, o registro das línguas de sinais passou a ser feito por meio de vídeos, os quais vêm sendo multiplicados com o advento da internet e da consequente cultura digital contemporânea. Os dicionários das línguas de sinais na atualidade são impressos ou digitais. No Brasil, o dicionário mais reconhecido da Libras é o que foi produzido por professores e pesquisadores da Universidade de São Paulo (USP), o qual teve sua primeira versão em 2006 e que vem se atualizando desde então. A última versão, cujo título é *Dicionário de língua de sinais do Brasil: a Libras em suas mãos* data de 2017 e tem como autores Fernando César Capovilla, Walkiria Duarte Raphael, Janice Gonçalves Temoteo e Antonielle Cantarelli Martins, sendo composto por três volumes, cada um com cerca de 2.000 páginas. Ele é organizado em ordem alfabética, a partir da língua portuguesa. É composto pela definição em português da palavra, bem como da sua tradução para o inglês, além, é claro, da tradução para a Libras, a qual aparece em duas versões: no desenho do sinal e na escrita da língua de sinais. Conforme consta na introdução da obra, o dicionário documenta os sinais da Libras a partir de entradas lexicais, cada uma fornecendo:

1. O(s) verbete(s) em português correspondente(s) ao sinal.
2. O(s) verbete(s) em inglês correspondente(s) ao(s) verbete(s) em português.
3. A soletração digital do(s) verbete(s) em português correspondente(s) ao sinal.
4. A classificação gramatical do(s) verbete(s) em português correspondente(s) ao sinal.
5. De um a três exemplos do uso funcional adequado de cada verbete em português em frases bem formadas.
6. A escrita visual direta do sinal por meio do sistema de escrita *Signwriting* (CAPOVILLA; RAPHAEL; VIGGIANO; NEVES; LUZ, 2000; CAPOVILLA; SUTTON, 2001, 2006, 2009; CAPOVILLA; SUTTON; WÖHRMANN, 2012; CAPOVILLA; VIGGIANO et al., 2006).

7. A descrição escrita detalhada da forma do sinal (i.e., a análise de sua composição *SubLexical-InfraVocabular* no nível *SematosÊmicosSignumIcular*).
8. A ilustração gráfica da forma do sinal.
9. A descrição escrita detalhada do significado do sinal.
10. Uma a três ilustrações gráficas do significado do sinal.
11. A análise da composição sublexical do sinal no nível morfêmico.
12. A análise da etimologia e da iconicidade do sinal. (CAPOVILLA; et al., 2017, p. 21).

No Brasil, além desse dicionário impresso, há outros, geralmente regionais.[7] Há também muitos glossários, os quais reúnem os sinais por tema.

Na versão digital, um dos primeiros dicionários produzidos no Brasil foi o Dicionário da Língua Brasileira de Sinais,[8] em 2005, cujos autores são Guilherme de Azambuja Lira e Tanya Amara Felipe de Souza, fruto de um projeto financiado pela extinta Coordenadoria Nacional para Integração da Pessoa Portadora de Deficiência (CORDE), vinculada à Secretaria Especial dos Direitos Humanos da Presidência da República. No entanto, desde então não houve investimento por parte do governo federal para a criação de novos dicionários *on-line* ou mesmo para a atualização dos existentes.

O que se observa atualmente é a proliferação de vídeos na internet, sobretudo no YouTube, que variam desde a produção livre

---

[7]Por exemplo, o *Mini dicionário ilustrado de Libras – Língua Brasileira de Sinais*, elaborado em 2008 pelo Centro de Formação de Profissionais da Educação e de Atendimento às Pessoas Surdas (CAS) e que atualmente está sob a coordenação do Serviço de Ajudas Técnicas (SAT) da FADERS, que está vinculada a Secretaria da Justiça e dos Direitos Humanos do Rio Grande do Sul, disponível para baixar em: <http://www.faders.rs.gov.br/uploads/Dicionario_Libras_CAS_FADERS1.pdf>.

[8]O Instituto Nacional de Educação de Surdos (INES) fez a reprodução de 50.000 cópias do CD, o qual foi distribuído gratuitamente no Brasil e, ainda hoje, é disponibilizado *on-line* na página: <http://acesso-brasil.org.br>.

em Libras até a produção de pequenos glossários da Libras, a partir de temas específicos. O emprego de CDs como meio de divulgação da Libras é cada vez menor, em decorrência das inovações tecnológicas e de acesso rápido à internet. O celular é utilizado para fazer diversas atividades e, entre elas, os aplicativos de busca por palavras são muito usados para uma comunicação rápida.

Existem aplicativos nacionais de tradução automática português-Libras, como ProDeaf, Hand Talk, VLibras, que utilizam avatares para a produção de sinais. Entretanto, como salientam Amorim, Souza e Gomes (2016), os avatares pecam pela falta de naturalidade na execução dos movimentos. De acordo com os autores, os sinais são definidos usando-se pontos fixos de linguagens de programação, o que desencadeia um aspecto artificial sem continuidade entre os movimentos.

Para sinais compostos e, mesmo frases, este é um grande problema. A Libras, como comenta Felipe (2006), possui estruturas fonológicas, que se constituem a partir da configuração de unidades discretas, feixes de traços distintivos que são configuração de mão (CM), movimento (M), direcionalidade (Dir), ponto de articulação (PA) e as expressões faciais e corporais. Por ter estruturas fonológicas tão refinadas, sua expressão por meio de avatares fica prejudicada.

O STS, no entanto, conta com atores surdos para a sinalização que é capturada e disponibilizada em vídeo. Ou seja, são pessoas nativas na língua de sinais que aparecem em vídeo no dicionário. Como demonstra Felipe (2006, p. 202), não são apenas as mãos que estão envolvidas no processo de produção linguística e de sentidos:

> Na Libras, por exemplo, há sinais realizados somente através de expressões faciais como LADRÃO, RELAÇÃO-SEXUAL, bem como a utilização de expressões faciais para marcar tipo de frase (FELIPE, 1988) e de expressão corporal para marcar os turnos no discurso (FELIPE, 1991).

A grande vantagem do STS em relação aos dicionários que utilizam avatares é, portanto, o uso de vídeos com pessoas surdas sinalizando para que o consulente tenha acesso aos itens lexicais. A sinalização no aplicativo pode ter, inclusive, sua velocidade de sinalização sob controle do usuário: mais rápido, normal ou mais lento, o que permite a visualização de todos os componentes fonológicos da língua. O registro das línguas de sinais por meio de vídeos permite a compreensão total da língua, pois o vídeo possibilita a expressão e compreensão de todos os movimentos, das configurações de mãos, dos pontos de articulação dos sinais, da orientação dos sinais e das expressões faciais e corporais. Cada um desses elementos compõe, simultaneamente, cada sinal das línguas de sinais. Nesse sentido, a visualização da língua é privilegiada quando acontece por meio de vídeos.

A PRODUÇÃO DO SPREADTHESIGN NO BRASIL E SUAS POSSÍVEIS CONTRIBUIÇÕES

O SpreadTheSign (STS) é um dicionário multilíngue de línguas de sinais. Trata-se de uma ferramenta *on-line* que possibilita a divulgação e o aprendizado de línguas de sinais nacionais, por meio da tradução de palavras escritas para várias línguas de sinais. O principal objetivo do STS é divulgar e tornar as línguas de sinais nacionais acessíveis às pessoas surdas, bem como a todos os interessados de um modo mais geral, sendo útil, por exemplo, quando se viaja ao exterior, seja a trabalho ou a passeio. É uma ferramenta de autoaprendizagem, de utilização livre e ilimitada.

Caracterizado como um dicionário virtual internacional, já conta com um grande número de línguas de sinais nacionais registradas ou em processo de registro, como as línguas de sinais sueca, inglesa, americana, alemã, francesa, espanhola, portuguesa, russa, estoniana, lituana, islandesa, polaca, tcheca, turca, finlandesa, japonesa, entre outras. É possível também incluir as variações dialetais das línguas de sinais.

No âmbito da educação, o STS tem sido utilizado como instrumento pedagógico para tornar acessíveis as línguas de sinais a todos os estudantes, para busca de informações, desenvolvimento de pesquisas, consultas, comparações, documentação das línguas de sinais nacionais, entre outras possibilidades.

O projeto STS é administrado pelo European Sign Language Center, uma organização não governamental e sem fins lucrativos. Na Europa, o projeto conta com financiamento da União Europeia, sendo que, entre 2006 e 2010, vários países europeus inseriram vocábulos das línguas de sinais relacionados a diferentes áreas profissionais. Desde 2012, novas funções no sistema foram inseridas ou melhoradas, e o STS pode ser acessado a partir de diferentes dispositivos, como computadores, *tablets* e *smartphones*.

É importante destacar que o projeto também conta com colaborações voluntárias e parcerias de diferentes países de outros continentes para o desenvolvimento da documentação das línguas de sinais nacionais. Nestes casos, não há apoio financeiro, e cada país busca apoios locais para o desenvolvimento dessa proposta. Cada país tem a sua equipe, com a responsabilidade de divulgar sua língua de sinais nesse *site*. A participação de vários países tem possibilitado a constante ampliação e parceria com novos países e patrocinadores dessa ferramenta de uso livre.

O dicionário pode ser acessado pelo navegador,[9] bem como via aplicativo para dispositivos móveis, por meio da busca pelas palavras "Spread Signs" nos locais de *download* de aplicativos. O dicionário está disponível tanto para o sistema Android como para iOS.

A busca de palavras no STS pode ser iniciada por grupos (p. ex., famílias semânticas, como cores ou emoções) ou digitando-se uma palavra na caixa de busca. Dentre as traduções disponibilizadas, o consulente pode optar pela língua de sinais de diferentes países, identificada pelo ícone da bandeira nacional.

O trabalho desenvolvido no projeto STS inclui produção de dados, tradução, revisão, pesquisa e colaboração de surdos, intérpretes e pesquisadores bilíngues, com conhecimento da língua de sinais do país, da língua nacional e do inglês. No caso do Brasil, a equipe conta com surdos usuários da Libras, profissionais tradutores-intérpretes da Libras, da língua portuguesa e da língua inglesa.

Anualmente, a equipe de colaboradores, por meio de representantes de todos os países que integram o STS, realiza reuniões com a coordenação geral do projeto, com o objetivo de discutir o andamento, as dificuldades e os desafios do STS nos diferentes países.

No Brasil, esse projeto apresenta relevância política, educacional e linguística. Destaca-se a necessidade de ações que promovam o direito à educação escolar bilíngue de surdos, bem como ao uso e à documentação da Libras. Podem ser citadas aqui as leis e decretos promulgados nas últimas décadas, que ampliaram o campo de atividades no âmbito cultural, social, educacional e linguístico, como o reconhecimento da Libras (Lei nº 10.436/2002 regulamentada pelo Decreto nº 5.626/2005).

É pertinente destacar que antes mesmo da Convenção Internacional sobre os Direitos das Pessoas com Deficiência, tem-se a 24ª Declaração Universal dos Direitos Linguísticos, promovida pela Organização Educacional, Científica e Cultural das Nações Unidas (Unesco), em Barcelona, em 1996, a qual enfatiza que:

> Todas as comunidades linguísticas têm direito a decidir qual deve ser o grau de presença da sua língua, como língua veicular e como objeto de estudo, em todos os níveis de ensino no interior do seu território: pré-escolar, primário, secundário, técnico e profissional, universitário e formação de adultos. (UNESCO, 1996, documento *on-line*)

---

[9]Disponível em: <https://www.spreadthesign.com/>.

A 24ª Declaração Universal dos Direitos Linguísticos se mantém na Convenção sobre os Direitos das Pessoas com Deficiência e, em relação aos surdos e às línguas de sinais, destacam-se propostas nos seguintes artigos:

Artigo 24:
(a) Facilitação do aprendizado da língua de sinais e promoção da identidade linguística da comunidade surda; e
(b) Garantia de que a educação de pessoas, inclusive crianças cegas, surdo-cegas e surdas, seja ministrada nas línguas e nos modos e meios de comunicação mais adequados às pessoas e em ambientes que favoreçam ao máximo seu desenvolvimento acadêmico e social.

Artigo 30, § 4:
As pessoas com deficiência deverão fazer jus, em igualdade de oportunidades com as demais pessoas, a que sua identidade cultural e linguística específica seja reconhecida e apoiada, incluindo as línguas de sinais e a cultura surda. (UNESCO, 1996, documento *on-line*)

Além dos textos supracitados, em 2010 foi promulgado o Decreto nº 7.387, que institui a ação governamental de realizar o primeiro inventário nacional das línguas brasileiras. O compromisso estatal com as línguas inventariadas e reconhecidas pelo governo federal está explicitado por meio dos seguintes artigos:

Art. 2º - As línguas inventariadas deverão ter relevância para a memória, a história e a identidade dos grupos que compõem a sociedade brasileira.
Art. 3º - A língua incluída no Inventário Nacional da Diversidade Linguística receberá o título de "Referência Cultural Brasileira", expedido pelo Ministério da Cultura.

Art. 4º - O Inventário Nacional da Diversidade Linguística deverá mapear, caracterizar e diagnosticar as diferentes situações relacionadas à pluralidade linguística brasileira, sistematizando esses dados em formulário específico. (BRASIL, 2010, documento *on-line*)

Em seu artigo 5, o Decreto nº 7.387 determina que: "As línguas inventariadas farão jus a ações de valorização e promoção por parte do poder público" (BRASIL, 2010, documento *on-line*).

O Instituto do Patrimônio Histórico e Artístico Nacional/Ministério da Cultura adotou e categorizou as línguas minoritárias brasileiras, sendo elas línguas indígenas, variedades regionais da língua portuguesa, línguas de imigração, línguas de comunidade afrobrasileiras, Libras e línguas crioulas. Como um dos resultados desse inventário, houve, novamente, o reconhecimento da Libras como língua nacional e, por conseguinte, o direito dos brasileiros oriundos das comunidades surdas à preservação de sua língua – Libras – e de seu patrimônio cultural.

Considerando os termos da 24ª Declaração e os direitos garantidos aos surdos a partir da Convenção Internacional sobre os Direitos das Pessoas com Deficiência e do Decreto nº 7.387 (BRASIL, 2010) supracitados, o projeto STS no Brasil visa:

- A disponibilização da Libras no STS, para facilitação do aprendizado da Libras e promoção da identidade linguística da comunidade surda.
- A disponibilização de um dicionário *on-line* (STS-Brasil) para a garantia de um material de consulta na educação escolar bilíngue de pessoas surdas, favorecendo ao máximo o desenvolvimento acadêmico e social dos surdos.
- A contribuição para o Inventário Nacional da Diversidade Linguística, a partir do mapeamento, caracterização e documentação da pluralidade linguística no Brasil.
- O fomento de pesquisas no âmbito da educação e dos estudos linguísticos sobre o processo de registro, documentação, uso e divulgação da Libras no STS.

No Brasil, desde 2017, o projeto STS-Brasil vem sendo desenvolvido por pesquisadores do Grupo Interinstitucional de Pesquisa em Educação de Surdos (GIPES), especificamente por professores, alunos e técnicos fluentes em Libras e língua inglesa da Universidade Federal do Rio Grande do Sul (UFRGS), da Universidade Federal de Pelotas (UFPel), da Universidade Federal de Santa Maria (UFSM) e da Universidade do Vale do Rio dos Sinos (Unisinos). Além destes, participam pesquisadores da Universidade Federal Fluminense (UFF), que foi a pioneira no desenvolvimento do projeto.

Procedimentos metodológicos do SpreadTheSign-Brasil

A execução do STS-Brasil segue as orientações fornecidas a todas as equipes dos diferentes países que são colaboradores neste projeto. Os procedimentos e materiais utilizados no desenvolvimento do projeto no Brasil incluem:

- Tradução das listas de palavras e sentenças em inglês para o português brasileiro (PB). Esta etapa é feita pela equipe brasileira composta por professores-pesquisadores, doutorandos, mestrandos, tradutores-intérpretes de Libras e graduandos usuários de Libras, PB e inglês (surdos e ouvintes).
- Após as traduções da lista em inglês para PB, verificação da dicionarização da Libras e de variantes lexicais dos sinais (pois sinais variantes podem ser inclusos no dicionário). Nesta etapa, voluntários surdos e usuários de Libras, que atuam em universidades com ensino ou tradução da Libras, ou surdos usuários da Libras, vinculados às associações ou federação de surdos, são convidados a participar e colaborar no registro e na documentação dos sinais.
- Filmagens dos sinais e sentenças em Libras.
- Verificação da qualidade das filmagens (reunião coletiva).
- Refilmagem dos sinais e sentenças quando necessário.
- Edição das filmagens conforme guia disponibilizado pelo projeto STS.

- Envio das filmagens para postagem no *site* do projeto[10] na área do administrador do projeto STS-Brasil.

O registro dos sinais encontrados segue uma série de regras de edição e cenarização. Os vídeos são gravados em filmadora Canon DSRL, e a edição e finalização dos arquivos selecionados é feita no *software* Adobe Premier Pro CC 2017, seguindo estritamente (por se tratar de um projeto internacional) as orientações de padronização para os arquivos. O resultado final pode ser observado na **FIGURA 11.3**. Após a renderização dos vídeos, o formato final fica em H264 Vimeo SD 480p.

No grupo da UFPel, do qual fazem parte as autoras deste capítulo, participam das gravações professores surdos e ouvintes de Libras, atores surdos que realizam as sinalizações para os vídeos, tradutores e intérpretes de línguas de sinais, alunos bolsistas da área do cinema de animação e do Curso de Bacharelado em Tradução de Inglês, além de técnico-cinegrafista do Curso de Jornalismo para gravação dos vídeos. Cabe salientar que o grupo que traduz do inglês para PB possui, também, fluência em Libras.

É possível perceber uma importante parceria e colaboração entre os atores do processo. Existe, durante os momentos de gravação, a codireção entre os atores surdos e a equipe técnica para que o produto final seja verdadeiramente acessível ao público-alvo do dicionário virtual. Os atores surdos colaboram, principalmente, com sugestões sobre a velocidade das sinalizações, a direção do sinal, as expressões faciais, a intensidade do movimento, entre outros elementos linguísticos.

Já o grupo responsável pelas atividades técnicas tece sugestões sobre luminosidade e sombra, sobre o corpo em relação ao fundo, enquadramento, entre outros. Além da avaliação durante o processo de gravação, os vídeos já editados também passam por avaliação do grupo. Cada sinal é gravado de três a cinco vezes, passando, depois da edição, por um processo de seleção. Durante a gravação, em

---

[10]Disponível em <http://www.spreadthesign.com>.

FIGURA 11.3 CAPTURA DE TELA DE UMA VARIAÇÃO DO VERBETE INTERVALO, EM LIBRAS, NO STS.
Fonte: European Sign Language Center (2018, documento *on-line*).

razão das especificidades da Libras, um movimento de sobrancelha equivocado ou um sorriso descontextualizado, por exemplo, podem fazer a diferença entre o sinal estar aceitável, ou não, para ser encaminhado à plataforma. Muitos sinais são reencaminhados para gravação. A dinâmica dos grupos envolvidos pode ser visualizada na **FIGURA 11.4**.

O processo tem sido um momento de formação e aprendizagem para todos os integrantes do STS-Brasil, desde os que participam da tradução da língua inglesa para a língua portuguesa, bem como aqueles que realizam a tradução da língua portuguesa para a língua inglesa, além do grupo que produz as filmagens e faz a edição dos sinais.

Os procedimentos ainda incluem a produção de um diário de pesquisa, bem como a realização de reuniões sistemáticas entre as equipes, com anotações das contribuições e desafios do projeto STS-Brasil, que visam produzir análises quantitativas e qualitativas sobre esse tema.

Cada etapa do processo é desafiante, visto que envolve não apenas a tradução de línguas, mas traduções culturais. Aubert (1995, p. 31) argumenta que

> [...] toda e qualquer tradução, e não apenas traduções literárias, enfrenta o problema de traduzir a cultura, não podendo ser resumida a uma simples transcodificação de léxico e gramática.

No entanto, o processo específico da pesquisa pelos sinais da Libras e suas diferentes variantes é o que mais tem desafiado o grupo, tendo em vista, especialmente, o tamanho do Brasil, que é um país de dimen-

FIGURA 11.4 MOMENTO DE GRAVAÇÃO DOS SINAIS PARA O STS NO CENTRO DE LETRAS E COMUNICAÇÃO DA UNIVERSIDADE FEDERAL DE PELOTAS.

sões continentais, e a variação linguística, considerando apenas a questão geográfica, é significativa, tanto na língua portuguesa quanto na Libras.

REGISTROS DAS VARIAÇÕES LINGUÍSTICAS: UM DESAFIO

> Os linguistas nunca foram inconscientes dos problemas da variação estilística. A prática normal consiste em deixá-la de lado, não porque a considerem sem importância, mas porque pensam que as técnicas da linguística não são adequadas para estudá-las. (LABOV, 1972, p. 70-71)

Os linguistas passaram a reconhecer as línguas de sinais como línguas naturais[11] a partir do trabalho pioneiro de William C. Stokoe em 1960, que as considerou como sistemas linguísticos autônomos, independentes das línguas orais e que podem coexistir em qualquer comunidade (LUCAS; BAYLEY; VALLI, 2002). Um dos fatores para que elas obtivessem esse *status* deveu-se a pesquisas como a de Klima e Bellugi (1979) na língua de sinais americana (ASL, do inglês *american sign language*), demonstrando que elas têm as mesmas propriedades e seguem princípios universais comuns tal qual nas línguas faladas.

> Nas últimas décadas foi bem estabelecido que as línguas de sinais dos surdos são sistemas linguísticos completamente desenvolvidos que se apoiam fortemente no uso do espaço e nos movimentos das mãos – em lugar das modulações acústicas do trato vocal. As línguas de sinais mostram sistemas gramaticais complexos, mas, diferentemente das línguas faladas, esses sistemas linguísticos fazem uso de padrões e contrastes espaciais. (EMMOREY, BELLUGI, KLIMA 1993, p. 19-20)

A Libras teve forte influência da língua de sinais francesa, uma vez que E. Huet, professor surdo e fundador da primeira escola de surdos no país, foi ex-aluno do Instituto de Surdos de Paris. Baseadas nisso, muitas pes-

---

[11] Utiliza-se a expressão língua natural a partir da linguística, que considera as possibilidades da aquisição que se dá na imersão da criança em ambiente de língua compartilhada, nas interações espontâneas dos sujeitos usuários da língua, sem haver uma sistemática metodológica intencional para a aprendizagem da língua.

soas acreditam que as línguas de sinais sejam universais, ou seja, que em qualquer lugar do mundo os surdos utilizam-se de um mesmo código linguístico. Nesse sentido, Quadros e Karnopp (2003) apresentam uma problematização acerca dos mitos da Libras e desmistificam a sua universalidade, pois cada país possui a sua própria língua de sinais, as quais sofrem influências da cultura nacional, além de apresentarem regionalismos, o que confirma seu *status* de língua, e não linguagem.

No Brasil, foram encontradas poucas pesquisas sobre as variações linguísticas na Libras. É nesse sentido que a plataforma STS vem ao encontro da difusão das variantes da Libras mais recorrentes, uma vez que as línguas de sinais variam da mesma maneira como observado nas línguas orais. Idade, escolaridade, grau de contato com a comunidade surda, personalidade, sexo, entre outros, são as possíveis causas para essas variações.

Em outros países, existem pesquisadores que se dedicam ao estudo das variações linguísticas das línguas de sinais, a exemplo do Instituto de Sociolinguística da Gallaudet University, nos Estados Unidos, onde se desenvolvem pesquisas sobre as variações linguísticas na ASL, havendo diversas publicações nessa área.[12]

Ao iniciar sua obra, Lucas, Bayley e Valli (2002) reafirmam que as variações não acontecem por acaso, mas preferencialmente pelas escolhas que os usuários da língua fazem ao serem influenciados por inúmeros fatores, como linguísticos e sociais, os quais refletem sistemas gramaticais subjacentes.

> No nível fonológico, a variação existe em segmentos individuais que compõem palavras ou sinais ou em partes desses segmentos. Para exemplificar, falantes de um extenso dialeto do inglês em alguns momentos deletam a consoante final das palavras que terminam em uma consoante que se agrupam (encontros

consonantais) como *test, round* ou *past,* resultando em uma pronúncia de tes', roun' e pas'. (LABOV et al., 1968; GUY 1980, apud LUCAS; BAYLEY; VALLI, 2002, p. 2, tradução nossa)[13]

A variação sociolinguística leva em consideração o fato de diferentes variantes linguísticas poderem estar relacionadas com fatores sociais, incluindo idade, classe econômica, gênero, etnia, região e orientação sexual. Por exemplo, pessoas mais velhas podem fazer uso mais frequente de uma determinada variante em comparação com pessoas mais jovens; mulheres podem usar certa variante em menor frequência que homens; outra determinada variante pode ser mais usada por pessoas de classe operária do que pessoas da classe média.

Na história da educação de surdos, foram encontrados registros de escolas que tinham seus alunos separados pelo sexo: escolas de meninas e escolas de meninos, ou escolas com alunos oriundos de determinados grupos sociais. Essas divisões resultavam no desenvolvimento de variações linguísticas que, muitas vezes, geravam "disputas" sobre a adequação linguística – essas observações são frequentes nos relatos de surdos mais velhos sobre suas experiências de escolarização em períodos de internato, principalmente, como comenta Strobel (2008).

Bettencourt e colaboradores (2016) citam, em sua experiência na tradução do STS-Portugal, os desafios de tradução com relação às variações linguísticas:

> O fato de cada país ter sistemas diferentes de divisão territorial, religiosa ou jurídica, bem como as respectivas administrações, pode ser um grande desafio para a tradução de algumas palavras. (2016, p. 4)

---

[12]*Sociolinguistic variation in american sign language, Sociolinguistics in deaf communities,* entre outras obras produzidas na série *The sociolinguistics in deaf communities series.*

[13]No original: *At the phonological level, variation exists in the individual segments that make up words or signs or in parts of those segments. For example, speakers of a wide range of English dialects sometimes delete the final consonant of words that end in consonant clusters such as test, round, or past, the result being, tes', roun' and pas'.*

Considera-se um desafio para a equipe do STS-Brasil o registro das variantes linguísticas da Libras, pelo fato de que há a necessidade de uma escolha lexical que represente a língua usada na maioria dos estados brasileiros; além disso, devido à grande extensão de território nacional, não há como realizar o registro de todas as variantes. Nesse sentido, o grupo preocupa-se em registrar as variantes mais usadas e, para isso, conta com um grupo de "reconhecimento" das variantes a serem enviadas à plataforma. Por exemplo, no sinal "intervalo", referente a "um descanso ou intervalo, geralmente do trabalho", foram encontradas seis variantes, entre fonológicas e lexicais. Houve a necessidade de se optar pelas mais utilizadas, o que não é tarefa fácil.

CONSIDERAÇÕES FINAIS

Entre os desafios linguísticos e culturais encontrados na produção de conteúdo para o projeto STS-Brasil, destaca-se a variação linguística da língua de sinais, considerando-se as dimensões continentais do Brasil. No entanto, para além dos desafios, cabe ressaltar as potencialidades desse tipo de material para a educação de surdos. Leffa (2006, p. 338) argumenta que

> [...] o uso do dicionário eletrônico com leitores surdos sugere seu potencial em textos multimidiáticos. A capacidade de incluir não só animações, como foi feito aqui, mas ainda som e vídeo, abre perspectivas ainda não pensadas na lexicografia pedagógica. O dicionário pode assumir uma importância muito maior do que foi sugerida neste trabalho, em que assumiu um papel subalterno ao texto. Além de trabalhar junto com o texto, o dicionário pedagógico pode também se tornar independente de qualquer texto, dando seus próprios exemplos de uso, de registros mais e menos aceitáveis, fazer referências culturais e até registros de dialetos.

Como salientam Cruz, Goettert e Nogueira (2017), o trabalho do STS-Brasil está iniciando e apresenta um grande potencial. Os autores comentam que

> [...] o trabalho desenvolvido poderá ser uma importante ferramenta para muitas pessoas interessadas e/ou usuárias de Libras e/ou várias línguas de sinais, por isso, no momento as equipes estão direcionando seus esforços para aumentar a quantidade de sinais/palavras para consulta no *site*. As próximas etapas serão direcionadas para o desenvolvimento de ações para divulgação do STS e STS-Brasil em diferentes contextos, como escolas bilíngues, escolas inclusivas, cursos de Bacharelado em Letras, habilitação: tradutor e intérprete de Libras (Libras-português/português-Libras), cursos de Libras e sociedade em geral, e estabelecimento de novas parcerias possibilitando, inclusive, a inclusão de variantes lexicais e termos de áreas de especialidade. (CRUZ; GOETTERT; NOGUEIRA, 2017, p. 201)

Nesse sentido, acredita-se que a partir do processo de tradução do STS será possível realizar futuras investigações de caráter comparativo entre as línguas de sinais de diferentes países e, também, estudos que possam mapear as variações linguísticas dentro de um mesmo sistema linguístico.

O fato de o dicionário ser de uso livre e estar disponível para dispositivos móveis, possibilita que alunos e professores, bem como familiares de pessoas surdas, o utilizem, em diferentes ambientes. O acesso e a utilização do STS por diferentes grupos podem ser, também, objeto de estudo para a área da lexicografia pedagógica. Ou seja, ainda há muito a aprender e pesquisar tanto no âmbito da produção como do consumo do STS-Brasil.

Outra vantagem do STS é o fato de sua plataforma ser alimentada de acordo com a emergência de novos sinais ou em resposta à demanda da comunidade consulente, que pode se comunicar com os coordenadores do projeto por meio de um *e-mail* específico para cada país parceiro. Nesse sentido, há outro benefício com relação aos materiais impressos: é minimizado o risco de o dicionário ficar desatualizado e necessitar novas edições. A desatualização é um sério problema para os consulentes de dicionários impressos, como alerta Pereira (2017, p. 112):

> Nota-se, então, que o tempo afeta os dicionários no que se refere à seleção do léxico de cada época, gerando problemas que inquietam e, muitas vezes, desanimam os consulentes quando fazem suas consultas e não encontram o vocábulo que procuram, ou se deparam com vocábulos ou significados descontextualizados, que não condizem com um repertório lexical mais atual.

Obviamente, sabe-se das limitações que a plataforma ainda apresenta, tais como: (a) os sinais carecem de descrição em línguas de sinais; (b) a consulta e busca é feita a partir de entrada de língua escrita e não por parâmetros das línguas de sinais, como por exemplo a configuração de mão;[14] (c) as variações não apresentam informações sobre a origem do sinal, por exemplo, em qual região do Brasil um determinado sinal é usado, como aparece no Dicionário da Língua de Sinais do Brasil (CAPOVILLA et al., 2017); e (d) existem limites que um aplicativo no celular apresenta; com relação ao uso do SpreadTheSign como aplicativo no celular, existem limites inerentes à natureza do objetivo do usuário. Por exemplo, um turista que necessita de uma consulta rápida para resolver um problema de comunicação gostaria de encontrar dez variações de um mesmo item lexical? Qual escolher? Nesse sentido, o aplicativo poderia ser customizado, pelo usuário, de acordo com o objetivo: viagem, educação, entre outros. Por outro lado, a plataforma na *web* pode apresentar as variações, tantas quanto possíveis, tendo

em vista o papel de registro de patrimônio linguístico que um dicionário tem.

Cabe ressaltar, finalmente, que os processos de tradução e de produção dos vídeos que alimentam a plataforma do STS não envolvem apenas a busca e a localização de sinônimos entre as línguas e a simples captura da imagem. Esses processos são, em realidade, momentos de negociação entre três culturas, para além de três línguas, que merecem muita atenção dos pesquisadores. Trata-se, portanto, de um processo ético de pesquisa.

REFERÊNCIAS

ALVES FILHO, M. Em busca das origens. *Jornal da Unicamp*, v. 25, n. 500, 2011. Disponível em <http://www.unicamp.br/unicamp/unicamp_hoje/ju/agosto2011/ju500_pag3.php>. Acesso em: 20 jul. 2018.

AMORIM, M. L. C.; SOUZA, F. F.; GOMES, A. S. *Educação a distância para surdos*: acessibilidade de plataformas virtuais de aprendizagem. Curitiba: Appris, 2016.

AUBERT, F. H. Desafios da tradução cultural (as aventuras tradutórias do Askeladden). *Tradterm*, v. 2, p. 31-44, 1995. Disponível em: <http://www.revistas.usp.br/tradterm/article/view/49913/54030>. Acesso em: 27 fev. 2018.

BETTENCOURT, F. et al. *Trabalho cooperativo de investigadores surdos e ouvintes Projetos SpreadtheSign e PLACES*. 2016. Disponível em: <http://projetoredes.org/wp/wp-content/uploads/Artigo_Arqueiro_Bettencourt_Pinho_Sousa_Coelho.pdf>. Acesso em: 12 jan. 2018.

BINON, J.; VERLINDE, S. A contribuição da lexicografia pedagógica à aprendizagem e ao ensino de uma língua estrangeira ou segunda. In: LEFFA, V. J. *As palavras a sua companhia*: o léxico na aprendizagem das línguas. Pelotas: EDUCAT, 2000.

BRASIL. Decreto nº 5.626, de 22 de dezembro de 2005. Regulamenta a Lei nº 10.436, de 24 de abril de 2002, que dispõe sobre a Língua Brasileira de Sinais - Libras, e o art. 18 da Lei nº 10.098, de 19 de dezembro de 2000. Diário Oficial da União. Brasília, 23 dez. 2005. Disponível em: <http://www.planalto.gov.br/ccivil_03/_ato2004-2006/2005/decreto/d5626.htm>. Acesso em: 12 fev. 2018.

BRASIL. Decreto nº 7.387, de 9 de dezembro de 2010. Institui o Inventário Nacional da Diversidade Linguística e dá outras providências. *Diário Oficial da União*. Brasília, 10 dez. 2010. Disponível em: <http://www2.camara.leg.br/legin/fed/decret/2010/decre-

---

[14]O *site* do Dicionário de Língua de Sinais da Nova Zelândia permite consulta por configuração de mão e ponto de articulação. Ele está disponível em: <https://nzsl.vuw.ac.nz/topics/>.

to-7387-9-dezembro-2010-609640-publicacaoorigi-nal-130955-pe.html>. Acesso em: 12 fev. 2018.

CAPOVILLA, F. C. et al. *Dicionário de língua de sinais do Brasil*: a libras em suas mãos. São Paulo: Editora da Universidade de São Paulo, 2017.

COURA SOBRINHO, J. Uso do dicionário configurando estratégia de aprendizagem de vocabulário. In: LEFFA, V. J. *As palavras a sua companhia*: o léxico na aprendizagem das línguas. Pelotas: EDUCAT, 2000.

CRUZ, C. R.; GOETTERT, N.; COIMBRA, T. Spread the Sign – Brasil: experiência no registro da língua de sinais brasileira. In: OLIVEIRA, G. M.; RODRIGUES, L. F. (Org.). *Atas do VIII Encontro Internacional de Investigadores de Políticas Linguísticas*. Florianópolis: Universidade Federal de Santa Catarina e Associação de Universidades Grupo Montevidéu – Núcleo Educação para a Integração, 2017.

DURAN, M. S.; XATARA, C. M. Lexicografia pedagógica: atores e interfaces. *DELTA*, v. 23, n. 2, p. 203-222, 2007. Disponível em: <http://www.scielo.br/scielo.php?script=sci_arttext&pid=S0102--44502007000200002&lng=en&nrm=iso>. Acesso em: 12 fev. 2018.

EMMOREY, K.; BELLUGI, U.; KLIMA, E. Organização neural da língua de sinais. In: MOURA, M. C.; LODI, A. C.; PEREIRA, M. C. (Org.). *Língua de sinais e educação do surdo*. São Paulo: Sociedade Brasileira de Neuropsicologia, 1993. p. 19-40.

EUROPEAN SIGN LANGUAGE CENTER. Spreadthesign. 2018. Disponível em: <https://www.spreadthesign.com/pt.br/search/>. Acesso em: 20 dez. 2018.

FELIPE, T. A. Os processos de formação de palavra na Libras. *ETD – Educação Temática Digital*, v. 7, n. 2, p. 200-217, 2006.

GAMA, F. J. *Iconographia dos signaes dos surdos-mudos*. Rio de Janeiro: Tipografia Universal de E. & H. Laemmert, 1875.

KLIMA, E.; BELLUGI, U. *The signs of language*. Cambridge: Harvard University, 1979.

LABOV, W. *Sociolinguistic patterns*. Philadelphia: University of Pennsylvania, 1972.

LEFFA, W. Aspectos externos e internos da aquisição lexical. In: LEFFA, V. J. *As palavras a sua companhia*: o léxico na aprendizagem das línguas. Pelotas: EDUCAT, 2000.

LEFFA, W. O dicionário eletrônico na construção do sentido em língua estrangeira. *Cadernos de Tradução*, v. 2, n. 18, p. 319-340, 2006.

LUCAS, C. Sociolinguistic variation in ASL: the case of deaf. In: LUCAS, C. *Sign language research*. Hamburg: University of Hamburg, 1994.

LUCAS, C.; BAYLEY, R.; VALLI, C. *Sociolinguistic variation in american sign language*. Washington: Gallaudet University, 2002.

MAMEDE-NEVES, M. A. C.; DUARTE, R. O contexto dos novos recursos tecnológicos de informação e comunicação e a escola. *Educação & Sociedade*, v. 29, n. 104, p. 769-789, 2008. Disponível em: <http://www.scielo.br/scielo.php?script=sci_arttext&pid=S0101-73302008000300007&lng=en&nrm=iso>. Acesso em: 12 fev. 2018.

PEREIRA, L. M. S. O dicionário na era digital: o uso de dicionários eletrônicos nas aulas de língua inglesa. *Revista EDaPECI*, v. 17. n. 3, p. 110-121, 2017.

MALLMANN, L. *Um estudo de caso com libras e signwriting na educação sexual através de mapas conceituais*. 2009. Disponível em: <http://www.porsinal.pt/index.php?ps=artigos&idt=artc&cat=15&idart=164>. Acesso em: 27 jul. 2018.

QUADROS, R. M. *Um capítulo da história do SignWriting*. 1999. Disponível em: <http://www.signwriting.org/library/history/hist010.html>. Acesso em: 06 fev. 2018.

QUADROS, R. M.; KARNOPP, L. B. *Língua de sinais brasileira*: estudos linguísticos. Porto Alegre: Artmed, 2003.

STUMPF, M. R. *Aprendizagem de escrita de língua de sinais pelo sistema SignWriting*: língua de sinais no papel e no computador. 2005. Tese (Doutorado em Informática na Educação) - Universidade Federal do Rio Grande do Sul, Porto Alegre.

STUMPF, M. R. *Educação de surdos e novas tecnologias. Florianópolis: UFSC, 2010*. Disponível em: <http://www.libras.ufsc.br/colecaoLetrasLibras/eixoFormacaoPedagogico/educacaoDeSurdosENovasTecnologias/assets/719/TextoEduTecnologia1_Texto_base_Atualizado_1_.pdf>. Acesso em: fev. 2018.

STROBEL, K. *As imagens do outro sobre a cultura surda*. Florianópolis: UFSC, 2008.

UNESCO. *Declaração Universal dos Direitos Lingüísticos*. Barcelona: PEN Clube, 1996. Disponível em: <http://www.penclubeportugues.org/comites/declaracao-universal-dos-direitos-linguisticos>. Acesso em: 30 jul. 2018.